# LOI

## SUR L'ENSEIGNEMENT.

# RECUEIL DES LOIS ET ACTES

## DE L'INSTRUCTION PUBLIQUE.

5e Année. — 1852. — 6 fr. par an.

Chaque mois il est publié un numéro de deux à quatre feuilles in-octavo, selon le nombre des actes officiels. — Les numéros sont envoyés directement par la poste. — Le prix de l'abonnement est de *six francs* par an. — Les abonnements ne se prennent que pour l'année courante. — On souscrit à la librairie de J. Delalain.

Le *Recueil des lois et actes de l'Instruction publique*, dont la publication date du 24 février 1848, contient tous les actes et documents officiels relatifs à l'instruction publique et libre. Ce journal ne donne pas seulement les actes et documents qui émanent du ministère de l'instruction publique et concernant les établissements d'enseignement public et libre ; mais il publie aussi les actes émanés des autres ministères, relatifs aux écoles spéciales du gouvernement. Des tables chronologique et analytique, publiées à la fin de chaque année, facilitent la recherche des actes et documents officiels.

La collection des années 1848-1851 forme 4 forts vol. in-8°. Cette publication a été approuvée par le conseil de l'Université. — Prix des 4 vol. : 20 fr. Chaque année : 6 fr.

# ANNALES LÉGISLATIVES

## DE L'INSTRUCTION PRIMAIRE.

3e Année. — 1852. — 3 fr. par an.

Chaque mois il est publié un numéro de deux à trois feuilles in-octavo, selon le nombre des actes officiels. — Les numéros sont envoyés directement par la poste. — Le prix de l'abonnement est de *trois francs* par an. — Les abonnements ne se prennent que pour l'année courante. — On souscrit à la librairie de J. Delalain.

La publication des *Annales législatives de l'Instruction primaire* date de la promulgation de la loi du 15 mars 1850. Ce journal ne contient pas seulement les actes et documents concernant l'enseignement primaire ; mais il donne aussi les documents relatifs aux écoles spéciales du gouvernement, dont l'entrée est accessible aux élèves des écoles primaires. Des tables chronologique et analytique, publiées à la fin de chaque année, facilitent la recherche des actes et documents officiels.

La collection des années 1850-1851, précédée des actes antérieurs au 15 mars et non abrogés par la nouvelle loi, forme 2 vol. in-8°. Cette publication a été adoptée par plusieurs recteurs pour les bibliothèques des délégations cantonales. — Prix de chaque année : 3 fr.

# LOI
# SUR L'ENSEIGNEMENT
## EXPLIQUÉE ET COMMENTÉE
### PAR SES MOTIFS, LES ACTES LÉGISLATIFS ET LA JURISPRUDENCE,

Contenant, à la suite de chaque article, les parties correspondantes des décrets, arrêtés et instructions ministérielles publiés pour l'exécution de la loi, et la solution des principales questions que présente le texte, suivie de tables chronologique et analytique,


**Par MM. NAU et DELALAIN,**

Éditeurs du Recueil des lois et actes de l'Instruction publique.


DEUXIÈME ÉDITION
REVUE ET AUGMENTÉE.

**PARIS.**

**IMPRIMERIE ET LIBRAIRIE CLASSIQUES**
**DE JULES DELALAIN**
IMPRIMEUR DE L'UNIVERSITÉ
RUES DE SORBONNE ET DES MATHURINS.

15 Janvier 1852.

La loi d'enseignement est venue apporter des changements considérables dans les attributions et les rapports des autorités préposées à la direction et à la surveillance des écoles publiques, ainsi que dans les conditions imposées aux chefs d'établissements libres. Elle demande par conséquent une étude sérieuse de la part de toutes les personnes qui tiennent directement ou indirectement à l'instruction publique.

La loi du 15 mars est certainement la loi la plus complète qui ait été faite sur cette matière. A part l'enseignement supérieur, elle a fixé tous les points importants : elle a dû cependant en laisser quelques-uns à réglementer par le pouvoir exécutif. D'un autre côté, la mise à exécution de cette loi a nécessité des règlements d'administration publique, des instructions spéciales du ministre, destinés à guider les membres du corps enseignant et à les éclairer sur leurs obligations et leurs devoirs.

Ces actes officiels forment en quelque sorte un seul tout avec la loi, dont ils ne sauraient être séparés. Mais il ne suffit pas que les documents soient réimprimés à la suite de la loi dans leur ordre chronologique ; car l'esprit même le plus exercé ne peut se rappeler, parmi ces documents, toutes les parties relatives à l'article sur lequel il veut être renseigné. Pour que l'on puisse trouver tout de suite ceux des actes dont on peut avoir besoin à tout instant, il faut que sous chaque article soient réunies les parties correspondantes de ces décrets, arrêtés, instructions ministérielles, etc.

Tel est le but que nous nous sommes proposé dans ce volume. On y trouvera en effet, à la suite de chaque article, les parties correspondantes de ces documents officiels, et en même temps les extraits des rapports et des délibérations de l'assemblée nationale nécessaires pour l'interprétation de la loi, la jurisprudence déjà connue du conseil supérieur, les opinions des légistes qui ont commenté la loi dans des recueils de jurisprudence, notamment celles de MM. Duvergier, Dalloz, Sirey, Galisset, Rendu, etc. De cette manière, on a immédiatement sous les yeux, à chaque article, l'état de la question.

Un tel recueil, dont l'usage démontrera promptement les avantages, ne demandait pas une grande science; il exigeait seulement de la patience et un certain esprit de méthode. Il ne nous appartient pas de dire si nous avons apporté suffisamment cet esprit de méthode dans notre travail, mais nous pouvons assurer que la patience et la persévérance ne nous ont pas fait défaut, du jour où nous avons conçu l'idée de cet ouvrage et que nous avons cru qu'il pourrait avoir quelque utilité.

Nous étions déjà préparés à ce genre de travail par la publication du *Recueil des lois et actes de l'Instruction publique* et de l'*Annuaire de l'Université*, auxquels l'ancien conseil de l'Université, si compétent en ces matières, avait donné sa haute approbation. Un témoignage aussi flatteur a contribué à nous faire entreprendre cette nouvelle publication. Nous n'avons pas la prétention de la croire exempte d'erreurs ou d'omissions, mais nous pouvons dire que nous n'avons épargné aucune peine et aucuns frais pour la rendre le moins imparfaite possible.

Un ouvrage de ce genre n'a de valeur qu'autant qu'il est accompagné de tables très-détaillées, qui rendent les recherches faciles pour les personnes les moins versées dans ces matières. Nous n'avons rien négligé à cet égard. On pourra en juger par l'étendue même de notre table analytique.

Afin de pouvoir améliorer constamment notre travail et le tenir toujours au courant de la législation et de la jurisprudence, nous n'avons pas reculé devant une dépense assez considérable, pour en conserver les planches en caractères mobiles. Déjà nous avons pu profiter de cet avantage pour cette seconde édition, qui a reçu d'importantes améliorations.

L'accueil bienveillant fait à notre première édition, qui a été épuisée en quelques mois, nous a engagés à redoubler de soins pour essayer de rendre notre livre encore plus complet et en même temps plus digne de la faveur de MM. les membres du corps enseignant.

J. D.

## MINISTRES DE L'INSTRUCTION PUBLIQUE

Sous l'administration desquels ont été publiés les décrets, arrêtés et instructions publiés pour l'exécution de la loi du 15 mars 1850 :

M. DE PARIEU, 15 mars 1850-24 janvier 1851.
M. CH. GIRAUD, 24 janvier-10 avril 1851.
M. DE CROUSEILHES, 10 avril-26 octobre 1851.
M. CH. GIRAUD, 26 octobre-2 décembre 1851.
M. H. FORTOUL, 3 décembre 1851.

Il est souvent utile de connaître le nom du ministre qui a rendu le document officiel que l'on consulte. En effet, les opinions des ministres qui se sont succédé ont été parfois différentes, et l'esprit de leurs arrêtés et instructions a pu s'en ressentir.

# LOI
## SUR L'ENSEIGNEMENT.
(15 Mars 1850.)

« L'enseignement est libre.

« La liberté d'enseignement s'exerce selon les conditions de capacité et de moralité déterminées par les lois, et sous la surveillance de l'État.

« Cette surveillance s'étend à tous les établissements d'éducation et d'enseignement, sans aucune exception. »

C'est cette disposition fondamentale de la Constitution de 1848 que la loi du 15 mars 1850 [1] a eu pour objet de remplir, en créant les institutions qui devaient en réaliser l'application.

La nouvelle Constitution du 14 janvier 1852 ne contient aucun article relatif à l'enseignement, et porte (art. 56) que les dispositions des lois et règlements existants, qui ne sont pas contraires à la Constitution, restent en vigueur jusqu'à ce qu'il y soit légament dérogé. L'article 58 ajoute que les décrets rendus par le président de la république, à partir du 2 décembre jusqu'à la mise en vigueur de la Constitution, auront force de loi.

1. Présentation du projet de loi par M. de Falloux, ministre de l'instruction publique et des cultes, à l'assemblée législative, dans la séance du 18 juin 1849. — Nomination de la commission, composée de MM. Thiers, président, Salmon (de la Meuse), Coquerel, Baze, de Melun (Ille-et-Vilaine), de l'Espinay, Sauvaire-Barthélemy, Dufougerais, Barthélemy Saint-Hilaire, de Montalembert, Rouher, Fresneau, Janvier, Parisis, et Beugnot, rapporteur.

Rapport de M. Beugnot, au nom de la commission, sur le projet de loi du gouvernement, déposé à l'Assemblée législative dans la séance du 6 octobre 1849. — Renvoi du projet de loi amendé par la commission au conseil d'État, dans la séance du 7 novembre. — Dépôt du projet délibéré par le conseil d'État, à la séance du 17 décembre. — Rapport supplémentaire de M. Beugnot, au nom de la commission, déposé dans la séance du 31 décembre.

Ouverture de la discussion, le 14 janvier 1850; M. de Parieu, ministre de l'instruction publique et des cultes.

Première délibération, les 14, 15, 16, 17, 18 et 19 janvier 1850. — Adoption du projet à la majorité de 455 voix contre 187.

Deuxième délibération, les 4, 5, 6, 7, 11, 12, 13, 14, 18, 19, 20, 21, 22, 23, 25 et 26 février 1850. — Adoption à la majorité de 436 voix contre 205.

Troisième délibération, les 11, 12, 13, 14 et 15 mars 1850. — Adoption définitive de la loi à la majorité de 399 voix contre 237.

Une instruction ministérielle adressée aux recteurs, le 27 août 1850, pour la mise à exécution de la loi, a fait connaître les intentions du gouvernement et la manière dont il entend que la loi soit exécutée. Il est utile d'en reproduire ici les passages les plus importants :

« La pensée fondamentale de cette loi a été une pensée de conciliation et de sage liberté.

« Deux opinions étaient en présence et avaient engagé dans ces dernières années une polémique si vive que tout accord entre elles paraissait impossible. Cependant le rapprochement a eu lieu. Devant les dangers de la société menacée, devant l'intérêt sacré de l'éducation de la jeunesse française, les esprits les plus opposés ont senti fléchir la rigueur de leurs principes ou l'effort de leurs tendances ; ils ont compris qu'au lieu d'user leurs forces dans des luttes stériles, ils devaient s'unir pour le bien de la génération naissante en faisant appel à tous les dévouements, et en constituant enfin au profit de l'enseignement une concurrence loyale et féconde. Les partisans exclusifs de l'Université ont accueilli l'application du principe de la liberté déjà posé dans la Constitution. Les amis de la liberté d'enseignement ont accepté et consacré l'existence des établissements de l'Etat. Les uns et les autres ont voulu placer l'ensemble de l'instruction publique sous le patronage et l'autorité de divers conseils, protégés par leur composition contre l'isolement et les faiblesses de l'esprit de corps, et au sein desquels les éléments les plus intelligents et les plus moraux de la société viendraient se concerter pour protéger tous les droits, signaler ou réprimer tous les écarts, et enfin exercer sur l'enseignement public et libre une religieuse et salutaire influence.

« La loi du 15 mars 1850 a répondu à ce sentiment de conciliation. Chargé de l'appliquer en votre double qualité de fonctionnaire représentant l'Etat et de président du conseil académique, c'est d'elle que vous verrez découler la série de vos divers devoirs.

« Je mettrai au premier rang de vos obligations le sincère respect de cette liberté qui est, pour ainsi dire, le principe de la loi nouvelle. Conçue et adoptée dans le but avoué d'affranchir l'enseignement privé de la tutelle de l'Etat, cette loi ne conserve aucune des barrières que l'ancienne législation avait établies. Elle consacre tout à la fois la liberté du père de famille et celle du citoyen, qui peut désormais, sans autorisation préalable, se livrer à l'éducation de la jeunesse. Elle n'admet aucune opposition de votre part à l'ouverture des établissements privés, sinon dans l'intérêt des mœurs publiques, de la santé des élèves, ou pour défaut des conditions de capacité déterminées par la loi.

« En appliquant une législation aussi libérale d'une manière conforme à l'esprit qui l'a dictée, votre administration ne sera pas seulement tolérante, elle saura se montrer au besoin bienveillante et protectrice. Partout où vous verrez la jeunesse élevée selon les principes de l'ordre, de la morale et de la vertu, vous saurez que là existe une institution utile au pays, et dont la prospérité doit vous être chère. » (Instruction du 27 août 1850 aux recteurs.)

*AU NOM DU PEUPLE FRANÇAIS.*

L'Assemblée nationale a adopté la loi dont la teneur suit :

# TITRE Ier.

## DES AUTORITÉS PRÉPOSÉES A L'ENSEIGNEMENT.

## CHAPITRE Ier.

### DU CONSEIL SUPÉRIEUR DE L'INSTRUCTION PUBLIQUE.

**Article 1er.**

§ 1. Le conseil supérieur de l'instruction publique est composé comme il suit :

2. Le ministre, président :
3. Quatre archevêques ou évêques, élus par leurs collègues ;
4. Un ministre de l'église réformée, élu par les consistoires ;
5. Un ministre de l'église de la confession d'Augsbourg, élu par les consistoires ;
6. Un membre du consistoire central israélite, élu par ses collègues ;
7. Trois conseillers d'État, élus par leurs collègues ;
8. Trois membres de la cour de cassation, élus par leurs collègues ;
9. Trois membres de l'Institut, élus en assemblée générale de l'Institut ;
10. Huit membres nommés par le président de la république, en conseil des ministres, et choisis parmi les anciens membres du conseil de l'Université, les inspecteurs généraux ou supérieurs, les recteurs et les professeurs des facultés : ces huit membres forment une section permanente ;
11. Trois membres de l'enseignement libre nommés par le président de la république, sur la proposition du ministre de l'instruction publique.

**Commentaire.**

« Le ministre de l'instruction publique exerce les droits réservés à l'État sur l'enseignement public ou privé. Il doit jouir, dans l'accomplissement de ses devoirs, d'une pleine liberté; car il est responsable devant l'Assemblée législative de chacun de ses actes. La loi ne pourrait donc restreindre son pouvoir ou en entraver l'action sans violer les principes constitutionnels; mais il lui est permis d'imposer au ministre l'obligation de prendre, avant de se décider dans toutes les questions graves, l'avis d'un conseil dont elle aurait à l'avance déterminé la composition, de manière à entourer le ministre des lumières les plus pures de l'expérience, et à prévenir toute erreur de sa part. » (Premier rapport de M. Beugnot.)

Le mode d'élection des membres du conseil supérieur a été réglé par décret du 8 mai 1850 :

« Lorsqu'il y a lieu de procéder à l'élection de membres du conseil supérieur de l'instruction publique, le ministre informe les archevêques et évêques diocésains, les consistoires de l'église réformée et ceux de la confession d'Augsbourg, le consistoire central israélite, le conseil d'État, la cour de cassation et l'Institut national, du nombre de membres qu'ils ont à élire et de l'époque à laquelle doit se faire l'élection. (Décret du 8 mai 1850, art. 1er.)

« Le ministre envoie à chaque archevêque ou évêque un bulletin de vote et une enveloppe préparée à cet effet. — L'archevêque ou évêque met sous l'enveloppe cachetée, sans signe extérieur, le bulletin exprimant son vote. — La dépêche portant envoi de ce bulletin est adressée au ministre; mais elle n'est décachetée qu'en présence de la commission désignée dans l'article ci-après. — Les bulletins envoyés postérieurement à l'époque indiquée sont considérés comme non avenus. — La commission, après avoir décacheté la dépêche, en extrait l'enveloppe contenant le bulletin, et le dépose immédiatement dans une urne. (Art. 2.)

« Le dépouillement des votes est fait par une commission composée du ministre président et de deux archevêques ou évêques par lui désignés. Il peut être adjoint à la commission un secrétaire sans voix délibérative. (Art. 3.)

« Les bulletins sont valables, bien qu'ils contiennent plus ou moins de noms qu'il n'y a de membres à élire. — Lorsque le nombre des noms inscrits sur un bulletin est supérieur à celui des membres à élire, les derniers noms ne sont pas comptés dans la supputation des votes. (Art. 4.)

« L'élection a lieu à la majorité relative des suffrages exprimés. — En cas d'égalité de suffrages, la préférence se détermine entre les archevêques et évêques par le rang d'ancienneté, et par l'âge, si le rang d'ancienneté est le même. — Lorsqu'il y a plusieurs membres à élire, si l'un des élus déclare ne pas accepter, l'archevêque ou évêque qui a obtenu le plus de suffrages après eux est appelé au conseil supérieur. (Art. 5.)

« L'assemblée des consistoires de l'église réformée et de la confession d'Augsbourg a lieu le même jour dans toute la France. — Un intervalle de quinze jours au moins doit s'écouler entre l'avis donné par le ministre aux présidents des consistoires et le jour de la réunion. — La convocation, adressée au président de chaque consistoire, est transmise immédiatement par lui à tous les membres du consistoire. (Art. 6.)

« Les consistoires ne peuvent délibérer régulièrement que si au moins la moitié plus un des membres qui les composent sont présents. — L'élection a lieu au scrutin secret ; elle n'est valable qu'autant que le candidat réunit la majorité absolue des suffrages — Dans la huitaine, le président du consistoire adresse au ministre une expédition de la délibération. (Art. 7.)

« Le dépouillement de ces délibérations est fait par une commission composée du ministre président et d'un pasteur de chacune des deux communions désigné par lui. Il peut être adjoint à la commission un secrétaire sans voix délibérative. (Art. 8.)

« L'élection des membres du conseil supérieur a lieu à la majorité des suffrages exprimés. — En cas d'égalité de suffrages, la préférence se détermine entre les pasteurs par le rang d'ancienneté, et par l'âge, si le rang d'ancienneté est le même. (Art. 9.)

« Le consistoire central israélite ne peut procéder à l'élection, qu'autant que la moitié plus un des membres qui le composent sont présents. — L'élection a lieu au scrutin secret et à la majorité absolue des suffrages. (Art. 10.)

« Le conseil d'État, la cour de cassation et l'assemblée générale de l'Institut procèdent à la nomination des membres dont l'élection leur est attribuée conformément à leurs règlements ou usages intérieurs. (Art. 11.)

« Les procès-verbaux des commissions désignées dans les articles 3 et 8 (du décret du 8 mai 1850), et ceux des élections faites par le conseil d'État, la cour de cassation, l'Institut et le consistoire central israélite, sont communiqués par le ministre au conseil supérieur lors de sa première réunion. (Art. 12.). »

Le rapport qui précède le décret du 8 mai 1850 contient quelques explications qu'il est important de reproduire :

« La forme à suivre dans le choix des évêques appelés au conseil supérieur a été indiquée par le rapporteur de la commission de l'Assemblée nationale.

« Dans la pensée du gouvernement et de la commission (disait l'honorable M. Beugnot, rapport du 6 octobre 1849), les archevêques et les évêques procéderaient par lettres adressées au ministre de l'instruction publique à la nomination de leurs délégués. »

« Dans la séance du 7 février 1850, l'honorable rapporteur confirmait cette pensée en disant : « Il est bien entendu que les évêques nommeront leurs collègues par correspondance ; qu'ils adresseront au ministre de l'instruction publique les noms des quatre évêques qui doivent entrer dans le sein du conseil supérieur. »

« Aucune objection n'a été développée contre cette interprétation pendant les trois délibérations qui ont précédé le vote définitif de la loi. Le conseil d'État s'est donc parfaitement conformé à l'intention du législateur, en proposant le mode de nomination déterminé par l'article 1er du décret du 8 mai.

« Dans ce système, les suffrages sont recueillis par correspondance, et, comme ils sont adressés au ministre sous enveloppe cachetée, il n'y a aucun danger qu'ils puissent être altérés ou soustraits. Toutes les précautions sont prises, en outre, pour assurer le secret des votes.

« Le dépouillement et la constatation des votes sont confiés (article 3) à une commission dont la composition offre non-seulement les sûretés, mais encore le caractère spécial que l'épiscopat peut désirer. Les décisions de cette commission trouveront, en outre, une garantie morale dans la communication des procès-verbaux au conseil supérieur de l'instruction publique. Le conseil d'État a, du reste, formellement écarté, après discussion, l'idée d'un recours ou d'une voie contentieuse quelconque, en pareille matière.

« Les conditions énoncées par l'article 4, et généralement empruntées aux règles de toutes les élections par scrutin de liste, sont si simples qu'il est inutile de les discuter.

« Quant à la fixation du nombre de suffrages nécessaire pour la validité de l'élection, j'ai dû, ainsi que le conseil d'État, me préoccuper de l'inconvénient qu'il y aurait à faire recommencer une opération qui suppose le concours de personnes placées souvent à des distances considérables du centre où elle aboutit. Demander un nombre déterminé de suffrages, c'était supposer la possibilité d'abstentions nombreuses qu'il n'y a point lieu de prévoir. Exiger que l'élu réunît la majorité absolue, c'est-à-dire la moitié plus un des suffrages exprimés, c'était courir le risque de n'arriver que difficilement à un résultat; car on doit prévoir, dans une élection de ce genre, l'éparpillement possible des voix. La condition de la majorité relative paraît d'ailleurs suffisante par la double considération du poids imposant de chaque suffrage et de la haute dignité de chaque candidat. Par suite de cette combinaison, un scrutin unique amènera nécessairement un résultat, si, comme le propose l'article 5 conformément aux règles de la préséance ecclésiastique, au cas d'égalité de suffrages, l'archevêque d'abord, et au besoin ensuite l'évêque le plus ancien de consécration, et subsidiairement enfin l'évêque le plus âgé, obtiennent la préférence.

« Les articles 5, 6, 7 et 8 renferment des dispositions analogues pour la nomination des membres du conseil supérieur de l'instruction publique, qui doivent être choisis par les consistoires de la confession d'Augsbourg et de l'église réformée. Ce sont les mêmes garanties et les mêmes précautions. Elles assureront, sans aucun doute, la sincérité et la régularité de ces différents scrutins.

« La disposition spéciale des premiers paragraphes de l'article 7 était toutefois nécessaire pour garantir l'autorité du vote des consistoires qui constituent ici des unités électorales dont la formation régulière et le vœu caractérisé importent essentiellement à la validité de l'élection.

« Les corps divers qui ont des représentants au sein du conseil supérieur, comme l'épiscopat et les consistoires protestants, mais qui sont placés dans des situations complètement différentes, devront procéder aux élections qui les concernent dans des formes appropriées à leur constitution et à leurs usages.

« Les conditions fondamentales de l'élection faite par le consistoire central israélite sont réglées par l'article 10. Le nombre des membres de ce consistoire est si limité qu'il était indispensable d'exiger, pour une élection sérieuse, que la moitié plus un y eût pris part.

« Quant au conseil d'État, à l'Institut et à la cour de cassation, dont le parquet ne doit pas être séparé pour cette élection spéciale, d'après les explications catégoriques données à cet égard par le rapporteur de la commission devant l'Assemblée législative, il est sans doute difficile de penser que les élections de ces corps puissent avoir lieu convenablement sous des conditions moins rigoureuses (notamment pour le nombre des votants et pour la majorité à obtenir) que celles expressément indiquées pour le consistoire central israélite. Mais ces corps peuvent s'imposer, s'ils le jugent bon, des conditions plus étroites, plus minutieuses, et comme ils ont d'ailleurs des règlements ou usages qui s'appliquent en tout ou en partie aux élections auxquelles ils vont être appelés, il paraît sans inconvénient sérieux qu'ils puissent régler par eux-mêmes, sous l'influence de ces précédents, les formes de leur élection. » (Rapport du 8 mai 1850 au président de la république.)

Il résulte du rapport de la commission que les fonctions de membre du conseil supérieur ne sont pas incompatibles avec celles de membre de conseil académique [voyez p. 30].

§ 2. « En l'absence du ministre de l'instruction publique, le conseil supérieur est présidé par un vice-président nommé chaque année par le président de la république, et choisi parmi les membres de ce conseil. (Décret du 29 juillet 1850, art. 1er.)

« Le président de la république désigne également, chaque année, un secrétaire choisi parmi les membres du conseil. (Art. 2) »

§ 3. L'introduction de membres de l'épiscopat dans le conseil supérieur a été motivée dans les termes suivants par le rapporteur de la commission :

« Qui s'étonnerait que l'épiscopat français soit appelé à veiller, par l'intermédiaire des quatre délégués qu'il possédera dans le sein du conseil, sur la direction religieuse et morale de l'éducation publique? Arbitres souverains de toutes les matières qui toucheront de près ou de loin à des vérités dont ils sont les gardiens naturels, les évêques trouveraient dans cette fonction spéciale le principe d'une haute influence sur les délibérations du conseil, si le caractère qui brille en eux et leur sagesse ne devaient pas la leur faire promptement acquérir. » (Premier rapport de M. Beugnot.)

Lors de la discussion, Mgr Parisis, ancien évêque de Langres, a pris la parole pour expliquer à l'Assemblée comment il comprenait la situation des évêques dans le conseil supérieur :

« Vous avez décidé qu'il y aurait un conseil supérieur préposé à la haute surveillance de l'enseignement en France, et que quatre évêques y seraient appelés. Maintenant vous allez décider quelles seront les attributions de ce conseil; et comme ces attributions semblent devoir s'étendre jusqu'aux doctrines, je vous demande la permission de vous dire comment je comprends la situation des évêques catholiques dans le conseil, non pas quand il s'agira de sciences humaines, mais quand il s'agira de questions religieuses.....

« Et d'abord, non, quoi qu'on en ait pu dire plusieurs fois à cette tribune et ailleurs, non, en consentant pour ma faible part à ce que les évêques siégent dans ce conseil, jamais je n'ai compris, jamais même je n'ai supposé qu'ils dussent pour cela faire transiger, faire pactiser leurs pures et inflexibles doctrines avec ce qu'ils regardent comme des erreurs..... Une telle conduite, ce serait pour eux une apostasie devant Dieu, et, ce qui est moins, un déshonneur devant les hommes.....

« Non, je n'ai rien compris de semblable : ainsi, je désavoue hautement toute transaction entendue de la sorte; je repousse avec un sentiment d'indignation cette outrageante interprétation de notre bonne volonté; et si, ce que je ne crois pas, l'alliance entre la religion et la philosophie, dont a parlé si éloquemment l'honorable M. Thiers, devait être entendue dans ce sens (M. Thiers fait un signe négatif), j'aurais le regret, mais, il le comprend, j'aurais l'impérieux devoir de me séparer hautement de lui sur ce sujet.

« Ce que j'ai compris, je vais vous le dire. J'ai compris que les évêques entraient dans ces conseils pour y défendre la liberté, et, conséquemment, l'intégrité, l'inviolabilité de ces saintes doctrines dont il ne leur est pas permis de changer un *iota*, qu'ils ont reçues comme un dépôt sacré, qu'ils doivent conserver intactes, dont ils savent très-bien qu'ils rendront compte un jour; car c'est d'elles qu'il leur a été dit : *Depositum custodi.*

« Je ne sais si je me fais illusion sur notre situation en France; mais il me semblait que les persécutions religieuses n'étaient plus possibles parmi nous. Il me semblait donc que, lorsque les évêques catholiques déclareraient à ce conseil supérieur que l'introduction de tel ou tel livre, de tel ou tel programme, dans l'enseignement des jeunes catholiques, serait une atteinte à leur religion, on ne voudrait pas, on ne pourrait pas contrister, persécuter leurs consciences.

« *M. Thiers :* C'est évident. Rien de contestable d'aucun côté.

« *Mgr Parisis* aux membres de la commission : Vous admettez cela?

« *M. Thiers :* Rien de contestable d'aucun côté. »

Dans une *Instruction sur la loi d'enseignement* adressée aux curés de son diocèse, Mgr Parisis rappelle ces paroles et ajoute : « Cette adhésion formelle, et, nous osons le dire, presque unanime des législateurs, a donc défini la position des évêques dans le conseil supérieur en ce qui concerne les doctrines religieuses. Ces doctrines ne seront pas discutées; elles seront définies par qui de droit et scrupuleusement respectées par tous. »

Une instruction ministérielle, en date du 28 mai 1850, exprime aux archevêques et évêques toute l'importance que le gouvernement attache à leur concours :

« Le gouvernement attache une très-grande importance à la complète et religieuse exécution de la loi du 15 mars 1850. Au nombre des plus sérieuses garanties de la fidèle exécution de cette loi, il place le concours de l'épiscopat français, et, comme il ne le réclame que dans l'intérêt moral des générations qui s'élèvent, il se croit sûr de l'obtenir. » (Instruction du 28 mai 1850 aux archevêques et évêques.)

§ 8. Lors de la discussion, M. Pougeard avait proposé cette rédaction : « Le procureur général de la cour de cassation et deux membres de cette cour élus par leurs collègues. » M. Baze, au nom de la commission, s'est opposé à l'admission de cet amendement : « Le procureur général de la cour de cassation et les membres du parquet, a-t-il dit, font partie de la cour ; ils sont membres de la compagnie comme les autres membres de la cour de cassation, comme le premier président. Ainsi il n'y aura aucun empêchement à ce que le procureur général soit au nombre des trois membres élus par la cour de cassation. C'est précisément pour cette raison que la commission n'a pas cru devoir extraire d'une compagnie dans laquelle il occupe une place éminente le procureur général de la cour de cassation, pour le faire entrer dans le conseil supérieur à un titre particulier. Il tiendra son élection de sa compagnie, et il n'en sera que plus fort dans le sein du conseil. »

§ 10. « Cette catégorie est destinée à porter dans le sein du conseil la connaissance des lois, des usages et des personnes en matière d'instruction publique, sans laquelle les délibérations de ce conseil manqueraient souvent d'une base réelle et solide. » (Premier rapport de M. Beugnot.)

Lors de la discussion, M. Barthélemy Saint-Hilaire avait demandé que la nomination des membres de la section permanente eût lieu de manière à ce que les différentes branches de l'enseignement y fussent représentées. Le ministre de l'instruction publique a répondu que cette nomination devait rester libre, sous la responsabilité du ministre et du président de la république. Le présent paragraphe énumère toutefois les catégories de fonctionnaires parmi lesquelles est limité le choix du gouvernement.

## Article 2.

§ 1. Les membres de la section permanente sont nommés à vie.

2. Ils ne peuvent être révoqués que par le président de la république, en conseil des ministres, sur la proposition du ministre de l'instruction publique.

3. Ils reçoivent seuls un traitement.

### Commentaire.

« Les fonctions de membre de la section permanente sont incompatibles avec toute autre fonction administrative rétribuée. » (Décret du 29 juillet 1850, art. 6.)

Il résulte de cette disposition que les professeurs des facultés n'ayant pas de fonctions administratives peuvent continuer d'être professeurs, tout en faisant partie de la section permanente; ils ne peuvent toutefois remplir les fonctions administratives de doyen. Mais ils sont soumis à la loi du 12 décembre 1848 sur le cumul, et ne doivent toucher les deux traitements que jusqu'à concurrence de 12,000 fr.

### Article 3.

§ 1. Les autres membres du conseil sont nommés pour six ans.

2. Ils sont indéfiniment rééligibles.

### Commentaire.

« Lorsqu'il y a lieu de procéder à l'élection de membres du conseil supérieur de l'instruction publique, le ministre informe les archevêques et évêques diocésains, les consistoires de l'église réformée et ceux de la confession d'Augsbourg, le consistoire central israélite, le conseil d'État, la cour de cassation et l'Institut national, du nombre de membres qu'ils ont à élire et de l'époque à laquelle doit se faire l'élection. » (Décret du 8 mai 1850, art. 1er.)

« Les membres électifs du conseil sont à l'abri d'une révocation. » (M. E. Rendu, Commentaire de la loi.)

### Article 4.

§ 1. Le conseil supérieur tient au moins quatre sessions par an.

2. Le ministre peut le convoquer en session extraordinaire toutes les fois qu'il le juge convenable.

### Commentaire.

« Le conseil supérieur tient une session ordinaire par trimestre. — Il est convoqué par arrêté du ministre. — La durée de chacune des sessions, soit ordinaires, soit extraordinaires, est fixée par l'arrêté de convocation. Elle peut être prolongée par un arrêté ultérieur. » (Décret du 29 juillet 1850, art. 3.)

### Article 5.

§ 1. Le conseil supérieur peut être appelé à donner son avis sur les projets de lois, de règlements et de décrets relatifs à l'enseignement, et en général sur toutes les questions qui lui seront soumises par le ministre.

2. Il est nécessairement appelé à donner son avis :

3. Sur les règlements relatifs aux examens, aux concours et aux programmes d'études dans les écoles publiques, à la surveillance des écoles libres, et en général sur tous les arrêtés portant règlement pour les établissements d'instruction publique;
4. Sur la création des facultés, lycées et colléges;
5. Sur les secours et encouragements à accorder aux établissements libres d'instruction secondaire;
6. Sur les livres qui peuvent être introduits dans les écoles publiques, et sur ceux qui doivent être défendus dans les écoles libres, comme contraires à la morale, à la Constitution et aux lois.
7. Il prononce en dernier ressort sur les jugements rendus par les conseils académiques dans les cas déterminés par l'article 14.
8. Le conseil présente, chaque année, au ministre un rapport sur l'état général de l'enseignement, sur les abus qui pourraient s'introduire dans les établissements d'instruction, et sur les moyens d'y remédier.

## Commentaire.

« Le conseil pourra être consulté par le ministre dans certains cas, devra l'être dans certains autres, et possédera en outre une juridiction propre pour le jugement des affaires contentieuses et disciplinaires. Tel sera le cercle de ses attributions. Le ministre pourra, s'il le juge à propos, prendre l'avis du conseil sur les projets de lois ou de décrets; il n'y est pas contraint, parce qu'il s'agit ici d'actes du gouvernement sur lesquels il doit demeurer libre et ne pas rencontrer d'obstacles, même incidents.

« D'après les règles de notre droit public, un conseil ne peut gouverner ni administrer; sa participation au pouvoir doit rester purement consultative : mais s'il acquiert par l'effet de sa composition et de la gravité de ses délibérations une grande autorité morale, il exercera, sur les principaux actes du ministre près duquel il sera placé, une action constante et décisive; ses simples avis deviendront des règles dont la raison conseillera aux ministres de ne pas s'écarter. » (Premier rapport de M. Beugnot.)

Lors de la discussion, M. Baze, au nom de la commission, a renouvelé la même déclaration :

« Nous n'avons pas voulu qu'il y eût obligation absolue de la part du ministre de consulter le conseil supérieur sur les projets de lois qui seraient apportés devant l'Assemblée nationale. Mais nous entendons bien qu'en général, et comme règle, le conseil supérieur sera consulté sur tout ce qui intéressera l'enseignement. »

Les formes de procéder dans les travaux du conseil supérieur ont été réglées par décret du 29 juillet 1850 :

« Des commissaires peuvent être chargés par le ministre de l'assister dans la discussion des projets de lois, de règlements d'administration publique, de décrets et arrêtés portant règlement permanent, qu'il renvoie à l'examen du conseil supérieur. — Le conseil peut aussi appeler dans son sein les personnes dont l'expérience lui semble devoir être utilement consultée, tant pour la discussion de ces projets que pour ce qui concerne l'état général de l'enseignement. — Il ne peut user de cette faculté à l'égard des fonctionnaires publics, que de l'agrément du ministre du département auquel ils appartiennent. (Décret du 29 juillet 1850, art. 4.)

« Dans les affaires soumises au conseil supérieur, le rapporteur est nommé par le ministre, ou, sur sa délégation, par le vice-président du conseil supérieur. (Art. 7.)

« En matière contentieuse ou disciplinaire, les affaires sont inscrites au secrétariat du conseil supérieur, d'après l'ordre de leur arrivée, sur un registre à ce destiné. — Elles sont jugées suivant l'ordre de leur inscription et dans la plus prochaine session. — Les rapports sont faits par écrit ; ils sont déposés au secrétariat par les rapporteurs, la veille du jour fixé pour la délibération, avec le projet de décision et le dossier, pour être tenus à la disposition de chacun des membres du conseil. — En matière disciplinaire, le rapporteur est tenu d'entendre l'inculpé dans ses explications, s'il est présent et s'il le demande. L'inculpé a également le droit d'être entendu par le conseil. (Art. 8.)

« La présence de la moitié plus un des membres est nécessaire pour la validité des délibérations du conseil supérieur. — En cas de partage, si la matière n'est ni contentieuse ni disciplinaire, la voix du président est prépondérante. Si la matière est contentieuse, il en sera délibéré de nouveau, et les membres qui n'auraient pas assisté à la délibération seront spécialement convoqués ; s'il y a, de nouveau, partage dans la deuxième délibération, il sera vidé par la voix prépondérante du président. Si la matière est disciplinaire, l'avis favorable à l'inculpé prévaut. (Art. 9.)

« Les délibérations du conseil supérieur sont signées par le président et par le secrétaire. — Le secrétaire a seul qualité pour en délivrer des ampliations certifiées conformes aux procès-verbaux. — A moins d'une autorisation du ministre, il ne peut être donné communication des procès-verbaux qu'aux membres du conseil supérieur. (Art. 10.)

« Les décrets ou arrêtés qui interviennent sur l'avis du conseil supérieur portent la mention : *Le conseil supérieur de l'instruction publique entendu...* — Les avis du conseil supérieur ne peuvent être publiés qu'avec l'autorisation du ministre. (Art. 11.)

« En matière contentieuse ou disciplinaire, les décisions du conseil sont notifiées par le ministre. — Les parties ont toujours le droit d'en obtenir expédition. (Art. 12.) »

§ 3. Pour la question d'orthodoxie des programmes d'études et d'examens, voyez [p. 7] les observations soumises à l'Assemblée par Mgr Parisis sur la position des évêques catholiques dans le conseil supérieur. D'après Mgr Parisis, les doctrines religieuses ne seront pas discutées; elles seront définies par qui de droit et scrupuleusement respectées par tous : ce qui semblerait dire que, pour l'adoption des programmes d'études et d'examens et pour l'autorisation des livres classiques dans les écoles publiques, le conseil ne ne devra pas voter à la majorité des voix; qu'il devra écarter de suite l'ouvrage présenté, dès que son défaut d'orthodoxie aura été signalé par un des archevêques ou évêques membres du conseil. Une telle interprétation de la loi paraîtrait difficilement admissible. Le ministre ne peut, dans ces questions, qu'en appeler aux sentiments de conscience et de convenance des membres du conseil. Lorsqu'un évêque aura montré le défaut d'orthodoxie d'un livre, la majorité du conseil ne se refusera pas certainement à le rejeter.

D'après l'article 75, l'objet et l'étendue de l'enseignement dans chaque collége communal est déterminé par le ministre en conseil supérieur, sur la proposition du conseil municipal et l'avis du conseil académique.

D'après les termes de l'article 21, les règlements relatifs aux établissements libres ne peuvent porter que sur le mode de surveillance, et non sur des programmes d'études. Par suite, les derniers mots du présent paragraphe ne doivent s'appliquer qu'aux établissements publics.

§ 4. Le conseil supérieur nous semble devoir être consulté dans le cas de suppression de facultés et de lycées, puisqu'il est consulté sur leur création. Tel a été l'avis déjà exprimé par le conseil.

Quant aux colléges, dont la suppression dépend des conseils municipaux et non du gouvernement, on ne comprendrait pas quel avis le conseil supérieur pourrait émettre à cet égard.

Le projet du gouvernement, comme celui de la commission, contenait, à la suite de ce paragraphe, une disposition portant : « Sur l'autorisation d'accepter des donations ou legs faits aux écoles publiques ou aux écoles libres. » Quoique le ministre de l'instruction publique eût reconnu, lors de la seconde délibération, que cette disposition ne portait aucune atteinte aux droits du conseil d'État, et que l'avis du conseil supérieur ne serait qu'un élément de décision, cependant la commission en a plus tard opéré la suppression, et ce changement n'a été l'objet d'aucune observation lors de la troisième délibération.

§ 5. Le projet amendé par la commission portait : « Sur les secours et encouragements à accorder aux écoles. » Mais, sur la demande du ministre de l'instruction publique, on substitua ces derniers mots : « aux établissements d'instruction secondaire. » « En effet, a dit le ministre, il existe des secours assez considérables donnés annuellement aux écoles primaires ; ils s'élèvent actuellement à 1,100,000 fr., qui sont distribués entre plus de 1,100 écoles primaires. Ces secours sont accordés quelquefois par suite de réparations urgentes; il nous paraît impossible de confier l'examen de ces détails, la distribution de ces fonds, provoquée si souvent par des circonstances urgentes, compliquées, pour des faits nombreux, à un conseil dont les réunions sont seulement trimestrielles. »

Les secours et encouragements donnés aux établissements libres d'instruction secondaire, soit par l'État, soit par les communes, doivent être tous indistinctement soumis à l'avis du conseil supérieur. Telle est la jurisprudence consacrée par un avis du conseil et une instruction ministérielle du 12 janvier 1851 [voyez ci-dessous.]

L'article 69 a fixé les conditions auxquelles ces secours et encouragements aux établissements libres d'instruction secondaire peuvent être accordés :

« Les établissements libres peuvent obtenir des communes, des départements ou de l'État, un local et une subvention, sans que cette subvention puisse excéder le dixième des dépenses annuelles de l'établissement. — Les conseils académiques sont appelés à donner leur avis préalable sur l'opportunité de ces subventions. — Sur la demande des communes, les bâtiments compris dans l'attribution générale faite à l'Université par le décret du 11 décembre 1808 pourront être affectés à ces établissements par décret du pouvoir exécutif. » (Art. 69 de la présente loi.)

Un décret du 31 mars 1851 a fixé les conditions des traités qui seront passés par les communes, les départements ou l'État, avec les évêques, en vertu de l'article 69 :

« Les traités qui pourront être projetés par les communes, les départements ou l'État, en exécution de l'article 69 de la loi organique, et qui devront avoir pour effet de concéder aux évêques diocésains des bâtiments et des subventions pour l'établissement d'écoles libres, seront passés entre les communes, les départements ou l'État et les évêques, non en leur dite qualité, mais en leur nom personnel, agissant comme fondateurs et bienfaiteurs de l'établissement projeté, intéressés comme tels à sa prospérité et à sa conservation, procédant, à ce titre, à la désignation du personnel, et notamment du directeur de l'établissement lequel toutefois, demeurera seul responsable vis-à-vis des autorités préposées à la surveillance de l'enseignement libre, et devra remplir les conditions prescrites par la loi. » (Décret du 31 mars 1851.)

Une instruction ministérielle adressée aux recteurs, en date du 12 janvier 1851, s'exprime en ces termes au sujet des dispositions combinées du présent paragraphe et de l'article 69 :

« Les concessions, subventions, secours ou autres affectations de cette nature, sous quelque nom qu'elles soient désignées, ne doivent pas être examinées par l'autorité supérieure sous le rapport seulement des conséquences financières qu'elles entraînent, mais aussi sous le rapport de leur influence et de leurs résultats pour l'instruction publique.

« Si l'autorité administrative ordinaire est nécessairement appelée à approuver les subventions votées par les départements et les communes en faveur des écoles libres, c'est donc également pour le ministre de l'instruction publique une obligation et un droit d'examiner les questions de cette nature à son point de vue particulier.

« Le conseil supérieur de l'instruction publique, pénétré de cette vérité, a même émis l'avis que, conformément aux paragraphes 4 et 5 de l'article 5 de la loi organique, il devait être nécessairement consulté dans les cas de subventions, secours et encouragements à accorder aux établissements particuliers, soit qu'il s'agit d'un local à concéder, ou d'une subvention purement pécuniaire à voter dans les termes de l'article 69 de la loi.

« Vous aurez donc à exiger que tout traité qui pourrait intervenir entre un conseil municipal ou un conseil général et un établissement libre d'instruction secondaire, par lequel une subvention en argent, un secours, une allocation de meubles, une affectation de bâtiments, serait attribuée à cet établissement, ne puisse être mis à exécution qu'après m'avoir été adressé, afin qu'il me soit loisible de le soumettre à un examen approfondi. » (Instruction du 12 janvier 1851 aux recteurs.)

§ 6. « On comprend la différence du droit conféré au conseil en cette importante matière, selon qu'il s'agit des écoles publiques ou des écoles libres. Tout livre d'éducation destiné aux premières, quel que soit son objet, devra être soumis à l'approbation du conseil. Les seuls livres qui devront être défendus dans les établissements particuliers seront les ouvrages contraires à la morale, à la Constitution et aux lois. On comprend également que le catalogue des livres déjà approuvés ne sera pas soumis tout entier à la révision du conseil. » (Premier rapport de M. Beugnot.)

Sur la question d'orthodoxie des livres soumis à l'approbation du conseil, voyez [p. 13] le résumé des observations présentées à l'Assemblée nationale par Mgr Parisis.

La question s'est déjà présentée de savoir si le recteur ou le conseil académique avaient le droit de prescrire, dans les écoles publiques, l'usage exclusif de certains ouvrages, parmi les livres autorisés. Une instruction ministérielle du 21 novembre 1851 a décidé la question dans un sens négatif, en s'appuyant sur les termes et l'esprit de la loi, qui n'accorde pas même ce droit au conseil supérieur :

« Par son article 5, la loi a réservé au conseil supérieur de l'instruction publique la mission de donner son avis sur les livres qui peuvent être introduits dans les écoles publiques, et sur ceux qui doivent être défendus dans les écoles privées, comme contraires à la morale, à la Constitution et aux lois; et aucune autre de ses dispositions ne confère aux conseils académiques le soin de faire un choix parmi les ouvrages déjà autorisés par le conseil supérieur. C'est donc à ce conseil seulement qu'appartient le droit d'approuver ou d'interdire l'usage de tel ou tel livre dans les écoles. Il importe, d'ailleurs, de laisser à chaque instituteur la liberté de choisir l'ouvrage qu'il comprend le plus facilement, qui lui paraît le mieux approprié aux besoins de son enseignement, aux habitudes de la localité, à l'âge et aux dispositions des enfants : il convient aussi de ne point faire obstacle aux efforts des auteurs, qui seraient complétement découragés, s'ils savaient d'avance que toutes les voies leur sont fermées. » (Instruction du 21 novembre 1831 aux recteurs.)

§ 7. La disposition de ce paragraphe, par laquelle le conseil supérieur prononce en dernier ressort, crée une juridiction nouvelle qui ne relève que d'elle-même, en sorte que le recours au conseil d'État ne saurait être admis, même pour incompétence ou excès de pouvoir; et cependant il s'agit ici d'affaires contentieuses : mais le rapport de la commission explique en termes précis que l'on a entendu établir une juridiction souveraine, parallèle au conseil d'État :

« Il ne viendrait pas à l'esprit d'un ministre de rejeter un avis du conseil d'État en matière contentieuse, quoiqu'il en ait assurément le droit. Nous voulons que le conseil supérieur soit aussi puissant et aussi respecté; ce conseil pourra être consulté par le ministre dans certains cas, devra l'être dans certains autres, et possédera, en outre, une juridiction propre pour le jugement des affaires contentieuses et disciplinaires. » (Premier rapport de M. Beugnot.)

Le conseil supérieur prononce en dernier ressort sur les jugements rendus par les conseils académiques dans les cas déterminés par l'article 14. Voici les cas déterminés par ledit article :

« Le conseil académique prononce, sauf recours au conseil supérieur : sur les affaires contentieuses relatives à l'obtention des grades, aux concours devant les facultés, à l'ouverture des écoles libres, aux droits des maîtres particuliers et à l'exercice du droit d'enseigner; sur les poursuites dirigées contre les membres de l'instruction secondaire publique et tendant à la révocation, avec interdiction d'exercer la profession d'instituteur libre, de chef ou professeur d'établissement libre, et, dans les cas déterminés par la présente loi, sur les affaires disciplinaires relatives aux instituteurs primaires, publics ou libres. » (Art. 14 de la présente loi.)

Les cas déterminés par la présente loi pour les affaires disciplinaires relatives aux instituteurs primaires publics et libres, dont il est question en l'article 14, sont énumérés à l'article 30 concernant l'instituteur libre et à l'article 33 relatif à l'instituteur public. Aux termes de l'article 30, le conseil académique peut frapper l'instituteur libre d'une interdiction absolue; il y a lieu à appel devant le conseil supérieur. Aux termes de l'article 33, le conseil académique peut frapper l'instituteur public d'une interdiction absolue, sauf appel au conseil supérieur. Les cas de pénalité mentionnés dans ces deux articles 30 et 33, sont également applicables, conformément aux articles 50, 53, 55 et 57, aux institutrices libres et communales, aux directeurs et directrices de pensionnats primaires, aux directeurs et directrices d'écoles d'adultes ou d'apprentis, et aux directrices de salles d'asile libres et communales.

† D'autres attributions particulières ont encore été données au conseil supérieur par les articles 19, 35, 60, 64, 68, 76 et 85.

Aux termes de l'article 19, le conseil supérieur donne son avis au ministre pour la nomination des inspecteurs généraux.

Aux termes de l'article 35, les écoles normales primaires peuvent être supprimées par le ministre en conseil supérieur.

Aux termes de l'article 60, les dispenses de certificat de stage pour l'instruction secondaire ne peuvent être accordées par le ministre que de l'avis conforme du conseil supérieur.

Aux termes de l'article 64, le conseil supérieur prononce en dernier ressort sur l'opposition formée par le recteur contre l'ouverture d'un établissement d'instruction secondaire publique.

Aux termes de l'article 68, le conseil supérieur est appelé à prononcer en dernier ressort sur la peine de l'interdiction à temps ou à toujours, prononcée par les conseils académiques contre les membres de l'instruction secondaire libre.

Aux termes de l'article 76, le conseil supérieur prononce en dernier ressort sur la peine de la révocation prononcée par les conseils académiques contre les professeurs de l'enseignement supérieur. Conformément au même article, il est appelé à donner son avis sur l'application de la peine du retrait d'emploi aux membres de l'instruction secondaire publique, et aux professeurs de l'enseignement supérieur [voyez p. 196.]

Enfin, aux termes de l'article 85, le conseil supérieur ou sa section permanente exerce les attributions qui appartenaient au conseil de l'Université en ce qui concerne l'enseignement supérieur. Ainsi toutes les questions relatives à la police, à la comptabilité, à l'administration générale et à l'enseignement des facultés, sont examinées par le conseil ou sa section permanente, qui arrête le budget de ces établissements. Il prononce en dernier ressort sur les peines disciplinaires infligées aux étudiants des facultés par les conseils académiques. Il prononce contre les mêmes étudiants, en cas de récidive, la peine de l'exclusion de toutes les facultés pendant six mois au moins et deux ans au plus.

Aux divers cas d'appel spécifiés ici, il faut ajouter les appels qui peuvent être formés par les recteurs contre les décisions des conseils académiques pour cause d'infraction à la loi.

† L'ensemble de la juridiction disciplinaire établie par la présente loi, se résume dans le paragraphe 7 du présent article 5, combiné avec les articles 14, 30, 33, 50, 53, 55, 57, 67, 68 et 76.

D'après l'article 14 combiné avec l'article 76, le conseil supérieur prononce en dernier ressort sur la peine de la révocation et de l'interdiction prononcée par les conseils académiques contre les membres de l'instruction secondaire publique.

D'après le même article 14, le conseil supérieur prononce en dernier ressort sur la peine de l'interdiction absolue prononcée par les conseils académiques contre les instituteurs libres et publics.

D'après l'article 30, le conseil académique a le droit de censurer, suspendre pour un temps qui ne peut excéder six mois, interdire de l'exercice de sa profession dans la commune où il exerce, ou même frapper d'une interdiction absolue tout instituteur libre convaincu de faute grave dans l'exercice de ses fonctions, d'inconduite ou d'immoralité. Il y a, dans ce dernier cas, droit d'appel au conseil supérieur.

D'après l'article 33, le recteur peut, suivant les cas, réprimander, suspendre, avec ou sans privation totale ou partielle de traitement, pour un temps qui n'excèdera pas six mois, ou révoquer l'instituteur public. Le conseil académique a le droit de le frapper d'une interdiction absolue. Il y a, dans ce dernier cas, droit d'appel au conseil supérieur.

D'après l'article 50, les cas de pénalité énumérés à l'article 30 pour l'instituteur libre, et à l'article 33 pour l'instituteur communal, sont applicables à l'institutrice libre et à l'institutrice communale.

D'après l'article 53, les cas de pénalité énumérés à l'article 30 pour l'instituteur libre, sont applicables aux directeurs de pensionnats primaires de garçons et aux directrices de pensionnats de filles.

D'après l'article 55, les cas de pénalité énumérés à l'article 30 pour l'instituteur libre sont applicables aux directeurs et directrices d'écoles libres d'adultes ou d'apprentis.

D'après l'article 57, les cas de pénalité énumérés à l'article 30 pour l'instituteur libre, et à l'article 33 pour l'instituteur public, sont applicables aux directrices de salles d'asile libres et communales.

D'après l'article 67, le conseil académique peut, en cas de désordre grave dans le régime intérieur d'un établissement libre d'instruction secondaire, soumettre le chef de cet établissement à la réprimande. Il n'y a droit à aucun recours.

D'après l'article 68, le conseil académique peut, pour cause d'inconduite ou d'immoralité, interdire de sa profession, à temps ou à toujours, tout chef d'établissement libre d'instruction secondaire et toute personne attachée à l'enseignement ou à la surveillance d'une maison d'éducation. Il y a droit d'appel au conseil supérieur.

D'après l'article 76, le ministre prononce disciplinairement contre les membres de l'instruction secondaire publique, suivant la gravité des cas : 1° la réprimande devant le conseil académique; 2° la censure devant le conseil supérieur; 3° la mutation pour un emploi inférieur; 4° la suspension des fonctions, pour une année au plus, avec ou sans privation totale ou partielle du traitement; 5° le retrait d'emploi, après avoir pris l'avis du conseil supérieur ou de la section permanente.

D'après le même article 76, le ministre prononce disciplinairement contre les membres de l'enseignement supérieur, suivant la gravité des cas : 1° la réprimande devant le conseil académique; 2° la censure devant le conseil supérieur; 3° la suspension des fonctions, pour une année au plus, avec ou sans privation totale ou partielle du traitement; 4° le retrait d'emploi, sur l'avis conforme du conseil supérieur.

D'après le même article 76, le conseil académique prononce en premier ressort, et le conseil supérieur en dernier ressort, la peine de la révocation contre les professeurs de l'enseignement supérieur.

Enfin, aux termes de l'article 77, les directeurs et directrices de cours publics sont passibles des mêmes peines disciplinaires que les instituteurs, les institutrices et les chefs d'établissement d'instruction secondaire libre, selon la nature de leur enseignement.

En résumé, le *recteur* a le droit, suivant les cas, de réprimander, suspendre, avec ou sans privation totale ou partielle du traitement, pour un temps qui n'excède pas six mois, ou révoquer les instituteurs communaux, les institutrices communales et les directrices de salles d'asile communales (art. 33, 50 et 57).

Le *ministre* a le droit de prononcer, suivant la gravité des cas: 1° contre les membres de l'instruction secondaire publique, la réprimande devant le conseil académique; la censure devant le conseil supérieur; la mutation pour un emploi inférieur; la suspension des fonctions, pour une année au plus, avec ou sans privation totale ou partielle du traitement; le retrait d'emploi, après avoir pris l'avis du conseil supérieur ou de la section permanente; — 2° contre les professeurs de l'enseignement supérieur, la réprimande devant le conseil académique; la censure devant le conseil supérieur; la suspension des fonctions, pour une année au plus, avec ou sans privation totale ou partielle du traitement; le retrait d'emploi sur l'avis conforme du conseil supérieur (art. 76).

Le *conseil académique* prononce : 1° contre les instituteurs et les institutrices libres, les directeurs et directrices de pensionnats primaires, les directeurs et directrices d'écoles libres d'adultes ou d'apprentis, les directrices de salles d'asile libres, pour cause de faute grave dans l'exercice de leurs fonctions, d'inconduite ou d'immoralité, la censure, la suspension pour un temps qui ne peut excéder six mois, l'interdiction dans la commune où ils exercent, l'interdiction absolue; — 2° contre les chefs d'établissements d'instruction secondaire libre, pour cause de désordre grave dans le régime intérieur de l'établissement, la réprimande avec ou sans publicité; pour cause d'inconduite ou d'immoralité, l'interdiction de leur profession, à temps ou à toujours;—3° contre les personnes attachées à l'enseignement ou à la surveillance d'une maison d'éducation, pour cause d'inconduite ou d'immoralité, l'interdiction de leur profession, à temps ou à toujours;— 4° contre les instituteurs communaux, les institutrices communales et les directrices de salles d'asile communales, l'interdiction absolue; — 5° contre les membres de l'instruction secondaire publique, la révocation et l'interdiction; — 6° contre les professeurs de l'enseignement supérieur, la révocation et l'interdiction (art. 14, 30, 33, 50, 53, 55, 57, 67, 68 et 76).

Le *conseil supérieur* prononce en dernier ressort : 1° contre les instituteurs et les institutrices libres, les directeurs et directrices de pensionnats primaires, les directeurs et directrices d'écoles libres d'adultes ou d'apprentis, les directrices de salles d'asile libres, l'interdiction absolue ; — 2° contre les chefs d'établissements d'instruction secondaire libre et les personnes attachées à l'enseignement ou à la surveillance d'une maison d'éducation, l'interdiction à temps ou à toujours ; — 3° contre les instituteurs communaux, les institutrices communales et les directrices de salles d'asile communales, l'interdiction absolue; — 4° contre les membres de l'instruction secondaire publique, la révocation et l'interdiction ; — 5° contre les professeurs de l'enseignement supérieur, la révocation et l'interdiction ( art. 5, 14, 30, 33, 50, 53, 55, 57, 67, 68 et 76).

## Article 6.

§ 1. La section permanente est chargée de l'examen préparatoire des questions qui se rapportent à la police, à la comptabilité et à l'administration des écoles publiques.

2. Elle donne son avis, toutes les fois qu'il lui est demandé par le ministre, sur les questions relatives aux droits et à l'avancement des membres du corps enseignant.

3. Elle présente annuellement au conseil un rapport sur l'état de l'enseignement dans les écoles publiques.

## Commentaire.

§ 1er. « Considérée en dehors du conseil supérieur, la section permanente est un simple conseil d'administration qui prépare le travail et les décisions du ministre, dans les affaires de second ordre, et relatives seulement aux écoles publiques dont il serait impossible que le conseil supérieur connût. La multiplicité de ces affaires et le grand nombre de personnes qu'elles intéressent exigent que cette section soit permanente. » (Premier rapport de M. Beugnot.)

Lors de la troisième délibération, M. Baze, au nom de la commission, a résumé en ces termes les attributions de la section permanente :

« La section permanente est chargée de trois attributions : elle prépare tous les règlements qui se rapportent à la police, à la comptabilité, à l'administration des écoles publiques ; elle fait l'examen préparatoire de toutes les questions, qui sont soumises ensuite, soit au ministre, soit au conseil supérieur, dont la commission permanente n'est qu'une section ; elle donne son avis, toutes les fois qu'il lui est demandé par le ministre, sur les droits et l'avancement des membres du corps enseignant. »

« La section permanente est présidée par un de ses membres, désigné chaque année par le ministre. » (Décret du 29 juillet 1850, art. 5.)

Le secrétaire de la section permanente est également choisi parmi les membres de cette section, et nommé par le ministre.

§ 2. Les mots « toutes les fois qu'il lui est demandé par le ministre » ont été introduits dans le texte sur l'avis du conseil d'État et sur la proposition du ministre de l'instruction publique. « Je ne pense pas, a dit le ministre, que l'on puisse admettre que le ministre de l'instruction publique, pour les moindres nominations, pour faire, par exemple, d'un maître d'étude un régent de septième, en un mot, pour tous les actes de son administration relativement au personnel, soit obligé de prendre l'avis de la section permanente. Il me semble qu'il résulterait de cet état de choses, d'abord des lenteurs souvent préjudiciables, de plus une certaine entrave à la responsabilité du ministre. »

† Un arrêté du 23 septembre 1850 a créé une commission chargée d'éclairer le ministre sur les questions relatives aux droits et à l'avancement des membres du corps enseignant :

« Sept commissions sont instituées, pour l'année 1850-1851, à l'effet d'éclairer le ministre toutes les fois que, conformément au deuxième paragraphe de l'article 6 de la loi du 15 mars 1850, il jugera à propos de demander des avis sur les questions relatives aux droits et à l'avancement des membres du corps enseignant. (Arrêté du 23 septembre 1850, art. 1er.)

« Le ministre préside chacune de ces commissions ; en cas d'empêchement, il en délègue la présidence à un des membres qui les composent. — Le chef de la première division est adjoint aux six premières commissions, le chef de la deuxième à la septième. — Les inspecteurs généraux de l'instruction publique, le directeur de l'école normale supérieure et les inspecteurs supérieurs de l'instruction primaire sont appelés au sein de ces commissions sur la convocation du président. (Art. 3.). »

† D'après l'article 76, le ministre ne peut prononcer le retrait d'emploi contre un membre de l'instruction secondaire publique qu'après avoir pris l'avis du conseil supérieur ou de la section permanente.

Indépendamment des attributions de la section permanente définies ci-dessus, l'article 85 porte que, jusqu'à la promulgation de la loi sur l'enseignement supérieur, le conseil supérieur et sa section permanente, selon leur compétence respective, exerceront, à l'égard de cet enseignement, les attributions qui appartenaient au conseil de l'Université.

## CHAPITRE II.

### DES CONSEILS ACADÉMIQUES.

### Article 7.

Il sera établi une académie dans chaque département.

### Commentaire.

Cet article est une des dispositions fondamentales du nouveau système administratif créé par la loi. M. de Montalembert, au nom de la commission, en a expliqué les motifs en ces termes :

« C'est ici la base fondamentale, en quelque sorte, de la loi; c'est la plus originale de toutes les créations que contient le projet de loi. Je me sers à dessein de ce mot de création, parce qu'elle est tout à fait nouvelle. Dans les projets de loi antérieurs, ou dans les amendements qui ont été présentés, il y a eu des conseils mixtes; mais on n'avait pas pensé jusqu'à présent à un conseil départemental comme ceux que nous proposons d'instituer. Vous êtes donc en présence de ce que j'appellerai le pivot de notre nouvelle organisation de l'enseignement, et de ce qui est, à vrai dire, l'âme de la loi. Nous avons voulu placer au département même le foyer de l'enseignement national dans ses deux branches, l'enseignement libre et l'enseignement officiel.

« Nous avons voulu faire intervenir, dans les deux branches de l'enseignement, l'enseignement libre et l'enseignement officiel, trois forces que nous ne pouvions pas trouver, telles que nous les voulons, au chef-lieu de cour d'appel : l'Église, l'administration et le suffrage universel. Nous ne pouvions pas établir nos nouvelles académies aux chefs-lieux des cours d'appel, parce que l'évêque de ces chefs-lieux n'a aucun droit, aucune autorité dans les autres départements compris dans le ressort des cours d'appel Nous ne pouvions pas prendre non plus le chef de l'administration publique, c'est-à-dire le préfet, parce que le préfet, pas plus que l'évêque hors de son diocèse, n'a autorité hors de son département. Enfin nous ne pouvions prendre les représentants du suffrage universel, c'est-à-dire les membres des conseils généraux, parce que ces membres n'ont d'autorité que dans les départements où ils résident et qu'ils représentent. En réunissant les conseillers généraux de plusieurs départements au siége de la cour d'appel, nous aurions créé des espèces d'états provinciaux au petit pied, qui contrasteraient avec l'organisation actuelle de la France, avec les idées politiques qui subsistent. Voilà pourquoi nous avons été conduits à établir ce que j'appelle le foyer du gouvernement de l'enseignement national au chef-lieu de chaque département. »

Le projet du gouvernement portait : « au chef-lieu de chaque département ». La commission a pensé que le chef-lieu académique ne devait pas nécessairement se trouver au chef-lieu du département, qu'il pouvait être établi sur tout autre point. Elle a modifié en conséquence la rédaction du texte.

Un décret du 27 mai 1850 a fixé le chef-lieu de chaque académie conformément aux explications ci-dessus :

« Le chef-lieu de chaque académie est placé au chef-lieu du département. — Néanmoins, le chef-lieu de l'académie de la Marne est placé à Reims ; celui de l'académie des Bouches-du-Rhône à Aix ; celui de l'académie du Nord à Douai. » (Décret du 27 mai 1850, art. 1er.)

« J'ai pensé qu'il était conforme à l'esprit de la loi du 15 mars 1850 et à la bonne administration de l'instruction publique de placer le chef-lieu académique au chef-lieu même du département. C'est à ce centre qu'aboutissent toutes les affaires administratives, et en général aussi la plupart des relations et des intérêts. Le conseil du département y siége, ainsi que le préfet et les principales autorités. Le recteur y trouvera l'appui qui lui est si nécessaire, et les conseils académiques se recruteront plus aisément d'hommes spéciaux. Trois exceptions seront faites à cette règle générale : elles s'expliquent par une possession antérieure, justifiée d'ailleurs par d'autres circonstances locales ou par des considérations tirées d'anciens souvenirs littéraires et scientifiques dont la tradition ne doit pas se perdre. » (Rapport du 27 mai 1850 au président de la république.)

## Article 8.

Chaque académie est administrée par un recteur, assisté, si le ministre le juge nécessaire, d'un ou de plusieurs inspecteurs, et par un conseil académique.

### Commentaire.

*Recteurs.* — « Les fonctions de recteur sont incompatibles avec tout autre emploi public salarié. » (Décret du 29 juillet 1850, art. 15.)

« Chargé d'appliquer la loi du 15 mars 1850 en votre double qualité de fonctionnaire représentant l'État et de président du conseil académique, c'est d'elle que vous verrez découler la série de vos divers devoirs.

« Je mettrai au premier rang de vos obligations le sincère respect de cette liberté qui est, pour ainsi dire, le principe de la loi nouvelle. Conçue et adoptée dans le but avoué d'affranchir l'enseignement privé de la tutelle de l'État, cette loi ne conserve aucune des barrières que l'ancienne législation avait établies. Elle consacre tout à la fois la liberté du père de famille et celle du citoyen, qui peut désormais, sans autorisation préalable, se livrer à l'éducation de la jeunesse. Elle n'admet aucune opposition de votre part à l'ouverture des établissements privés, sinon dans l'intérêt des mœurs publiques, de la santé des élèves, ou pour défaut des conditions de capacité déterminées par la loi.

« En appliquant une législation aussi libérale d'une manière conforme à l'esprit qui l'a dictée, votre administration ne sera pas seulement tolérante, elle saura se montrer au besoin bienveillante et protectrice » ( Instruction du 27 août 1850 aux recteurs.)

« La loi du 15 mars, en instituant quatre-vingt-six recteurs, les a considérablement rapprochés des établissements qu'ils sont chargés de surveiller et de diriger. Il est impossible aujourd'hui que la vérité ne leur soit pas connue, même dans ses détails en apparence les plus minutieux, qui sont toujours si importants quand il s'agit de l'éducation de la jeunesse. » (Instruction du 2 novembre 1850 aux recteurs).

« Il peut arriver qu'à raison d'une absence momentanée et de courte durée, d'une indisposition subite ou pour quelque autre empêchement, vous soyez obligé de suspendre l'exercice de vos fonctions. Comme l'administration académique ne doit jamais rester sans direction et sans chef, vous voudrez bien déléguer temporairement, et sans avoir besoin d'en référer à l'autorité supérieure, mais seulement dans les cas d'urgence, les fonctions rectorales à l'inspecteur d'académie, et, si vous n'avez point d'inspecteur, à un des membres du conseil académique qui vous paraîtra le plus propre à les remplir. » (Instruction du 31 août 1850 aux recteurs.)

Indépendamment de la direction générale des affaires de l'académie, des attributions spéciales ont été conférées aux recteurs par les articles 10, 11, 18, 21, 22, 27, 28, 30, 33, 50, 53, 55, 57, 60, 64 et 68.

Les conditions exigées pour les fonctions de recteur et le mode de leur nomination sont fixés par l'article 9.

« Les frais de tournées et d'inspections des recteurs sont fixés à 11 fr. par jour d'absence. Ils sont, de plus, remboursés de la dépense réelle des frais de transport. » (Arrêté du 9 octobre 1848.)

*Inspecteurs.* — « Les fonctions d'inspecteur d'académie sont incompatibles avec tout autre emploi public rétribué. » (Décret du 29 juillet 1850, art. 36 )

« Un inspecteur d'académie est attaché à chacune des académies dont les noms suivent : — Bouches-du-Rhône, Calvados, Côte-d'Or, Doubs, Gard, Haute-Garonne, Gironde, Hérault, Ille-et-Vilaine, Isère, Marne, Meurthe, Nord, Pas-de-Calais, Bas-Rhin, Rhône, Seine-Inférieure, Seine-et-Oise, Somme, Vienne. — Quatre inspecteurs d'académie sont attachés à l'académie de la Seine. » ( Décrets des 27 mai et 5 août 1850.)

« La répartition des vingt-quatre inspecteurs d'académie entre les départements a été réglée d'après la considération des établissements d'instruction secondaire ou supérieure qui s'y trouvent actuellement. Mais il est évident que cette répartition ne saurait être définitive : elle est naturellement subordonnée aux effets de la loi nouvelle et aux conséquences que la libre concurrence peut avoir relativement aux établissements d'instruction publique. » (Rapport du 27 mai 1851 au président de la république.)

Dans le cours de la discussion, le ministre de l'instruction publique a dit que, dans les départements où le recteur pourra suffire, il ne sera pas nommé d'inspecteur.

Les conditions exigées pour les fonctions d'inspecteurs d'académie, le mode de leur nomination et leurs attributions sont déterminés par les articles 18, 19 et 21.

Les frais d'inspections et de tournées des inspecteurs d'académie sont fixés à 7 fr. par jour d'absence..... Ils sont de plus remboursés de la dépense réelle des frais de transport. » (Arrêté du 9 octobre 1848.)

*Conseils académiques.* — « Cette nouvelle autorité départementale n'est pas moins nécessaire à la bonne administration de l'instruction publique que le conseil supérieur. La loi lui a donné des attributions considérables. Le conseil académique est, dans chaque département, le gardien vigilant des bonnes mœurs et des fortes études ; il protége la liberté des établissements privés et réprime les écarts qui pourraient en résulter ; il surveille les établissements libres et provoque dans les établissements de l'Etat toutes les réformes utiles. Jamais mission plus importante n'a été confiée à un pouvoir public. » (Instruction du 10 août 1850 aux archevêques et évêques.)

« Le conseil académique a, dans chaque département, une autorité considérable ; et ce qu'on n'a pas voulu accorder au conseil supérieur par rapport au ministre, on l'a laissé au conseil académique par rapport au recteur. En effet, ce dernier conseil administre avec le recteur l'académie. Car, outre le droit de juger en première instance toutes les affaires contentieuses à tous les degrés, il prononce sur les affaires purement disciplinaires relatives aux institutions primaires ; il fixe le taux de la rétribution scolaire ; il détermine les cas où les communes peuvent user de certains droits. De plus, il donne son avis sur les budgets et les comptes de tous les établissements publics, sur les réformes à introduire, sur les récompenses et les secours à accorder, sur les règlements relatifs au régime intérieur des lycées, colléges, etc., etc. » (Mgr Parisis, Instruction aux curés de son diocèse.)

La composition, la nomination et les attributions des conseils académiques sont fixées par les articles 8, 10, 11, 12, 14, 15, 16, 18, 20, 28, 29, 30, 31, 32, 33, 34, 35, 36, 41, 42, 44, 46, 47, 50, 51, 52, 53, 54, 55, 57, 58, 60, 61, 62, 64, 66, 67, 68, 69, 75, 76, 77 et 85.

*Secrétaires d'académie.* — La loi organique n'a pas fait mention des secrétaires d'académie dans l'administration académique. Leur position a été fixée par le décret du 29 juillet 1850.

« Les secrétaires d'académie sont partagés en classes dont le nombre est déterminé par décret du président de la république. — Les traitements varient suivant les classes. — La classe est attachée à la personne et non à la résidence. » (Décret du 29 juillet 1850, art. 39.)

« Les secrétaires des académies départementales sont partagés en trois classes. » (Décret du 27 mai 1850, art. 35.)

« Le fonctionnaire appelé pour la première fois à l'emploi de secrétaire d'académie est nécessairement de la dernière classe. — Nul ne peut être promu à une classe supérieure sans avoir passé deux ans au moins dans la classe immédiatement inférieure. (Décret du 29 juillet 1850, art. 31.)

« Nul ne peut être nommé aux fonctions de secrétaire d'académie, s'il ne justifie du grade de bachelier ou du brevet de capacité pour l'enseignement primaire. — Sont exceptés de cette condition les secrétaires et commis d'académie qui exercent actuellement ou qui ont précédemment exercé ces fonctions. (Art. 32.)

« Dans chaque académie, le secrétaire est chargé de la rédaction des procès-verbaux du conseil académique, sous la direction du secrétaire de ce conseil. — Il est préposé à la garde des archives de l'académie. Il peut être chargé, par les recteurs, de délivrer copie des pièces dont il est dépositaire. — Il dirige, sous les ordres du recteur, le travail des bureaux de l'académie. — Il reçoit la consignation des droits perçus au profit du trésor public dans les chefs-lieux académiques où il n'existe pas d'agent comptable préposé à cette perception. Dans ce cas, il est commissionné par le ministre des finances et est tenu de fournir un cautionnement, conformément aux règlements. (Art. 33.) »

Afin d'assurer une rédaction plus exacte des procès-verbaux du conseil académique, une instruction ministérielle du 30 août 1850 [p. 30] recommande aux recteurs de s'entendre avec le secrétaire du conseil académique pour faire agréer l'introduction habituelle du secrétaire de l'académie dans le conseil.

« Dans les facultés de droit, de médecine, de théologie, des sciences et des lettres, lorsque les besoins du service n'exigeront pas la nomination d'un secrétaire spécial, les fonctions de secrétaire seront partagées entre un professeur, ou professeur suppléant, ou agrégé, désigné par la faculté, et le secrétaire de l'académie. (Décret du 15 février 1851, art. 1er.)

« Le professeur, le professeur suppléant ou l'agrégé secrétaire, est chargé des fonctions de secrétaire proprement dites, et le secrétaire d'académie, de celles d'agent comptable. (Art. 2.)

« Le secrétaire d'académie devra, en entrant en fonctions, verser au trésor un cautionnement en numéraire, dont la quotité sera fixée d'après le total des recettes desdites facultés pendant la dernière année, si le chiffre de ces recettes dépasse le minimum fixé par l'article 2 du décret du 31 octobre 1849. (Art. 3.) »

« Ceux de ces agents, dont les recettes annuelles n'excéderont pas 5,000 fr., seront seuls dispensés de fournir un cautionnement. » (Décret du 31 octobre 1849, art. 2.)

† « Dans les cérémonies publiques, le corps académique, composé du recteur, des inspecteurs et du conseil académique, prend rang immédiatement après le conseil de préfecture et du même côté que lui. » (Instruction du 30 avril 1851 aux recteurs.)

## Article 9.

§ 1. **Les recteurs ne sont pas choisis exclusivement parmi les membres de l'enseignement public.**

2. **Ils doivent avoir le grade de licencié, ou dix années d'exercice comme inspecteurs d'académie, proviseurs, censeurs, chefs ou professeurs des classes supérieures dans un établissement public ou libre.**

## Commentaire.

§ 1er. Lors de la discussion, M. Beugnot, rapporteur de la commission, s'est exprimé en ces termes sur ce paragraphe : « Nous voulons que les recteurs puissent être choisis à raison des exigences de la situation qu'on leur fait; ce sont des administrateurs, des hommes qui doivent avoir le gouvernement, l'administration de l'instruction dans les départements; nous voulons qu'ils puissent être choisis parmi les membres de l'enseignement public ou de l'enseignement libre, et même ailleurs si on trouve des hommes ayant une capacité suffisante pour être recteurs. Nous n'excluons aucune catégorie : seulement il y a des conditions que tous devront légalement remplir. »

« Les recteurs sont nommés par le président de la république. — Ils sont partagés en classes dont le nombre est déterminé par décret du président de la république. — Les traitements varient suivant les classes. — La classe est attachée à la personne et non à la résidence. » (Décret du 29 juillet 1850, art. 16.)

« Les recteurs des académies départementales sont partagés en trois classes. » (Décret du 27 mai 1850, art. 5.)

« La commission du budget a exprimé formellement le vœu que les recteurs et les secrétaires d'académie fussent partagés en trois classes ; que la classe fût attachée à la personne et non pas à la résidence, et qu'ainsi les fonctionnaires de l'administration académique pussent recevoir sans déplacement, et dans les lieux mêmes où ils ont acquis des titres à l'estime publique, un légitime avancement. Le gouvernement doit s'associer complétement à ce vœu et entrer de plus en plus dans cette voie salutaire. » (Rapport du 27 mai 1850 au président de la république.)

§ 2. M. Baze, au nom de la commission, a fait les observations suivantes : « Quelques-uns ont pensé que c'était dans le grade de licencié ès lettres ou de licencié ès sciences que l'on aurait exclusivement le droit de choisir les recteurs; point du tout, il s'agit du grade de licencié en toutes facultés, en droit, en médecine; un avocat, un médecin, tout homme qui présentera des garanties, pourra être nommé. Cependant nous avons admis que le grade de licencié pourrait être remplacé par dix années d'exercice comme inspecteur d'académie, proviseur, censeur, chef ou professeur des classes supérieures dans un établissement d'instruction publique. Nous avons donc fait largement la part des traditions, la part de l'expérience et des droits acquis par de bons services, en dispensant du grade de licencié ceux qui peuvent mettre en balance dix années d'exercice dans le professorat ou dans les autres fonctions de l'instruction publique, ceux qui, de cette manière, offrent toutes les garanties de capacité dans ces catégories diverses.»

Il résulte positivement, des explications données alors à la tribune par M. Baze, que le grade de licencié en théologie est valable comme ceux des autres facultés pour parvenir au rectorat.

La licence n'existant pas dans les facultés de médecine, le doctorat doit naturellement en tenir lieu, et les docteurs en médecine ont conséquemment les mêmes droits que les licenciés des autres facultés; ce qui résulte, du reste, des explications de M. Baze, lors de la troisième délibération.

Les dix années d'exercice étant exigibles comme chef ou professeur des classes supérieures dans un établissement public ou libre, il s'ensuit que les fonctionnaires des colléges communaux ont les mêmes droits que ceux des lycées, que les chefs et professeurs des écoles secondaires ecclésiastiques ont également les mêmes droits que les chefs et professeurs des établissements libres d'instruction secondaire.

On entend par « classes supérieures » les classes de troisième, de seconde, de rhétorique, d'histoire, de philosophie, de mathématiques et de physique, dont les chaires sont occupées dans les lycées par des professeurs du premier ordre. Dans le cours de la discussion, il a été expliqué que les classes supérieures commençaient à la troisième.

« Les aumôniers des lycées et colléges, étant assimilés aux professeurs de premier ordre par l'ordonnance du 16 juillet 1831, sont, après dix années d'exercice, dans le cas prévu par cet article 9, et peuvent, par conséquent, être promus au rectorat. » (M. de Champeaux, Commentaire de la loi.)

## Article 10.

§ 1. Le conseil académique est composé ainsi qu'il suit :

2. Le recteur, président;
3. Un inspecteur d'académie, un fonctionnaire de l'enseignement, ou un inspecteur des écoles primaires, désigné par le ministre;
4. Le préfet ou son délégué;
5. L'évêque ou son délégué;
6. Un ecclésiastique désigné par l'évêque;
7. Un ministre de l'une des deux églises protestantes, désigné par le ministre de l'instruction publique, dans les départements où il existe une église légalement établie;

8. Un délégué du consistoire israélite dans chacun des départements où il existe un consistoire légalement établi ;

9. Le procureur général près la cour d'appel dans les villes où siége une cour d'appel, et, dans les autres, le procureur de la république près le tribunal de première instance ;

10. Un membre de la cour d'appel, élu par elle, ou, à défaut de cour d'appel, un membre du tribunal de première instance, élu par le tribunal ;

11. Quatre membres élus par le conseil général, dont deux au moins pris dans son sein.

12. Les doyens des facultés seront, en outre, appelés dans le conseil académique, avec voix délibérative, pour les affaires intéressant leurs facultés respectives.

13. La présence de la moitié plus un des membres est nécessaire pour la validité des délibérations du conseil académique.

## Commentaire.

Le mode de procéder à l'élection ou à la nomination des membres des conseils académiques a été réglé par le décret du 29 juillet 1850 :

« Sur l'invitation du ministre de l'instruction publique, les cours et tribunaux, les conseils généraux et les consistoires israélites procèdent à la nomination des membres qu'ils sont appelés à élire dans les conseils académiques. — Lorsqu'il y a lieu de pourvoir à des nominations nouvelles, les cours et tribunaux et les consistoires israélites, sur l'avis donné par le recteur, procèdent immédiatement au remplacement des membres pris dans leur sein ; les conseils généraux pourvoient, dans leur plus prochaine session, au remplacement des membres dont la nomination leur appartient. — Les élections sont faites au scrutin secret et à la majorité absolue. — Le président de la cour ou du tribunal, celui du consistoire et le préfet, selon les cas, adresse le procès-verbal de chaque élection au recteur, qui le communique au conseil académique, lors de sa première réunion. — Il est transcrit sur le registre des délibérations du conseil. (Décret du 29 juillet 1850, art. 17.)

« Les membres délégués en exécution de l'article 10 de la loi organique ne peuvent exercer leur délégation qu'en vertu d'une décision spéciale. — Le ministre de l'instruction publique et l'évêque adressent au recteur les décisions par lesquelles ils ont fait choix des membres dont la désignation leur appartient. — Ces décisions sont communiquées au conseil académique et sont transcrites sur le registre des délibérations de ce conseil. (Art. 18.) »

Des termes du rapport de la commission, il résulte que les fonctions de membre de conseil académique ne sont pas incompatibles avec celles de membre du conseil supérieur. Toutefois, le rapport observe qu'un membre en qui ces doubles fonctions seraient réunies devra s'abstenir, dans le conseil supérieur, de prendre part au jugement d'une affaire disciplinaire dont il aurait connu dans le conseil académique.

§ 2. « En cas d'absence du recteur, le conseil académique est présidé par le préfet. » (Décret du 29 juillet 1850, art. 20, § 1er.)

« La loi défère au recteur la présidence du conseil académique; en cas d'absence du recteur, le conseil est présidé par le préfet. Mais il peut arriver que le recteur et le préfet soient tous deux absents. Dans cette hypothèse, à qui appartiendra la présidence? Si un archevêque ou un évêque siégeait dans chacun des conseils académiques, je n'hésiterais pas à répondre que c'est à ce prélat qu'elle appartient. Le rang qu'il occupe, même dans l'ordre civil, et qui lui est assuré par le décret du 24 messidor an XII, me paraîtrait avoir tranché la difficulté. Cependant, comme l'autorité diocésaine est quelquefois éloignée du chef-lieu académique, c'est au conseil lui-même qu'il doit appartenir de désigner son président toutes les fois que le préfet et le recteur seront absents. » (Instruction du 30 août 1850 aux recteurs.)

« Le secrétaire du conseil académique est choisi chaque année par le ministre, parmi les membres dudit conseil. (Décret du 29 juillet 1850, art. 20, § 2.)

« Dans chaque académie, le secrétaire [de l'académie] est chargé de la rédaction des procès-verbaux du conseil académique, sous la direction du secrétaire de ce conseil. (Art. 33, § 1er.)

« A moins d'une autorisation du recteur, les procès-verbaux du conseil académique ne peuvent être communiqués qu'aux membres du conseil. (Art. 20, § 3.) »

« Parmi les attributions du secrétaire de l'académie, figure l'obligation, pour cet employé, de rédiger les procès-verbaux du conseil académique, sous la direction du secrétaire de ce conseil. Il semblerait résulter de cette disposition que le secrétaire de l'académie assiste nécessairement aux délibérations du conseil; mais la conséquence n'est pas absolument rigoureuse. Il importe, sans doute, que cet employé puisse suivre les discussions, afin de reproduire plus fidèlement les diverses opinions. S'il n'avait à sa disposition que les notes sommaires recueillies par le secrétaire du conseil, son travail, qui n'est pas sans importance, manquerait souvent d'exactitude et de précision. Mais la loi a fixé le nombre des membres des conseils académiques. Le règlement [du 29 juillet 1850] a déterminé les circonstances exceptionnelles où des personnes étrangères pourraient être appelées au sein de ces conseils [p. 35]. Le conseil académique ne saurait être tenu d'admettre constamment un employé dont la présence, dans certains cas, pourrait gêner la liberté des opinions. Le secrétaire de l'académie n'a donc pas de droit l'entrée du conseil; mais je ne doute pas qu'il n'y soit admis sans difficulté, s'il ne s'écarte jamais de la discrétion et de la réserve qui sont au rang de ses premiers devoirs. Vous pourrez donc vous entendre avec le secrétaire du conseil académique pour faire agréer l'introduction habituelle du secrétaire d'académie dans le sein du conseil. » (Instruction du 30 août 1850 aux recteurs.)

§ 3. Par les mots « fonctionnaire de l'enseignement », il faut entendre un fonctionnaire de l'enseignement public. Un seul des trois fonctionnaires désignés ici doit faire partie du conseil.

Ce paragraphe, dans le projet, ne contenait que ces mots : « un inspecteur d'académie ». Les mots qui suivent ont été ajoutés sur la demande du ministre de l'instruction publique, qui a dit, pour en démontrer l'utilité : « Il n'existera pas d'inspecteurs d'académie dans tous les départements. Dans ceux où un recteur pourra suffire, on ne nommera pas d'inspecteurs. Là où il n'y aura pas d'inspecteurs d'académie, je demande que le choix du ministre puisse se porter sur un fonctionnaire de l'enseignement ou sur un inspecteur des écoles primaires. Ce sera une spécialité qui, à ce titre, fortifiera le recteur dans le conseil académique. » La commission a adhéré à l'amendement, et il a été admis.

§ 4. Une instruction ministérielle adressée aux préfets, en date du 10 août 1850, précise les droits du préfet pour le choix de son délégué :

« Je n'ai pas besoin d'insister, monsieur le préfet, sur l'importance qu'attache le gouvernement à votre coopération aux travaux du conseil académique. Je ne doute pas, malgré la multiplicité des affaires dont vous êtes chargé, de votre empressement à participer aux délibérations de ce conseil. La loi y a marqué votre place ; elle y sera toujours considérable. L'éminence de vos fonctions, l'autorité dont vous êtes revêtu, la connaissance complète que vous avez des besoins du département, les pouvoirs que vous avez transitoirement exercés relativement à l'instruction primaire, vous assurent, dans toutes les discussions, la plus légitime influence. Votre concours est plus nécessaire que jamais à cette nouvelle magistrature de l'enseignement que la loi a instituée dans la personne du recteur. C'est par une parfaite conformité de vues avec le premier magistrat du département, qu'il pourra accomplir sa difficile et grave mission.

« Je conçois néanmoins que de plus impérieux devoirs vous éloignent quelquefois des séances du conseil. La loi, dans ce cas, vous autorise à vous faire représenter par un délégué, tant elle attache d'importance à la présence continue de l'autorité préfectorale au sein du conseil académique. Il est évident que ce délégué, dont le choix vous appartient d'une manière absolue, n'est qu'un autre vous-même, qu'il doit connaître votre pensée tout entière en matière d'instruction publique, pour la défendre et la faire triompher. » (Instruction du 10 août 1850 aux préfets.)

« Il est évident que la loi a voulu assurer au conseil académique le concours du fonctionnaire qui est investi de l'autorité préfectorale à titre définitif ou temporaire. Par conséquent, lorsque le préfet s'absente ou lorsque les fonctions de préfet sont vacantes, le secrétaire général ou le conseiller de préfecture chargé de l'intérim, exerçant toutes les attributions de ce magistrat, siége de droit au conseil académique tant que dure l'intérim. Le délégué du préfet ne doit alors y être admis qu'en cas d'absence ou d'empêchement du préfet intérimaire. » (Instruction du 20 janvier 1851 aux recteurs.)

« Les membres délégués en exécution de l'article 10 ne peuvent exercer leur délégation qu'en vertu d'une décision spéciale. » (Décret du 29 juillet 1850, art. 18.)

§ 5. Mgr Parisis a expliqué, dans son *Instruction aux curés de son diocèse*, la position des évêques dans les conseils académiques :

« A propos de la présence de l'évêque dans le conseil académique, quelques-uns ont craint que sa situation inférieure dans une assemblée où l'on s'occupe d'enseignement ne fût compromettante et pour ses droits et pour sa dignité : nous ne l'avons pas cru. On peut, sans doute, dans l'état actuel de notre législation, contester la régularité d'un pouvoir civil organisé pour présider à l'enseignement. Mais, une fois ce pouvoir civil établi, il ne répugne point en soi que l'évêque n'en soit pas le chef. Sa dignité, qui serait certainement compromise s'il ne présidait pas dans son diocèse toute réunion ecclésiastique, peut ne pas l'être si cette réunion a une tout autre nature. Quant à ses droits, si nous les avons revendiqués pour les évêques siégeant loin de leurs troupeaux dans le conseil supérieur, combien plus sont-ils aux yeux inviolables et sacrés au sein de leurs diocèses ! Mais il est à remarquer que le conseil académique n'a pas à s'occuper de doctrines, si ce n'est indirectement, dans les jugements qu'il prononce sur la personne des instituteurs. Ce qu'il est appelé surtout à faire, c'est d'exercer une surveillance et une action continuelles sur l'enseignement public. » (Mgr Parisis, Instruction aux curés de son diocèse.)

Une instruction ministérielle, adressée aux archevêques et évêques le 10 août 1850, leur rappelle qu'ils ont le droit de se faire remplacer par un délégué :

« J'ai une trop juste idée de votre absolu dévouement aux intérêts moraux et à l'avenir social de notre patrie, pour ne pas espérer que le conseil académique obtiendra votre concours personnel. J'espère que, dans le cas où vous en serez empêché, vous voudrez bien vous y faire représenter par un délégué de votre choix, ainsi que la loi vous en donne le droit. Il importe que les graves intérêts qui vous son spécialement confiés aient toujours, au sein du conseil académique, le même nombre de défenseurs. « (Instruction du 10 août 1850 aux archevêques et évêques.)

« Lorsque deux archevêques ou évêques ont leur siége dans le même département, tous deux font partie du conseil académique. Dans ce cas, il n'y a pas lieu à la désignation prévue par le sixième alinéa de l'article 10 de la loi organique. » (Décret du 29 juillet 1850, art. 19.)

Lors de la discussion, le ministre de l'instruction publique avait présenté l'observation suivante : « Il y a deux départements, ceux de la Marne et des Bouches-du-Rhône, qui ont chacun un archevêque et un évêque. L'article 10 serait difficile à appliquer littéralement, si une explication sur le sens que l'Assemblée doit lui attribuer n'était pas donnée à l'avance pour la solution de la difficulté. Dans ces deux départements, les deux prélats pourront être admis dans le conseil académique ; mais alors il n'y aura pas lieu d'admettre les deux ecclésiastiques qui devraient être désignés par eux et qui, dans les autres départements, complètent les deux membres représentant le clergé catholique au sein du conseil. » M. Baze a dit, au nom de la commission, que la commission adhérait. Mgr Parisis a ajouté que c'était chose entendue.

§ 6. L'instruction ministérielle adressée aux archevêques et évêques le 10 août 1850 rappelle dans les termes suivants la disposition de ce paragraphe : « La loi vous donne le droit de désigner un ecclésiastique de votre diocèse, lequel siégera avec vous au conseil académique. »

Aux termes de l'article 19 du décret du 29 juillet 1850, lorsque deux archevêques ou évêques ont leur siége dans le même département, il n'y a pas lieu à la désignation de cet ecclésiastique [voyez ci-dessus].

« Le ministre de l'instruction publique et l'évêque adressent au recteur les décisions par lesquelles ils ont fait choix des membres dont la désignation leur appartient. — Ces décisions sont communiquées au conseil académique et transcrites sur le registre des délibérations de ce conseil. » (Décret du 29 juillet 1850, art. 18.)

§ 7. L'église réformée (calvinistes) a des consistoires dans cinquante-neuf départements. L'église de la confession d'Augsbourg (lutheriens) n'a de consistoires que dans sept départements. Ainsi, dans sept académies une seule des deux églises sera représentée.

Une instruction ministérielle adressée aux préfets, en date du 10 août 1850, s'exprime dans les termes suivants sur le choix du ministre de l'une des deux églises protestantes :

« Je désire que ce membre ait, autant que possible, sa résidence habituelle au chef-lieu, et qu'il joigne à un esprit conciliant l'expérience et la fermeté. Vous pourrez vous entendre, à cet égard, avec MM. les présidents des consistoires. » (Instruction du 10 août 1850 aux préfets.)

Lors de la discussion, M. Morin avait proposé d'ajouter « ou un délégué de ce pasteur ». « L'évêque, a-t-il dit, a le droit de se faire représenter par un délégué ; je demande la même faculté pour le pasteur ; le pasteur peut ne pas pouvoir user de son droit ; il peut être malade, et il serait bon qu'il pût se faire remplacer par un de ses collègues. » L'amendement n'a pas été adopté.

§ 8. Les israélites ont des consistoires dans sept départements : Bas-Rhin, Haut-Rhin, Moselle, Meurthe, Gironde, Bouches-du-Rhône, Gard.

§ 9. « En ce qui concerne le neuvième paragraphe de l'article 10 de la loi organique, on a posé la question de savoir si les procureurs généraux et les procureurs de la république peuvent déléguer leurs substituts pour les remplacer dans le conseil académique. Après avoir très-attentivement examiné cette question, de concert avec M. le ministre de la justice, j'ai reconnu qu'elle doit être résolue affirmativement. Il est dans le vœu de la loi du 15 mars 1850 que le ministère public soit toujours représenté au sein des conseils académiques ; et cette loi n'avait pas à lui conférer, comme à l'évêque et au préfet, le droit de nommer un délégué, parce qu'il existe pour le service des parquets des règles établies par des lois et des décrets antérieurs, en vertu desquels, en cas d'absence ou d'empêchement, le procureur général doit être remplacé par le premier avocat général, et, à son défaut, par l'avocat général le plus ancien (loi du 20 avril 1810, article 47 ; décret du 6 juillet suivant, article 50) ; le procureur de la république, par son substitut ou par le plus ancien de ses substituts, ou, à défaut de substituts, par un juge ou par un suppléant (décret du 18 août 1810, articles 20 et 21). Le magistrat qui remplace auprès d'une cour d'appel ou d'un tribunal de première instance le chef du parquet absent ou empêché est, de fait et de droit, procureur général ou procureur de la république par intérim. Ainsi, excepté à Paris, où l'article 11 de la loi du 15 mars 1850 autorise le procureur général près la cour d'appel à se faire, quoique présent, remplacer par un de ses substituts qu'il désigne, partout ailleurs l'ordre légal de remplacement des chefs de parquet sera observé pour la représentation du ministère public. » (Instruction du 20 janvier 1851 aux recteurs.)

Il faut remarquer ici que les substituts peuvent remplacer les procureurs généraux et les procureurs de la république d'après les règles établies par les lois et décrets pour le cas d'absence ou d'empêchement ; mais que ce n'est pas une délégation spéciale telle que la loi l'a établie pour les préfets et les évêques.

§ 12. « Les conseils académiques ne peuvent délibérer sur les affaires intéressant une faculté, qu'autant que le doyen de cette faculté a été expressément convoqué par le président. » (Décret du 29 juillet 1850, art. 22.)

En proposant l'addition de ce paragraphe 12, le ministre de l'instruction publique a dit : « Les conseils académiques doivent avoir et ont actuellement des attributions à l'égard des facultés. Ainsi, aux termes de l'ordonnance de juillet 1820, actuellement en vigueur, les conseils exercent, relativement aux facultés, certaines attributions disciplinaires. C'est là une juridiction paternelle, utile..... Eh bien, cette juridiction, la commission, dans les observations que j'ai eu l'honneur de lui présenter, m'a semblé reconnaître la nécessité de la maintenir, au moins quant à présent. Il faut donc que les conseils académiques puissent continuer à remplir les fonctions dont il vient d'être parlé. Pour cela, il me paraît qu'il faut appeler dans ces conseils, lorsqu'ils auront à remplir une semblable mission, un représentant de la faculté. Il n'est pas possible, en effet, qu'un jugement académique soit rendu dans une affaire où une faculté est intéressée, sans l'autorité et en quelque sorte la garantie résultant de la présence du doyen. En pareil cas, je pense donc que le doyen doit être appelé dans le conseil académique, et y avoir voix délibérative. » L'amendement a été adopté avec l'adhésion de la commission.

Les délégués cantonaux, aux termes de l'article 42, peuvent également assister aux séances du conseil académique avec voix consultative pour les affaires intéressant les écoles de leur circonscription.

« Les conseils académiques peuvent appeler dans leur sein les membres de l'enseignement et toutes autres personnes dont l'expérience leur paraîtrait devoir être utilement consultée. — Les fonctionnaires de l'instruction publique ne peuvent être appelés que de l'agrément du recteur. — Les personnes ainsi appelées par les conseils académiques n'ont pas voix délibérative. » (Décret du 29 juillet 1850, art. 29.)

§ 13. Aux termes du présent paragraphe, la première condition de validité des délibérations des conseils académiques, c'est la présence de la moitié plus un des membres. Il est d'autant plus nécessaire que cette prescription impérative soit strictement suivie, que, si elle était omise, les jugements en matière disciplinaire et contentieuse en seraient nécessairement infirmés.

† Les autres formes de procéder dans les travaux des conseils académiques ont été réglées par le décret du 29 juillet 1850 et une instruction ministérielle du 30 août 1850 :

« En cas de partage, lorsque la matière n'est ni contentieuse ni disciplinaire, la voix du président est prépondérante. — Dans les matières contentieuses et disciplinaires, il est procédé par le conseil académique, conformément à l'article 9 [du décret du 29 juillet 1850]. (Décret du 29 juillet 1850, art. 23.)

« Si la matière est contentieuse, il en sera délibéré de nouveau, et les membres qui n'auraient pas assisté à la délibération seront spécialement convoqués ; s'il y a de nouveau partage dans la deuxième délibération, il sera vidé par la voix prépondérante du président. Si la matière est disciplinaire, l'avis favorable à l'inculpé prévaut. (Art. 9, § 2.)

« Lorsque l'instruction d'une affaire disciplinaire est renvoyée au conseil académique en vertu du sixième paragraphe [de l'article 14] de la loi organique, le conseil désigne un rapporteur qui recueille les renseignements et les témoignages, appelle l'inculpé, l'entend s'il se présente, et fait son rapport au jour le plus prochain indiqué par le conseil. — Le conseil peut toujours ordonner un supplément d'instruction. — L'avis du conseil exprime s'il y a lieu de donner suite à l'affaire, et, en cas d'affirmative, quelle peine doit être prononcée. (Art. 24.)

« En matière contentieuse, les réclamations des parties, avec les pièces et mémoires à l'appui, sont déposées au secrétariat de l'académie ; il en est donné récépissé. — Ces réclamations reçoivent un numéro d'enregistrement et sont examinées dans l'ordre où elles sont parvenues au secrétariat. — Pour chaque affaire, le conseil désigne un rapporteur, qui fait son rapport à la plus prochaine réunion du conseil. (Art. 25.)

« Lorsque le conseil est appelé à prononcer en matière disciplinaire, un membre désigné par lui est chargé de l'instruction ; il recueille les informations et fait son rapport à l'époque fixée par le conseil. — Sur le rapport, le conseil académique déclare d'abord s'il y a lieu à suivre. — En cas d'affirmative, il entend l'inculpé dans ses moyens de défense, et, s'il y a lieu, les témoins. (Art. 26.) »

« Sur les différentes questions qui lui sont soumises, le conseil vote par mains levées. L'appel nominal est de droit lorsqu'il est réclamé par trois membres. Cet appel se fait suivant l'ordre indiqué par l'article 10 de la loi organique ; mais le président vote le dernier, puisque, sauf dans certaines matières, il a voix prépondérante, en cas de partage.

« Les nominations ou présentations individuelles ont lieu au scrutin secret et à la majorité absolue des suffrages exprimés ; les nominations des commissions ou jurys, au scrutin de liste et à la majorité relative. » (Instruction du 30 août 1850 aux recteurs.)

« En matière contentieuse et disciplinaire, la décision du conseil académique est notifiée, dans les huit jours, par les soins du recteur. — Le recteur est tenu d'avertir les parties, s'il y a lieu, qu'elles ont le droit de se pourvoir devant le conseil supérieur dans le délai prescrit par la loi. (Décret du 29 juillet 1850, art. 27.)

« Le recours de la partie contre la décision du conseil académique est reçu au secrétariat de l'académie ; il en est donné récépissé. — Le recours du recteur est formé par un arrêté qu'il notifie à la partie intéressée. Ampliation de cet arrêté est adressée, avec les pièces de l'affaire, au ministre de l'instruction publique, qui en saisit le conseil supérieur. (Art. 28.) »

« Les jugements des conseils académiques portant réprimande avec publicité seront insérés par extrait dans le *Recueil des Actes administratifs de la préfecture* et dans un journal du département désigné par le jugement. » (Décret du 20 décembre 1850, art. 3.)

« Pour les affaires disciplinaires et contentieuses, le règlement du 29 juillet (art. 24, 25 et 26) donne au conseil académique le droit de désigner le rapporteur ; mais il appartient au président de répartir l'examen préparatoire des autres affaires entre les membres du conseil, suivant leur aptitude et de manière qu'elles soient expédiées le plus promptement possible. Cependant quelques unes de ces affaires, par leur nature même, par leur importance ou les difficultés qu'elles présentent, peuvent exiger la formation d'une commission. Le conseil en décidera ; et, dans ce cas, le choix de la commission lui appartient, à moins qu'il ne lui convienne de s'en remettre de ce soin au président. Il importe, au reste, que cette commission ne soit jamais composée de plus de trois membres, lesquels désignent leur rapporteur.

« Les commissions permanentes ne me paraissent d'aucune utilité, et pourraient présenter des inconvénients. Tous les membres du conseil ont un intérêt égal à la bonne solution des questions qui lui sont soumises, et leurs lumières m'inspirent une telle confiance, qu'il est à souhaiter qu'ils participent tour à tour à la préparation de chacune des nombreuses affaires dont le conseil doit connaître. » (Instruction du 30 août 1850 aux recteurs.)

« La réprimande, avec ou sans publicité, est une des peines disciplinaires prévues par la loi organique; elle ne donne lieu à aucun recours. Par ce motif surtout, il était indispensable de définir d'une manière précise les mots *réprimande avec publicité*. La publicité est une aggravation de peine qui n'est pas sans importance, quand on considère qu'il s'agit d'établissements d'instruction publique dont la prospérité est fondée sur la confiance des familles. L'article 3 du décret du 20 décembre 1850 a réglé ce point avec une juste mesure. La publicité de la réprimande résultera de l'insertion dans le *Recueil des Actes administratifs de la préfecture* et dans un journal du département désigné par le jugement. » (Instruction du 4 janvier 1851 aux recteurs.)

« Les conseils académiques se réunissent au moins deux fois par mois. Ils peuvent être convoqués extraordinairement. Le jour de la réunion est fixé par le président. » (Décret du 29 juillet 1850, art. 21.)

« La nature même des attributions des conseils académiques prouve que l'ordre de leurs délibérations ne peut être laissé, comme par le passé, à la discrétion absolue du président. Ils sont associés, par les termes mêmes de la loi, à l'administration académique. Ils donnent leur avis sur l'état des différentes écoles et sur les réformes à introduire dans l'enseignement, la discipline et l'administration des écoles publiques; adressent, chaque année, au ministre et au conseil général, un exposé de la situation de l'enseignement dans le département. Vous voudrez donc bien, dans chaque séance, appeler le conseil académique à délibérer sur la fixation de son ordre du jour pour la séance suivante, ou du moins à sanctionner l'ordre du jour que vous lui proposerez dans votre connaissance spéciale des besoins de l'enseignement et après vous être concerté préalablement avec le secrétaire du conseil. Cet ordre du jour sera adressé à chacun des membres avec sa lettre de convocation. » (Instruction du 30 août 1850 aux recteurs.)

Lors de la discussion, M. Saint-Romme avait proposé d'insérer dans la loi que les débats devant les conseils académiques seraient publics ; mais cet amendement a été rejeté sur la demande de la commission, parce que les affaires soumises au conseil, et notamment les affaires disciplinaires, ne se jugent jamais publiquement.

## Article 11.

§ 1. Pour le département de la Seine, le conseil académique est composé comme il suit :

2. Le recteur, président :
3. Le préfet;
4. L'archevêque de Paris ou son délégué;
5. Trois ecclésiastiques désignés par l'archevêque;
6. Un ministre de l'église réformée, élu par le consistoire;
7. Un ministre de l'église de la confession d'Augsbourg, élu par le consistoire;
8. Un membre du consistoire israélite, élu par le consistoire;
9. Trois inspecteurs d'académie désignés par le ministre;
10. Un inspecteur des écoles primaires désigné par le ministre;
11. Le procureur général près la cour d'appel, ou un membre du parquet désigné par lui;
12. Un membre de la cour d'appel, élu par la cour;
13. Un membre du tribunal de première instance, élu par le tribunal;
14. Quatre membres du conseil municipal de Paris, et deux membres du conseil général de la Seine, pris parmi ceux des arrondissements de Sceaux et de Saint-Denis, tous élus par le conseil général;
15. Le secrétaire général de la préfecture du département de la Seine.
16. Les doyens des facultés seront, en outre, appelés dans le conseil académique, avec voix délibérative, pour les affaires intéressant leurs facultés respectives.

### Commentaire.

Pour les diverses questions que peut soulever le texte de cet article, voyez le commentaire de l'article 10 [p. 29].

§ 1. « L'académie de Paris ne saurait être assimilée aux académies des autres départements. Ses établissements d'instruction publique secondaire ou supérieure sont comme le modèle de l'enseignement public pour le pays tout entier; ils appartiennent à toute la France, car il n'est point de famille qui n'aspire à envoyer quelqu'un des siens sur les bancs des écoles parisiennes. L'instruction primaire est, à Paris, beaucoup plus locale. Les écoles primaires y sont peuplées surtout par des enfants de la ville ou de la banlieue. Le nombre en est considérable et la diversité infinie. » (Premier rapport de M. Beugnot.)

§ 14. Le conseil municipal de Paris est composé des mêmes membres que le conseil général du département de la Seine; mais les membres élus par les arrondissements de Sceaux et de Saint-Denis ne siégent qu'au conseil général et ne font point partie du conseil municipal, qui se compose seulement des membres du conseil général nommés par les électeurs de la ville de Paris.

## Article 12.

Les membres des conseils académiques dont la nomination est faite par élection sont élus pour trois ans, et indéfiniment rééligibles.

### Commentaire.

Lors de la discussion, M. Barthélemy Saint-Hilaire a demandé si cette disposition s'appliquait non-seulement aux membres élus, mais encore aux membres désignés; et il a prié la commission de justifier la différence qu'elle établissait ainsi entre les membres des conseils académiques.

M. Baze a répondu au nom de la commission : « Il y a en effet dans le conseil académique des membres de droit, des membres désignés et des membres élus. Pour les membres élus, il fallait nécessairement limiter le terme de leurs fonctions. Eh bien, nous l'avons fixé à trois ans, et nous avons dit qu'ils étaient indéfiniment rééligibles. Quant aux membres de droit, qui le sont à raison de leurs fonctions, il n'y avait rien à faire; ils restent évidemment membres du conseil tant qu'ils conservent leurs fonctions. Il y avait enfin les membres désignés, l'ecclésiastique désigné par l'évêque, les inspecteurs désignés par le ministre. Eh bien, pour ceux-là, ce ne sont pas des membres de droit, ni des membres élus; mais ce sont, pour ainsi dire, des procureurs fondés, des mandataires, et tant qu'ils ont la confiance de celui qui les a délégués, il est naturel qu'ils restent membres du conseil. Ainsi, les membres de droit le sont tant qu'ils conservent leurs fonctions; les membres désignés, tant qu'ils conservent la confiance de celui qui les a délégués, et les membres élus, pendant la durée de trois années avec droit à la réélection. »

« Lorsqu'il y a lieu de pourvoir à des nominations nouvelles, les cours et tribunaux et les consistoires israélites, sur l'avis donné par le recteur, procèdent immédiatement au remplacement des membres pris dans leur sein; les conseils généraux pourvoient, dans leur plus prochaine session, au remplacement des membres dont la nomination leur appartient. » (Décret du 29 juillet 1850, art. 17.)

## Article 13.

Les départements fourniront un local pour le service de l'administration académique.

### Commentaire.

« Le local que les départements doivent fournir pour le service de l'administration académique, d'après l'article 13 de la loi organique du 15 mars 1850, comprend au moins, avec le mobilier nécessaire au service, un cabinet pour le recteur, une salle des délibérations pour le conseil académique et pour les examens des candidats au brevet de capacité, un cabinet pour le secrétaire de l'académie, une pièce pour les commis de l'académie et pour les archives. » (Décret du 29 juillet 1850, art. 14.)

Une instruction ministérielle adressée aux préfets, en date du 10 août 1850, porte d'importantes observations sur l'application de cet article :

« L'article 14 du règlement d'administration publique [du 29 juillet 1850] définit avec précision ce qu'il faut entendre par le local de l'administration académique.... Mais il est évident que ce n'est qu'un minimum, et que le grand nombre des affaires, la multiplicité des écoles, l'importance de certains établissements, exigeront, dans plusieurs départements, de plus larges développements du local de l'administration académique ... Pour la rapidité et la sûreté des communications, pour la bonne et prompte expédition des affaires, il faut que l'académie ait une demeure fixe, un siége accessible à tous. C'est la maison commune du département au point de vue de l'instruction publique....

« Il est désirable que le recteur soit logé près de ses bureaux. Le logement personnel du recteur n'est pas d'obligation stricte pour le département. Mais ce fonctionnaire jouissait de l'avantage du logement sous l'empire de l'ancienne législation, malgré l'élévation plus considérable de son traitement. La loi organique lui donne des attributions plus importantes, quoiqu'elles soient restreintes aux limites du département. Il est tenu à une sorte de représentation, non dans son intérêt propre, mais dans l'intérêt de l'autorité dont il est gardien. Vous voudrez bien faire valoir ces considérations auprès du conseil général, et l'inviter, au nom du gouvernement, à chercher les moyens, si les ressources locales le permettent, d'assurer au recteur de l'académie un logement qui soit en rapport avec la dignité de ses fonctions.

« Il pourrait arriver qu'il n'y eût, quant à présent, aucun local disponible au chef-lieu pour le service de l'administration académique. Plusieurs de vos collègues m'ont consulté sur la question de savoir s'il ne conviendrait pas, dans cette hypothèse, de solliciter du conseil général une indemnité annuelle qui serait mise à la disposition du recteur, lequel serait alors chargé de pourvoir à ce service comme il l'entendrait. Cette mesure ne serait pas sans inconvénient. Il ne paraît pas opportun qu'un domicile privé soit le siége de l'académie, et que cette institution départementale, qui doit avoir ses archives, sa jurisprudence et ses traditions, soit exposée à se transporter fréquemment d'un lieu à un autre. Si donc il faut absolument avoir recours à ce moyen, ce ne peut être que temporairement et seulement pour le cas d'une nécessité parfaitement démontrée. » (Instruction du 10 août 1850 aux préfets.)

## Article 14.

§ 1. Le conseil académique donne son avis :

2. Sur l'état des différentes écoles établies dans le département;

3. Sur les réformes à introduire dans l'enseignement, la discipline et l'administration des écoles publiques;

4. Sur les budgets et les comptes administratifs des lycées, collèges et écoles normales primaires;

5. Sur les secours et encouragements à accorder aux écoles primaires.

6. Il instruit les affaires disciplinaires relatives aux membres de l'enseignement public secondaire ou supérieur qui lui sont renvoyées par le ministre ou le recteur.

7. Il prononce, sauf recours au conseil supérieur, sur les affaires contentieuses relatives à l'obtention des grades, aux concours devant les facultés, à l'ouverture des écoles libres, aux droits des maîtres particuliers, et à l'exercice du droit d'enseigner; sur les poursuites dirigées contre les membres de l'instruction secondaire publique et tendant à la révocation, avec interdiction d'exercer la profession d'instituteur libre, de chef ou professeur d'établissement libre, et, dans les cas déterminés par la présente loi, sur les affaires disciplinaires relatives aux instituteurs primaires, publics ou libres.

## Commentaire.

Cet article et les deux suivants règlent les attributions générales des conseils académiques. « Par une exception suffisamment justifiée aux règles de notre droit administratif, a dit M. Beugnot dans son premier rapport, le projet de loi confère au conseil académique des attributions à la fois délibératives et administratives. »

Des articles 14, 15 et 16, et de diverses dispositions de la loi, il résulte que les conseils académiques exercent des attributions : 1° en matière administrative; 2° en matière disciplinaire; 3° en matière contentieuse [voyez p. 52].

§ 5. Une instruction ministérielle adressée aux recteurs, en date du 24 décembre 1850, rappelle les prescriptions de ce paragraphe 5 :

« L'article 14 de la loi du 15 mars décide que le conseil académique donnera son avis sur les secours et encouragements à accorder aux écoles primaires. Parmi les demandes de ce genre qui me parviennent journellement, sont des demandes de secours formées par des communes pour des constructions ou des acquisitions de bâtiments destinés à des maisons d'école. Ces demandes devront être soumises au conseil académique. J'invite en conséquence M. le préfet, qui est chargé d'instruire ces affaires au point de vue communal, à vous les communiquer avant de me les transmettre. Il n'y sera donné suite qu'autant qu'au nombre des pièces que M. le préfet m'enverra, je trouverai une expédition conforme de l'avis du conseil académique. Ce conseil devra, ainsi que le faisaient précédemment les comités d'arrondissement, examiner les demandes sous le rapport de la bonne disposition de l'école à établir, et de l'importance du secours que l'Etat pourra accorder à la commune. » (Instruction du 24 décembre 1850 aux recteurs.)

« Quant aux projets de constructions nouvelles pour l'exécution desquels des secours seraient demandés aux départements ou à l'État, ils devront être préalablement soumis au conseil académique, qui doit être consulté sur tous les secours et encouragements à accorder à l'instruction primaire. Lorsqu'une demande de ce genre vous parviendra, vous voudrez donc bien l'instruire dans les formes ordinaires au point de vue des intérêts communaux, et la transmettre, avec toutes les pièces à l'appui, à M. le recteur, qui, après avoir pris l'avis de MM. les inspecteurs et délégués cantonaux (art. 7 et 8 du décret du 7 octobre), la soumettra au conseil académique (art. 14 de la loi), et vous la renverra avec une copie de l'avis de ce conseil. Vous me transmettrez ensuite le dossier complet, afin qu'il soit examiné par la section permanente du conseil supérieur, et que je puisse fixer la quotité des secours à accorder. » (Instruction du 24 décembre 1850 aux préfets.)

« Aux termes de l'article 14 de la loi du 15 mars 1850, les conseils académiques doivent donner leur avis sur les demandes de secours et encouragements formées en faveur des établissements d'instruction primaire. Il me paraît utile, monsieur le recteur, de rappeler à ces conseils les règles à suivre dans l'examen de ces demandes et de préciser les points sur lesquels leur attention doit particulièrement se fixer, afin qu'ils puissent toujours faire connaître les motifs de leurs propositions, en indiquant le montant de chaque subvention qu'ils croient pouvoir être accordée sur les fonds de l'Etat.

« S'il s'agit de secours pour construction ou appropriation de maisons d'école, le conseil académique s'assurera, par l'examen des plans et devis, que la situation et les dispositions du local sont satisfaisantes, tant au point de vue de la surveillance et du bon ordre que sous le rapport hygiénique. S'il s'agit d'acquisition de mobilier, il sera nécessaire qu'il veille à ce que ce mobilier ne se compose que d'objets indispensables au service spécial de l'école. Lorsqu'une partie des bâtiments compris dans les plans ou dans les devis ne sera pas exclusivement destinée à l'école ou au logement de l'instituteur, l'observation devra en être faite avec soin, et il sera donné, en outre, l'indication aussi exacte que possible du chiffre de la dépense afférente à cette partie du local. Quand la demande de subvention concernera une école libre, le conseil académique fera connaître la date de la fondation, la nature de l'organisation, le degré d'importance de cet établissement, le nombre des maîtres et surveillants qui y sont employés, le nombre des enfants qui y sont reçus et l'étendue des services qu'on doit en attendre; il constatera le montant annuel des ressources ordinaires et extraordinaires, ainsi que le taux des dépenses; enfin, le conseil exprimera son avis sur les conditions de vie et d'avenir de l'établissement. En ce qui touche les secours pour achats de livres destinés à des établissements d'instruction primaire publics, le conseil écartera avec une attention scrupuleuse les ouvrages dont l'introduction dans les écoles n'aurait pas été autorisée, ou qui, sous quelque rapport que ce soit, ne lui sembleraient pas bien choisis. » (Instruction du 1er septembre 1851 aux recteurs.)

« Les inspecteurs de l'instruction primaire donnent au recteur leur avis sur les secours et encouragements de tout genre relatifs à l'instruction primaire. » (Décret du 29 juillet 1850, art. 43, § 1er.)

« Le local que la commune est tenue de fournir, en exécution de l'article 37 de la loi organique, doit être visité, avant l'ouverture de l'école, par le délégué cantonal, qui fait connaître au conseil académique si ce local convient pour l'usage auquel il est destiné. » (Décret du 7 octobre 1850, art. 7.)

« Lorsque des communes demandent à se réunir pour l'entretien d'une école, le local destiné à la tenue de cette école doit être visité par l'inspecteur de l'arrondissement, qui transmet son rapport au conseil académique. (Art. 8, § 1er.) »

§ 6. « Lorsque l'instruction d'une affaire disciplinaire est renvoyée au conseil académique en vertu du paragraphe 6 [de l'article 14] de la loi organique, le conseil désigne un rapporteur qui recueille les renseignements et les témoignages, appelle l'inculpé, l'entend s'il se présente, et fait son rapport au jour le plus prochain indiqué par le conseil. — Le conseil peut toujours ordonner un supplément d'instruction. — L'avis du conseil exprime s'il y a lieu de donner suite à l'affaire, et, en cas d'affirmation, quelle peine doit être prononcée. » (Décret du 29 juillet 1850, art. 24.)

§ 7. « La première disposition de ce paragraphe est l'une des plus importantes de la loi, car elle crée une véritable juridiction générale qui s'étend non pas seulement, comme on l'a dit dans la discussion, à des faits disciplinaires, mais à tout le contentieux relatif à l'enseignement. Ainsi le conseil d'État, qui jusqu'à présent dans notre organisation administrative formait le haut tribunal auquel appartenait la juridiction générale administrative, se trouve dépouillé d'une partie de ses attributions et de celle qui n'était pas la moins importante.

« La combinaison des articles 5 et 14 constitue cette juridiction spéciale et exceptionnelle comme juridiction souveraine statuant en dernier ressort, sans appel ni recours. On ne saisit pas même très-bien comment on pourrait arrêter les empiétements de cette juridiction extraordinaire, car le recours n'est pas même admis pour incompétence ou excès de pouvoir. Il faudrait donc dans ce cas que le ministre agît par voie de revendication ou de conflit, ou que la partie lésée s'empressât elle-même de saisir de la contestation le tribunal réputé compétent, afin qu'il fût procédé par voie de règlement de juges. » (Journal du Palais.)

« Par les dispositions de ce paragraphe, les conseils académiques se trouvent investis d'une juridiction disciplinaire ou répressive des plus importantes et des plus étendues : c'est à peu près tout le contentieux de l'enseignement, en ce qui touche les droits ou les intérêts des personnes qui s'y livrent, soit dans les écoles publiques, soit dans les écoles libres. Sous l'empire de la législation précédente, ce contentieux se partageait entre le conseil de l'Université (décrets des 17 mars 1808 et 15 novembre 1811), les conseils communaux ou d'arrondissement, les tribunaux civils et les cours d'appel, notamment pour les cas de destitution des instituteurs communaux (loi du 28 juin 1833); en matière disciplinaire et de comptabilité, le recours était ouvert au conseil d'Etat (décret du 15 novembre 1811). Aujourd'hui, les conseils académiques réunissent toutes ces attributions, avec recours au conseil supérieur de l'instruction publique, créé par l'article 1er de la loi. » (Recueil des lois, de Sirey.)

Aux termes de ce paragraphe, les conseils académiques prononcent contre les membres de l'instruction secondaire publique la peine de la révocation, avec interdiction d'exercer la profession d'instituteur libre, de chef ou professeur d'établissement libre. Ils ne doivent pas se borner à émettre un simple avis, comme un conseil académique l'a fait dans une affaire récente, contrairement à la loi; mais ils doivent prononcer sur le fond et par forme de jugement en premier ressort, la peine qu'ils estiment devoir être appliquée, et en ne le faisant pas, ils méconnaitraient leur propre pouvoir et les règles hiérarchiques de leur compétence. Tel est l'avis que le conseil supérieur a émis dans les considérants du jugement prononcé contre M. Jacques le 14 mars 1851.

La question a déjà été soulevée de savoir si la peine de la révocation entraînait celle de l'interdiction, ou si la première peine pouvait être appliquée sans la seconde. Des documents législatifs, il résulterait que la révocation doit entraîner l'interdiction [voyez l'art. 76]. Cette question n'a pas, du reste, une grande importance, attendu qu'il est à présumer que le plus souvent les motifs de la révocation seront assez graves pour faire prononcer en même temps l'interdiction, ainsi que cela a eu lieu.

Conformément à l'article 76, les conseils académiques sont également appelés à prononcer la peine de la révocation contre les professeurs de l'enseignement supérieur.

Les cas déterminés par la présente loi sur les affaires disciplinaires et contentieuses relatives aux instituteurs primaires publics et libres, sont spécifiés aux articles 30, 33, 50, 53, 55 et 57 :

« Tout instituteur libre, sur la plainte du recteur ou du procureur de la république, pourra être traduit, pour cause de faute grave dans l'exercice de ses fonctions, d'inconduite ou d'immoralité, devant le conseil académique du département, et être censuré, suspendu pour un temps qui ne pourra excéder six mois, ou interdit de l'exercice de sa profession dans la commune où il exerce. — Le conseil académique peut même le frapper d'une interdiction absolue. » (Art. 30.)

« Le conseil académique peut, après l'avoir entendu ou dûment appelé, frapper l'instituteur communal d'une interdiction absolue, sauf appel devant le conseil supérieur de l'instruction publique, dans le délai de dix jours à partir de la notification de la décision. » (Art. 33.)

« Tout ce qui se rapporte à l'examen des institutrices, à la surveillance et à l'inspection des écoles de filles, sera l'objet d'un règlement délibéré en conseil supérieur. Les autres dispositions de la présente loi relatives aux écoles et aux instituteurs sont applicables aux écoles de filles et aux institutrices, à l'exception des art. 38, 39, 40 et 41. » (Art. 50.)

Par suite de cet article 50, les articles 30 et 33 ci-dessus se trouvent applicables aux écoles de filles.

« Les pensionnats primaires sont soumis aux prescriptions des articles 26, 27, 28, 29 et 30 de la présente loi, et à la surveillance des autorités qu'elle institue.

« Ces dispositions sont applicables aux pensionnats de filles, en tout ce qui n'est pas contraire aux conditions prescrites par le chapitre V de la présente loi. » (Art. 53, §§ 4 et 5.)

Par suite de cet article 53, l'article 30 est applicable aux pensionnats primaires de garçons et aux pensionnats de filles.

« Les articles 27, 28, 29 et 30 sont applicables aux instituteurs libres qui veulent ouvrir des écoles d'adultes ou d'apprentis. » (Art. 55.)

Par suite de cet article 55 et de l'article 50, les articles 30 et 33 sont applicables aux directeurs et directrices d'écoles libres d'adultes ou d'apprentis.

« Les salles d'asile sont publiques ou libres. — Un décret du président de la république, rendu sur l'avis du conseil supérieur, déterminera tout ce qui se rapporte à la surveillance et à l'inspection de ces établissements, ainsi qu'aux conditions d'âge, d'aptitude, de moralité, des personnes qui seront chargées de la direction et du service dans les salles d'asile publiques. — Les infractions à ce décret seront punies des peines établies par les articles 29, 30 et 33 de la présente loi. » (Art. 57.)

Par suite de cet article 57, les articles 30 et 33 sont applicables aux directrices de salles d'asile.

† Les conseils académiques ont également mission : 1° aux termes de l'article 67, de condamner à la réprimande les chefs d'établissement libre d'instruction secondaire en cas de désordre grave dans l'intérieur de l'établissement; 2° aux termes de l'article 68, d'interdire de leur profession à temps ou à toujours les chefs d'établissement libre d'instruction secondaire et les personnes attachées à l'enseignement ou à la surveillance d'une maison d'éducation, en cas d'inconduite ou d'immoralité.

En dehors des attributions diverses spécifiées ci-dessus, les conseils académiques, aux termes des articles 28, 50, 53 et 55, prononcent sur l'opposition formée par le recteur contre l'ouverture d'écoles primaires, de pensionnats primaires, de pensionnats de jeunes demoiselles et de classes d'adultes ou d'apprentis; leur jugement est sans recours. Ils décident aussi sur la convenance du local, si le maire a refusé de l'approuver.

Ils prononcent également, aux termes de l'article 64, sur l'opposition formée par le recteur contre l'ouverture d'un établissement d'instruction secondaire libre, sauf appel devant le conseil supérieur.

Il convient de mentionner ici que le recteur, quoique président du conseil académique, a droit d'appel au conseil supérieur pour les décisions du conseil académique qui lui sembleraient constituer une infraction à la loi.

## Article 15.

§ 1. Le conseil académique est nécessairement consulté sur les règlements relatifs au régime intérieur des lycées, colléges et écoles normales primaires, et sur les règlements relatifs aux écoles publiques primaires.

2. Il fixe le taux de la rétribution scolaire, sur l'avis des conseils municipaux et des délégués cantonaux.

3. Il détermine les cas où les communes peuvent, à raison des circonstances, et provisoirement, établir ou conserver des écoles primaires dans lesquelles seront admis des enfants de l'un et l'autre sexe, ou des enfants appartenant aux différents cultes reconnus.

4. Il donne son avis au recteur sur les récompenses à accorder aux instituteurs primaires.

5. Le recteur fait les propositions au ministre, et distribue les récompenses accordées.

## Commentaire.

§ 1er. Cette prescription est relative aux règlements particuliers pris par le recteur pour le ressort académique, et non aux règlements généraux publiés par le ministre.

« Aux termes des articles 5 et 15 de la loi du 15 mars 1850, les conseils académiques et le conseil supérieur sont nécessairement consultés sur les règlements relatifs aux écoles primaires. Aucun règlement ne peut donc être publié et mis à exécution, sans avoir été préalablement soumis à ce double examen. » (Instruction du 17 août 1851 aux recteurs.)

Une instruction ministérielle du 21 novembre 1851 [p. 15] rappelle aux recteurs qu'aucune disposition de la loi ne confère aux conseils académiques le soin de faire un choix pour les écoles publiques parmi les livres autorisés par le conseil supérieur, que chaque instituteur est libre de choisir le livre qui lui paraît le mieux approprié aux besoins de son enseignement.

§ 2. « Les conseils municipaux délibèrent chaque année dans leur session du mois de février, pour l'année suivante, sur le taux de la rétribution scolaire..... Les délibérations des conseils municipaux relatives aux écoles sont envoyées, avant le 1er mai, pour l'arrondissement chef-lieu, au préfet, et pour les autres arrondissements, aux sous-préfets, qui les transmettent dans les dix jours au préfet avec leur propre avis, celui des délégués cantonaux et celui de l'inspecteur primaire. (Décret du 7 octobre 1850, art. 19.)

« Le préfet soumet au conseil académique les délibérations des conseils municipaux relatives au taux de la rétribution scolaire dans leur commune. — Le conseil académique fixe définitivement le taux de cette rétribution scolaire, et en informe le préfet, qui présente les résultats de ces diverses délibérations au conseil général, dans sa session ordinaire, à l'appui de la proposition des crédits à allouer pour les dépenses de l'instruction publique primaire dans le budget départemental. (Art. 20.) »

« Il importe que, tout en respectant les habitudes locales, le conseil académique ne se borne pas à approuver purement et simplement les propositions des conseils municipaux relatives au taux de la rétribution scolaire. Il y a plus de 20,000 communes dans lesquelles les trois centimes spéciaux, réunis au produit de la rétribution scolaire, n'atteignent pas 600 fr., et qui se trouvent, par conséquent, désintéressées dans la question. Que, dans ces communes, la rétribution scolaire produise plus ou moins, les trois centimes communaux étant épuisés, les départements et l'État devront fournir le reste, et le conseil municipal pourrait être dès lors porté à fixer le plus bas possible le taux de la rétribution, et à ménager ainsi les ressources des habitants. Mais le conseil académique doit se placer à un autre point de vue. Il sait qu'une faible diminution de la quotité de cette rétribution, se multipliant par le nombre des écoles, produira une somme considérable qui, en fin de compte, tombera à la charge du trésor; il devra veiller avec soin, d'une part, à ce qu'en élevant outre mesure le taux de la rétribution, on n'éloigne pas les enfants des écoles; d'autre part, à ce que cette rétribution soit toujours proportionnée aux ressources de la localité. Il s'entourera, à cet effet, de tous les avis propres à l'éclairer. » (Instruction du 24 décembre 1850 aux recteurs.)

§ 3. Aux termes de l'article 36, dans les communes où différents cultes sont professés publiquement, des écoles publiques séparées doivent être établies pour les enfants appartenant à chacun de ces cultes, et aux termes de l'article 52 aucune école primaire publique ou libre ne doit recevoir d'enfants des deux sexes, s'il existe dans la commune une école publique ou libre de filles. Le présent paragraphe autorise le conseil académique à accorder, dans ces deux cas, des dispenses aux écoles primaires publiques ou aux écoles libres destinées à tenir lieu d'écoles publiques.

« L'article 15 de la loi organique investit le conseil académique du droit de déterminer les cas où les communes peuvent, à raison des circonstances, établir ou conserver des écoles primaires dans lesquelles seront admis des enfants de l'un et de l'autre sexe, ou des enfants appartenant aux différents cultes reconnus.

« La règle générale est que, désormais, les enfants de culte et de sexe différents ne soient pas reçus dans la même école. Toutefois, la loi a prévu sagement le cas où, soit à cause du petit nombre d'enfants, soit à défaut de ressources des communes, il serait impossible d'établir une école spéciale pour chaque sexe et pour chaque culte; elle a en conséquence permis au conseil académique de maintenir provisoirement l'état actuel des choses, là où il ne présenterait pas de graves inconvénients. » (Instruction du 24 décembre 1850 aux recteurs.)

« On a fait observer que, si la loi voulait que les enfants des deux sexes fussent recueillis dans des écoles séparées, elle voulait aussi que la liberté religieuse fût respectée, et que l'enseignement ne fût pas donné, autant que possible, à des enfants catholiques par un instituteur protestant, à des enfants protestants par un instituteur catholique; que, dès lors, il devenait indispensable d'autoriser, selon les circonstances, la réunion des enfants des deux sexes de même culte sous une direction commune..... Il me paraît que les conseils académiques peuvent, selon les circonstances, autoriser l'admission des enfants des deux sexes dans une école libre, toutes les fois que cette école est spécialement consacrée à un culte différent de celui auquel appartiennent les autres écoles libres ou publiques existant dans la commune. » (Instruction du 10 mai 1851 aux recteurs.)

« La loi s'applique ici expressément aux seules écoles communales. L'école libre peut donc réunir les cultes. Toutefois le conseil académique est maître de décider, selon les circonstances, si cette réunion est contraire aux mœurs publiques ou entraîne des fautes graves. » (Commentaire du Comité de l'enseignement libre.)

En résumé, les écoles libres peuvent recevoir des enfants appartenant aux différents cultes reconnus; mais elles ne jouissent pas du même droit pour recevoir des enfants des deux sexes, à moins qu'elles ne tiennent lieu de l'école publique et qu'elles n'aient obtenu l'autorisation du conseil académique, conformément à l'article 52.

§ 4. Aux termes de ce paragraphe, le conseil académique est appelé à donner son avis sur la distribution de médailles et de mentions honorables aux instituteurs, aux institutrices et aux directrices de salles d'asile. Il est également appelé à donner son avis sur les distinctions honorifiques d'officier d'académie et d'officier de l'instruction publique, auxquelles peuvent prétendre les instituteurs primaires.

« Il sera distribué dans les diverses académies des médailles d'encouragement en argent et en bronze, aux instituteurs et aux institutrices primaires qui se seront distingués par la meilleure tenue de leurs écoles, les progrès des élèves et la supériorité des méthodes d'enseignement. — Il pourra être accordé, par département, une médaille d'argent, trois médailles de bronze et six mentions honorables. » (Arrêtés des 7 février 1829 et 28 avril 1837.)

« Il sera distribué dans chaque département une médaille en argent et deux médailles en bronze aux surveillants et surveillantes qui se seront distingués par leur zèle et leur intelligence et par leur dévouement charitable et religieux dans la direction et la tenue des salles d'asile confiées à leurs soins. — Il pourra, en outre, être accordé, dans chaque département, quatre mentions honorables » (Arrêté du 9 février 1838, art. 1er.)

« Peuvent être nommés officiers d'académie les membres de l'enseignement primaire après quinze ans de service... — Peuvent être nommés officiers de l'instruction publique les officiers d'académie pourvus de ce titre depuis cinq ans au moins. (Décret du 9 décembre 1850, art. 2.)

† Indépendamment des attributions générales conférés aux conseils académiques par les articles 8, 14, 15, 16, 28, 30, 33, 50, 53, 55, 57, 64, 67, 68 et 76 [voyez les art. 8 et 14], d'autres attributions spéciales leur ont été données par les articles 18, 20, 29, 31, 32, 34, 35, 36, 41, 42, 44, 46, 47, 50, 51, 52, 53, 54, 58, 60, 61, 62, 66, 69, 75, 77 et 85 de la présente loi :

« Le recteur pourra, en cas d'empêchement, déléguer temporairement l'inspection à un membre du conseil académique. (Art. 18, § 7, de la présente loi.)

« Il y a dans chaque arrondissement un inspecteur de l'enseignement primaire, choisi par le ministre après avis du conseil académique. — Néanmoins, sur l'avis du conseil académique, deux arrondissements pourront être réunis pour l'inspection. (Art. 20, §§ 3, 4.)

« Ne seront pas considérées comme tenant école les personnes qui, dans un but purement charitable et sans exercer la profession d'instituteur, enseigneront à lire et à écrire aux enfants, avec l'autorisation du délégué cantonal. — Néanmoins, cette autorisation pourra être retirée par le conseil académique. (Art 29, §§ 5, 6.)

« Les instituteurs communaux sont nommés par le conseil municipal de chaque commune, et choisis, soit sur une liste d'admissibilité et d'avancement dressée par le conseil académique du département, soit sur la présentation qui est faite par les supérieurs pour les membres des associations religieuses vouées à l'enseignement et autorisées par la loi ou reconnues comme établissements d'utilité publique. — Les consistoires jouissent du droit de présentation pour les instituteurs appartenant aux cultes non catholiques. — Si le conseil municipal avait fait un choix non conforme à la loi, ou n'en avait fait aucun, il sera pourvu à la nomination par le conseil académique, un mois après la mise en demeure adressée au maire par le recteur. (Art. 31, §§ 1, 2, 3.)

« Il est interdit aux instituteurs communaux d'exercer aucune fonction administrative sans l'autorisation du conseil académique. (Art. 32, § 1.)

« Le conseil académique détermine les écoles publiques auxquelles, d'après le nombre des élèves, il doit être attaché un instituteur adjoint. (Art. 34, § 1.)

« Tout département est tenu de pourvoir au recrutement des instituteurs communaux, en entretenant des élèves-maîtres, soit dans les établissements d'instruction primaire désignés par le conseil académique, soit aussi dans l'école normale établie à cet effet par le département. — Les écoles normales peuvent être supprimées par le conseil général du département; elles peuvent l'être également par le ministre en conseil supérieur, sur le rapport du conseil académique, sauf, dans les deux cas, le droit acquis aux boursiers en jouissance de leur bourse. (Art. 35, §§ 1, 2.)

« Le conseil académique du département peut autoriser une commune à se réunir à une ou plusieurs communes voisines pour l'entretien d'une école.— Le conseil académique peut dispenser une commune d'entretenir une école publique, à condition qu'elle pourvoira à l'enseignement primaire gratuit, dans une école libre, de tous les enfants dont les familles sont hors d'état d'y subvenir. Cette dispense peut toujours être retirée. — La commune peut, avec l'autorisation du conseil académique, exiger que l'instituteur communal donne, en tout ou en partie, à son enseignement les développements dont il est parlé à l'article 23. (Art. 36, §§ 2, 4, 5.)

« Sur l'avis conforme du conseil général, l'instituteur communal pourra être autorisé par le conseil académique à percevoir lui-même la rétribution scolaire. (Art. 41.)

« Le conseil académique du département désigne un ou plusieurs délégués résidant dans chaque canton, pour surveiller les écoles publiques et libres du canton, et détermine les écoles particulièrement soumises à la surveillance de chacun. (Art. 42, § 1.)

« Les autorités locales préposées à la surveillance et à la direction morale de l'enseignement sont...... dans les communes de deux mille âmes et au-dessus, un ou plusieurs habitants de la commune, délégués par le conseil académique. (Art. 44.)

« Chaque année, le conseil académique nomme une commission d'examen chargée de juger publiquement, et à des époques déterminées par le recteur, l'aptitude des aspirants au brevet de capacité [pour l'instruction primaire], quel que soit le lieu de leur domicile. (Art. 46, § 1.)

« Le conseil académique délivre, s'il y a lieu, des certificats de stage [suppléant le brevet de capacité] aux personnes qui justifient avoir enseigné pendant trois ans au moins les matières comprises dans la première partie de l'article 23, dans les écoles publiques ou libres autorisées à recevoir des stagiaires. (Art. 47, § 1.)

« Tout ce qui se rapporte à l'examen des institutrices, à la surveillance et à l'inspection des écoles de filles, sera l'objet d'un règlement délibéré en conseil supérieur. Les autres dispositions de la présente loi relatives aux écoles et aux instituteurs sont applicables aux écoles de filles et aux institutrices, à l'exception des articles 38, 39, 40 et 41. (Art. 50.)

« Le conseil académique peut obliger les communes d'une population inférieure [à huit cents âmes] à entretenir, si leurs ressources ordinaires le leur permettent, une école de filles; et, en cas de réunion de plusieurs communes pour l'enseignement primaire, il pourra, selon les circonstances, décider que l'école des garçons et l'école des filles seront dans deux communes différentes. Il prend l'avis du conseil municipal. (Art. 51.)

« Aucune école primaire, publique ou libre, ne peut, sans l'autorisation du conseil académique, recevoir d'enfants des deux sexes, s'il existe dans la commune une école publique ou libre de filles. (Art. 52.)

« Les instituteurs communaux ne pourront ouvrir de pensionnat qu'avec l'autorisation du conseil académique, sur l'avis du conseil municipal. — Le conseil académique prescrira, dans l'intérêt de la moralité et de la santé des élèves, toutes les mesures qui seront indiquées dans un règlement délibéré par le conseil supérieur. — Les pensionnats primaires sont soumis aux prescriptions des articles 26, 27, 28, 29 et 30 de la présente loi, et à la surveillance des autorités qu'elle institue. — Ces dispositions sont applicables aux pensionnats de filles, en tout ce qui n'est pas contraire aux conditions prescrites par le chapitre V de la présente loi. (Art. 53.)

« Le conseil académique désigne les instituteurs chargés de diriger les écoles communales d'adultes et d'apprentis. (Art. 54, § 2.)

« Les personnes chargées de la direction des salles d'asile publiques seront nommées par le conseil municipal, sauf l'approbation du conseil académique. (Art. 58.)

« Le ministre, sur la proposition des conseils académiques et l'avis conforme du conseil supérieur, peut accorder des dispenses de stage [pour l'instruction secondaire]. (Art. 60, § 6.)

« Les certificats de stage [pour l'instruction secondaire] sont délivrés par le conseil académique, sur l'attestation des chefs des établissements où le stage aura été accompli. (Art. 61, § 1.)

« Tous les ans, le ministre nomme, sur la présentation du conseil académique, un jury chargé d'examiner les aspirants au brevet de capacité [pour l'instruction secondaire]. (Art. 62, § 1.)

« Les ministres des différents cultes reconnus peuvent donner l'instruction secondaire à quatre jeunes gens au plus, destinés aux écoles ecclésiastiques, sans être soumis aux prescriptions de la présente loi, à la condition d'en faire la déclaration au recteur. — Le conseil académique veille à ce que ce nombre ne soit pas dépassé. (Art. 66, §§ 3, 4.)

« Les établissements libres [d'instruction secondaire] peuvent obtenir des communes, des départements ou de l'Etat, un local et une subvention, sans que cette subvention puisse excéder le dixième des dépenses annuelles de l'établissement. — Les conseils académiques sont appelés à donner leur avis préalable sur l'opportunité de ces subventions. (Art. 69.)

« L'objet et l'étendue de l'enseignement dans chaque collége communal seront déterminés, eu égard aux besoins de la localité, par le ministre de l'instruction publique, en conseil supérieur, sur la proposition du conseil municipal et l'avis du conseil académique. (Art. 75.)

« Les dispositions de la présente loi concernant les écoles primaires ou secondaires sont applicables aux cours publics sur les matières de l'enseignement primaire et secondaire. — Les conseils académiques peuvent, selon les degrés de l'enseignement, dispenser ces cours de l'application des dispositions qui précèdent, et spécialement de l'application du dernier paragraphe de l'article 54. (Art. 77.)

« Jusqu'à la promulgation de la loi sur l'enseignement supérieur,.... les nouveaux conseils académiques exerceront à l'égard de cet enseignement les attributions qui appartenaient aux anciens. (Art. 85.) »

Parmi les attributions dévolues aux conseils académiques par l'article 85, il faut mentionner le droit de juger disciplinairement les étudiants des facultés [voyez l'art. 85].

Quelques autres attributions spéciales ont été également données aux conseils académiques par les règlements intervenus pour l'exécution de la loi.

En résumé, les attributions *administratives* des conseils académiques sont définies par les articles 8, 14, 15, 16, 18, 20, 29, 31, 32, 34, 35, 36, 41, 42, 43, 44, 46, 47, 50, 51, 52, 53, 54, 55, 57, 58, 60, 61, 62, 66, 69, 75, 77 et 85; les attributions *disciplinaires,* par les articles 14, 30, 33, 50, 53, 55, 57, 67, 68, 76 et 85; les attributions *contentieuses*, par les articles 14, 28, 53, 55, 64 et 85.

## Article 16.

§ 1. Le conseil académique présente chaque année au ministre et au conseil général un exposé de la situation de l'enseignement dans le département.

2. Les rapports du conseil académique sont envoyés par le recteur au ministre, qui les communique au conseil supérieur.

## Commentaire.

§ 1er. « Chaque année, il adresse au ministre et au conseil général du département, par l'intermédiaire du recteur, un rapport sur la situation de l'instruction publique et libre dans le département, que le ministre communique au conseil supérieur, afin que celui-ci possède et puisse toujours mettre sous les yeux du gouvernement, quand il le jugera convenable, un exposé fidèle de l'état de l'éducation nationale. » (Premier rapport de M. Beugnot.)

Une instruction ministérielle, adressée aux recteurs le 21 juin 1851, porte que les conseils académiques devront s'occuper en juillet du rapport annuel sur la situation de l'enseignement, afin que ce rapport puisse être communiqué au conseil supérieur de l'instruction publique et aux conseils généraux des départements, lors de la session du mois d'août. Ce rapport devra parvenir au ministre avant le 1er août.

## CHAPITRE III.

### DES ÉCOLES ET DE L'INSPECTION.

### SECTION Ire. — DES ÉCOLES.

### Article 17.

§ 1. La loi reconnaît deux espèces d'écoles primaires ou secondaires :

2. 1° Les écoles fondées ou entretenues par les communes, les départements ou l'État, et qui prennent le nom d'*écoles publiques;*

3. 2° Les écoles fondées et entretenues par des particuliers ou des associations, et qui prennent le nom d'*écoles libres.*

### Commentaire.

« Sont *écoles publiques*, celles qui ne se trouvent, quant au personnel enseignant, quant à la fixation des matières enseignées, sous la main ni d'un maître particulier ni d'une association, mais qui relèvent exclusivement des communes, du département ou de l'État. » (M. E. Rendu, Commentaire de la loi.)

« Ce n'est pas sans raison, ni même sans nécessité, qu'au commencement de ce chapitre on a distingué les deux espèces d'écoles primaires ou secondaires qui sont désormais appelées à se faire concurrence : « 1° les écoles fondées ou entretenues par les communes, les départements ou l'Etat, et qui prennent le nom d'*écoles publiques ;* 2° les écoles fondées ou entretenues par des particuliers ou des associations, et qui prennent le nom d'*écoles libres.* » Cette distinction était avant tout indispensable, puisque la surveillance ou inspection est d'une nature tout à fait différente dans ces deux genres d'écoles.

« Une école, pour être publique, doit être entièrement fondée ou entièrement entretenue par les communes, les départements ou l'Etat. Des subventions, même considérables, des édifices, même entièrement publics, concédés à une école libre, ne lui ôtent pas son caractère de liberté. Ce point a été nettement discuté dans l'Assemblée comme dans la commission, et résolu en ce sens.

« Remarquons ensuite que les associations dont il s'agit dans l'article 17 ne sont pas les associations enseignantes, dont il sera parlé plus loin, mais des sociétés libres, ayant pour but de soutenir le temporel de l'établissement. » (Mgr Parisis, Instruction aux curés de son diocèse.)

Le mot *association* est pris ici dans son sens le plus large. Il ne s'agit pas seulement des associations ou congrégations religieuses, mais aussi de toute association ou société civile formée pour concourir à une même œuvre.

## SECTION II. — DE L'INSPECTION.

### Article 18.

§ 1. **L'inspection des établissements d'instruction publique ou libre est exercée,**

2. **1° Par les inspecteurs généraux et supérieurs;**

3. **2° Par les recteurs et les inspecteurs d'académie;**

4. **3° Par les inspecteurs de l'enseignement primaire;**

5. **4° Par les délégués cantonaux, le maire et le curé, le pasteur ou le délégué du consistoire israélite, en ce qui concerne l'enseignement primaire.**

6. **Les ministres des différents cultes n'inspecteront que les écoles spéciales à leur culte, ou les écoles mixtes pour leurs coreligionnaires seulement.**

7. **Le recteur pourra, en cas d'empêchement, déléguer temporairement l'inspection à un membre du conseil académique.**

### Commentaire.

« La surveillance et l'inspection sont, sous deux aspects différents, le même moyen employé pour maintenir dans les maisons d'éducation le respect des bons principes et le culte des fortes études. La surveillance, devant être exercée à tous les instants, appartient nécessairement aux autorités locales; et afin qu'elle ne puisse s'endormir ou contracter des habitudes de faiblesse, l'inspection vient, à certaines époques, vérifier ses actes et ranimer son zèle s'il est assoupi. » (Premier rapport de M. Beugnot.)

« Les personnes chargées de l'inspection en vertu de l'article 18 de la loi organique, dressent procès-verbal de toutes les contraventions qu'elles reconnaissent. — Si la contravention consiste dans l'emploi d'un livre défendu en vertu de l'article 5 de la même loi l'ouvrage est saisi et envoyé avec le procès-verbal au recteur de l'académie, qui soumet l'affaire au conseil académique. » (Décret du 29 juillet 1850, art 42.)

« En cas de refus de la part d'un instituteur de se soumettre à l'inspection, l'inspecteur dressera procès-verbal de ce refus, conformément à l'article 22 de la loi organique et à l'article 42 du règlement du 29 juillet 1850. Il enverra ce procès-verbal au recteur de l'académie, qui le transmettra au procureur de la république. » (Arrêté du 3 janvier 1851, art. 5, § 2.)

« Le procès-verbal des inspecteurs constatant le refus (d'inspection) du chef d'établissement fera foi jusqu'à inscription de faux. » (Art. 22 de la présente loi, § 3.)

« Ont seuls droit aux frais de tournée déterminés par les règlements : les membres du conseil supérieur délégués par le ministre pour une mission spéciale, les inspecteurs généraux, les inspecteurs supérieurs, les recteurs, les membres des conseils académiques délégués par le recteur en vertu de l'article 18 de la loi organique, les inspecteurs d'académie et les inspecteurs de l'instruction primaire. » (Décret du 29 juillet 1850, art. 41.)

§ 2. Les mots « et supérieurs » ont été ajoutés par la commission après la seconde délibération. Voici l'explication que M. Baze, organe de la commission, a présentée à ce sujet : « Il y a des inspecteurs supérieurs de l'instruction primaire ; ce sont bien des inspecteurs généraux, car ils inspectent dans toute la France l'enseignement dont l'inspection leur est confiée ; mais on les appelle inspecteurs supérieurs, à la différence des inspecteurs généraux des études. C'était une omission, évidemment, de n'avoir pas compris ces deux fonctionnaires dans la classe de ceux qui devaient participer à la mission des inspecteurs généraux : cette omission, nous l'avons réparée. »

§ 3. Les obligations des recteurs et des inspecteurs d'académie, en ce qui concerne l'inspection, ont été plus particulièrement énumérées à l'article 8.

§ 5. Les attributions des délégués cantonaux, des maires et des ministres des cultes, en ce qui concerne la surveillance, sont définies par les articles 42, 43, 44 et 45.

Lors de la discussion, M. de Charencey a fait observer qu'une commune peut renfermer dans son sein plusieurs paroisses, et que différentes écoles peuvent se trouver dans la même commune. « Je demande, a-t-il dit, que, dans les cas où différentes écoles existeraient sous la même circonscription d'enseignement et sur différents points, l'inspection soit exercée par chacun des curés ou desservants sur le territoire et dans la juridiction duquel se trouvera chacune des écoles à inspecter. » M. Baze a répondu, au nom de la commission : « La chose est ainsi entendue ; et je dois ajouter qu'elle est ainsi entendue pour tous les ministres des cultes, chacun pour leurs coreligionnaires. »

Le droit de surveillance mentionné ici n'étant accordé qu'à l'autorité religieuse locale, s'il se présentait un ministre étranger à la commune pour inspecter des écoles où se trouveraient parmi les enfants quelques-uns de ses coreligionnaires, on aurait le droit de s'y opposer.

§ 6 « Dans les écoles où les enfants de divers cultes sont réunis, chaque ministre procède séparément à l'examen des élèves de son culte en ce qui concerne l'enseignement religieux. » (Décret du 7 octobre 1850, art. 11.)

Les enfants d'un même culte doivent être interrogés séparément, c'est-à-dire hors de la présence des élèves appartenant à un autre culte.

On entend ici par *écoles mixtes* toute école où sont reçus des enfants appartenant à des cultes différents.

§ 7. Suivant une décision ministérielle du 1er avril 1851, la loi ne donne aux conseils académiques, en ce qui concerne l'inspection, que le droit de délégation ; il ne serait pas conforme aux principes qu'après avoir usé de ce droit les conseils académiques en retinssent une partie, et qu'ils procédassent directement à l'inspection.

## Article 19.

§ 1. Les inspecteurs d'académie sont choisis par le ministre parmi les anciens inspecteurs, les professeurs des facultés, les proviseurs et censeurs des lycées, les principaux des colléges, les chefs d'établissements secondaires libres, les professeurs des classes supérieures dans ces diverses catégories d'établissements, les agrégés des facultés et lycées, et les inspecteurs des écoles primaires, sous la condition commune à tous du grade de licencié, ou de dix ans d'exercice.

2. Les inspecteurs généraux et supérieurs sont choisis par le ministre, soit dans les catégories ci-dessus indiquées, soit parmi les anciens inspecteurs généraux ou inspecteurs supérieurs de l'instruction primaire, les recteurs et inspecteurs d'académie, ou parmi les membres de l'Institut.

3. Le ministre ne fait aucune nomination d'inspecteur général sans avoir pris l'avis du conseil supérieur.

## Commentaire.

§ 1er. « Les fonctions d'inspecteur d'académie sont incompatibles avec tout autre emploi public rétribué. » (Décret du 29 juillet 1850, art. 36.)

Les observations faites à l'article 9 [p. 27], au sujet du grade de licencié, sont également applicables ici.

Lors de la troisième délibération, il a été expliqué que les classes supérieures commençaient à la troisième, et que par conséquent les professeurs de quatrième et au-dessous ne jouiraient pas des droits spécifiés dans ce paragraphe, à moins toutefois qu'ils ne possédassent le titre d'agrégé des lycées.

§ 3. « Les inspecteurs généraux et les inspecteurs supérieurs sont choisis sur une liste de candidats formée par le ministre; le conseil supérieur est appelé à donner son avis sur cette liste avant la nomination. » (Décret du 29 juillet 1850, art. 34.)

## Article 20.

§ 1. L'inspection de l'enseignement primaire est spécialement confiée à deux inspecteurs supérieurs.

2. Il y a en outre, dans chaque arrondissement, un inspecteur de l'enseignement primaire choisi par le ministre, après avis du conseil académique.

3. Néanmoins, sur l'avis du conseil académique, deux arrondissements pourront être réunis pour l'inspection.

4. Un règlement déterminera le classement, les frais de tournée, l'avancement et les attributions des inspecteurs de l'enseignement primaire.

### Commentaire.

§ 2. « Les dispositions de l'article 20 de la loi du 15 mars 1850, d'après lesquelles un inspecteur de l'enseignement primaire doit être placé dans chaque arrondissement, ont pour but de substituer à la surveillance exercée jusqu'ici, à des époques déterminées et fixées d'avance, sur les établissements d'instruction primaire, une surveillance permanente, et pour ainsi dire, de tous les instants. » (Instruction du 21 janvier 1851 aux recteurs.)

« Les fonctions d'inspecteur de l'enseignement primaire sont incompatibles avec tout autre emploi public rétribué. — Le ministre, sur l'avis du conseil académique, peut toutefois autoriser les inspecteurs de l'instruction primaire à accepter les fonctions d'inspecteur, soit des enfants trouvés et abandonnés, soit des enfants employés dans les manufactures. (Décret du 29 juillet 1850, art. 36.)

« Pour la nomination des inspecteurs de l'instruction primaire, la liste des candidats, composée par le recteur, est communiquée au conseil académique, et transmise ensuite au ministre avec l'avis de ce conseil. (Art. 35.) »

Aux termes de l'article 7 du décret du 5 décembre 1850, nul étranger ne peut être nommé inspecteur primaire s'il n'a préalablement obtenu des lettres de naturalisation [voyez l'art. 78].

« Nul ne peut être appelé aux fonctions d'inspecteur de l'instruction primaire, s'il n'a été déclaré apte à ces fonctions après un examen spécial dont le programme sera déterminé conformément à l'article 5 de la loi organique. (Décret du 29 juillet 1850, art. 38.)

« Ne peuvent être admis à l'examen que les candidats qui justifient : — 1° de vingt-cinq ans d'âge ; — 2° du diplôme de bachelier ès lettres, ou d'un brevet de capacité pour l'enseignement primaire supérieur, si le brevet a été délivré avant la promulgation de la loi organique, et, dans le cas contraire, d'un brevet attestant que l'examen a porté sur toutes les matières d'enseignement comprises dans l'article 23 de la même loi ; — 3° de deux ans d'exercice au moins dans l'enseignement ou dans les fonctions de secrétaire d'académie, de membre d'un ancien comité supérieur d'instruction primaire, ou de délégué du conseil académique pour la surveillance des écoles. — La condition exigée par le paragraphe précédent ne sera point applicable à la première organisation de l'inspection. (Art. 39.). »

« Il sera formé chaque année, au chef-lieu de chaque académie, une commission chargée d'examiner l'aptitude des candidats aux fonctions d'inspecteur de l'instruction primaire. (Arrêté du 16 décembre 1850, art. 1er.)

« Cette commission sera composée du recteur ou de son délégué, président, et de quatre membres nommés par le recteur en conseil académique et agréés par le ministre de l'instruction publique. (Art. 2.)

« Les candidats sont tenus de s'inscrire, du 1er au 15 juillet, au secrétariat de l'académie et de faire les justifications exigées par l'article 39 du règlement du 29 juillet 1850. (Art. 3.)

« L'examen aura lieu dans l'intervalle du 1er au 5 octobre. Le jour sera fixé et annoncé un mois à l'avance par les soins du recteur. (Art 4.)

« L'examen se composera d'une épreuve écrite et d'épreuves orales. — L'épreuve écrite consistera dans un rapport sur une affaire d'inspection. Il sera accordé deux heures pour ce travail. — Les épreuves orales consisteront en interrogations : — 1° sur les devoirs de l'instituteur ; — 2° sur la direction et la tenue des salles d'asile ; — 3° sur les méthodes d'enseignement ; — 4° sur les plans et le mobilier des maisons d'école ; — 5° sur les lois, décrets et règlements concernant l'instruction primaire. (Art. 5.)

« La commission, après avoir apprécié l'aptitude intellectuelle et morale des candidats, délivrera un certificat d'aptitude aux candidats qui en auront été jugés dignes. La liste des candidats qui auront obtenu ce certificat sera placée sous les yeux du conseil académique. — Le recteur adressera au ministre une expédition de cette liste, après y avoir consigné les renseignements qu'il aura recueillis sur les antécédents des candidats. (Art. 6.) »

« Sont dispensés de l'examen exigé par l'article 38 [du décret du 29 juillet 1850], les anciens inspecteurs ou sous-inspecteurs de l'instruction primaire, les directeurs d'écoles normales primaires, les principaux des colléges communaux, les chefs d'établissements particuliers d'instruction secondaire et les licenciés. » (Décret du 29 juillet 1850, art. 40.)

§ 3. « L'article 20 de la loi dispose qu'il y aura dans chaque arrondissement un inspecteur de l'enseignement primaire, mais que, sur l'avis du conseil académique, deux arrondissements pourront être réunis pour l'inspection. Je vous prie d'appeler sur ce point l'attention du conseil académique, et de provoquer son avis sur les réunions qui vous paraîtront compatibles avec les intérêts du service. Le conseil académique aura égard, dans ces examens, à la superficie du territoire des divers arrondissements, au chiffre de la population, au nombre des communes et des écoles, enfin au plus ou moins de facilité des parcours. » (Instruction du 31 août 1850 aux recteurs.)

§ 4. *Classement et avancement des inspecteurs.* — « Les inspecteurs de l'instruction primaire sont partagés en classes dont le nombre est déterminé par décret du président de la république. — Les traitements varient suivant les classes. — La classe est attachée à la personne, et non à la résidence. — Le fonctionnaire appelé pour la première fois à l'emploi d'inspecteur de l'instruction primaire est nécessairement de la dernière classe. — Nul ne peut être promu à la classe supérieure sans avoir passé un an au moins dans la classe immédiatement inférieure. — Les dispositions du présent article ne sont pas applicables à la première organisation de l'inspection de l'enseignement primaire. » (Décret du 29 juillet 1850, art. 37.)

Un arrêté du ministre de l'instruction publique en date du 5 novembre 1850, a établi cinq classes d'inspecteurs de l'instruction primaire, conformément à la loi de finances.

*Attributions des inspecteurs.* — « Les inspecteurs de l'instruction primaire donnent au recteur leur avis sur les secours et encouragements de tout genre relatifs à l'instruction primaire ; ils s'assurent que les allocations accordées sont employées selon leur destination. — Ils font au recteur des propositions pour la liste d'admissibilité et d'avancement des instituteurs communaux, qui doit être dressée par le conseil académique. Ils donnent au recteur leur avis sur les nominations des instituteurs communaux et sur les demandes d'institution. — Ils assistent, avec voix délibérative, aux réunions des délégués cantonaux prescrites par le quatrième paragraphe de l'article 42 de la loi organique et à celles dont il est fait mention en l'article 46 du présent règlement. — Ils donnent leur avis au recteur sur les demandes formées par les instituteurs communaux et sur les déclarations faites par les instituteurs libres à l'effet d'ouvrir un pensionnat primaire. — Ils inspectent les écoles normales primaires et surveillent particulièrement les élèves-maîtres entretenus par le département dans les établissements d'instruction primaire. — Ils surveillent l'instruction donnée aux enfants admis pour le compte des communes dans les écoles libres, en exécution du quatrième paragraphe de l'article 36 de la loi organique. — Ils adressent tous les trois mois au recteur de l'académie un rapport sur la situation de l'instruction primaire dans les communes qu'ils ont parcourues pendant le trimestre, et des notes détaillées sur le personnel des écoles. » (Décret du 29 juillet 1850, art. 43.)

« L'inspection des écoles publiques s'exercera conformément aux règlements délibérés par le conseil supérieur. — Celle des écoles libres porte sur la moralité, l'hygiène et la salubrité. Elle ne peut porter sur l'enseignement, que pour vérifier s'il n'est pas contraire à la morale, à la Constitution et aux lois. » (Art. 21 de la présente loi.)

« Les personnes chargées de l'inspection, en vertu de l'article 18 de la loi organique, dressent procès-verbal de toutes les contraventions qu'elles reconnaissent. — Si la contravention consiste dans l'emploi d'un livre défendu en vertu de l'article 5 de la même loi, l'ouvrage est saisi et envoyé avec le procès-verbal au recteur de l'académie, qui soumet l'affaire au conseil académique.» (Décret du 29 juillet 1850, art. 42.)

« En cas de refus de la part d'un instituteur de se soumettre à l'inspection, l'inspecteur dressera procès-verbal de ce refus, conformément à l'article 22 de la loi organique et à l'article 42 du règlement du 29 juillet 1850. Il enverra ce procès-verbal au recteur de l'académie, qui le transmettra au procureur de la république. » (Arrêté du 3 janvier 1851, art. 5.)

« Le procès-verbal des inspecteurs constatant le refus du chef d'établissement fera foi jusqu'à inscription de faux. » (Art. 22 de la présente loi, § 3.)

« L'inspecteur de l'instruction primaire assiste aux réunions mensuelles des délégués de l'arrondissement, avec voix consultative. » (Décret du 29 juillet 1850, art. 47.)

« Les délégués communiquent aux inspecteurs de l'instruction primaire tous les renseignements utiles qu'ils ont pu recueillir. » (Art. 45, § 2.)

Une instruction ministérielle adressée aux recteurs, en date du 24 décembre 1850, indique la conduite que les inspecteurs doivent tenir dans leur inspection :

« La mission de MM. les inspecteurs est difficile et délicate. A peine sortis des commotions sociales qui ont jeté le trouble dans tant d'esprits et qui ont fait dévier trop d'instituteurs de la ligne de leur devoir, ils doivent s'efforcer de rétablir l'ordre partout où il a reçu quelque atteinte, et de ramener dans les esprits le calme et la maturité si nécessaires aux intérêts de l'éducation populaire. Placés entre les sentiments de bienveillance dont ils doivent être naturellement animés à l'egard des instituteurs primaires, et les nécessités impérieuses d'une sévère répression, quelques-uns ont pu faiblir dans des moments décisifs. Espérons qu'ils ne seront plus désormais soumis à de si tristes épreuves, mais qu'en tout cas ils sauront, à l'avenir, s'armer de résolution et de fermeté, et se former aussi, par leurs efforts consciencieux, sur toutes les affaires qui leur seront soumises, une opinion nette et précise. Ce qu'on ne saurait trop blâmer, c'est cet esprit de mollesse et d'hésitation qui ne distingue pas nettement le bien du mal et qui énerve incessamment l'autorité.

« Vous voudrez bien mettre MM. les inspecteurs en garde contre des abus qui, sous l'ancienne organisation, ont quelquefois excité de justes plaintes, et qui ne doivent plus se reproduire : je veux parler des habitudes de commensalité qui se sont souvent établies entre les inspecteurs et les instituteurs pendant les tournées d'inspection, et du règlement des frais auxquels ces tournées donnent lieu. MM. les inspecteurs doivent s'abstenir rigoureusement d'accepter l'hospitalité, fût-elle restreinte à l'offre d'un repas, chez les instituteurs. Vous leur enjoindrez d'observer aussi une certaine réserve (sauf les cas d'exception fondés sur le défaut absolu de ressources dans un petit nombre de localités, pour lesquels ils auraient d'avance été spécialement autorisés par vous) à l'égard de MM. les maires et curés ou desservants. Quelque honorables que soient souvent les relations des inspecteurs avec les maires et desservants, elles peuvent aussi, lorsqu'elles deviennent intimes, altérer, au moins en apparence, leur impartialité. Les inspecteurs reconnaîtront qu'en manquant de circonspection sous ce rapport, ils s'exposeraient à des soupçons qui sont toujours blessants pour des hommes dont l'impartialité et la délicatesse doivent être mises hors de doute; ils apprécieront, enfin, le seul moyen pour eux de se soustraire à l'influence des préventions locales et de conserver intacte l'autorité de leur caractère. » (Instruction du 24 décembre 1850 aux recteurs.)

*Frais de tournées des inspecteurs.* — « Il est alloué aux inspecteurs de l'instruction primaire, pour chaque jour consacré à l'inspection des écoles hors du lieu de leur résidence, une indemnité de 5 francs. (Arrêté du 3 janvier 1851, art. 6.)

« Au commencement de chaque trimestre, il est mis par le préfet, sur la proposition du recteur de l'académie, une somme de 150 francs, à titre d'avance, à la disposition de chaque inspecteur de l'instruction primaire. (Art. 7.)

« A la fin de chaque trimestre, l'inspecteur remet au recteur, avec le rapport prescrit par l'article 43 du règlement d'administration publique du 29 juillet 1850 [p. 60], l'état de ses frais en double expédition. — Cet état doit mentionner: — 1° pour les inspections ordinaires, — les communes dans lesquelles a eu lieu l'inspection; — le nombre des écoles inspectées dans chaque commune, en indiquant si ce sont des écoles libres ou des écoles publiques; — le nombre des jours employés à l'inspection; — 2° pour les missions ou inspections extraordinaires, — les communes où l'inspecteur a dû se rendre; — les écoles qu'il a inspectées ou l'objet de sa mission; — le nombre de jours consacrés à ces inspections ou missions. (Art. 8.)

« Le recteur de l'académie compare cet état de frais: — 1° avec l'état mentionné en l'article 3 du présent règlement (voyez ci-dessous); — 2° avec les notes constatant l'inspection, prescrites au premier paragraphe de l'article 5 du présent règlement (voy. ci-dessous); — 3° avec les rapports qui lui ont été adressés à la suite des inspections ou missions extraordinaires. — Un double de l'état des frais présenté par l'inspecteur, approuvé par le recteur, est transmis au ministre, qui en fait ordonnancer le solde. (Art. 9.)

« A la fin de chaque trimestre, le recteur de l'académie dresse l'état des écoles que les inspecteurs devront inspecter pendant le trimestre suivant. Cet état indiquera le nombre de jours qui devront être consacrés à cette inspection ordinaire. Un certain nombre de jours devront être réservés pour des inspections ou missions extraordinaires et pour les travaux de cabinet. (Art. 3.)

« L'inspecteur, à moins de circonstances graves, dont il rend compte au recteur dans son rapport trimestriel, doit inspecter dans le trimestre toutes les écoles indiquées sur l'état dressé par le recteur. — Il ne doit pas inspecter plus de deux écoles par jour, à moins d'autorisation spéciale donnée par le recteur pour des cas déterminés. (Art. 4.)

« Une note constatant l'inspection ordinaire ou extraordinaire de chaque école primaire, signée par l'inspecteur, est envoyée le jour même par ce fonctionnaire au recteur de l'académie. (Art. 5, § 1.)

« Il pourra être alloué, à titre de frais de déplacement, à tout inspecteur qui, sans obtenir de l'avancement, est appelé, dans l'intérêt du service, d'un département dans un autre, une indemnité qui sera calculée à raison de 30 centimes par kilometre à parcourir pour se rendre à son nouveau poste. Cette indemnité pourra être élevée proportionnellement au nombre des membres de la famille de l'inspecteur, sans pouvoir jamais accorder le double de celle à laquelle il aurait eu droit. L'indemnité supplémentaire ne sera accordée que sur la proposition du recteur. (Art. 11.)

« Tous les ans, dans les premiers jours du mois de décembre, le ministre de l'instruction publique arrête la répartition entre chaque département de la somme portée au budget de l'année suivante pour les frais de tournée des inspecteurs des écoles primaires, sauf ce qui est dit à l'article 10 [voyez ci-dessous]. — Cette répartition est faite proportionnellement au nombre des communes et des écoles dans chaque département, en tenant compte de la superficie territoriale du département et des difficultés des communications et du parcours. (Art. 1.)

« Le recteur, après avoir pris l'avis du conseil académique, propose au ministre, d'après les mêmes bases, la répartition du crédit accordé à son département entre les inspecteurs de l'instruction primaire des divers arrondissements. — Cette répartition doit fixer : — 1° la somme affectée à chacune des tournées trimestrielles ordinaires déterminées à l'article 3 [p. 62], en tenant compte des circonstances locales relatives à la fréquentation des écoles et aux difficultés de parcours dans les diverses saisons de l'année ; — 2° la somme qui peut être affectée dans chaque trimestre à des inspections ou missions extraordinaires, laquelle somme ne pourra jamais excéder le quart de la précédente. — Cette répartition, approuvée par le ministre, est définitive et ne peut être modifiée dans le courant de l'année. (Art. 2.)

« Tous les ans, avant d'arrêter la répartition du crédit destiné aux frais de tournée des inspecteurs, ainsi qu'il est dit à l'article 1er, le ministre prélève sur l'ensemble de ce crédit la somme que, d'après les besoins du service, il juge nécessaire pour subvenir, pendant l'année suivante, aux frais de déplacement des inspecteurs. (Art. 10.) »

« Lorsque, d'après des renseignements particuliers qui lui sont parvenus, le préfet juge utile qu'un inspecteur soit chargé extraordinairement d'une mission spéciale, il fait part au recteur des informations qu'il a recueillies, et se concerte avec ce fonctionnaire, qui donne des ordres pour l'exécution de cette mission. » (Instruction du 21 janvier 1851 aux préfets.)

« A l'égard des frais qui leur sont alloués pour leurs tournées, il ne faut pas que les inspecteurs s'habituent à les considérer comme des suppléments de traitement. Ces indemnités ne sont accordées que pour les dédommager du surcroît de dépense que les tournées d'inspection leur imposent; les efforts de l'administration doivent tendre à ce que ces indemnités ne perdent pas leur caractère.

« J'espère qu'il n'arrivera jamais de voir des fonctionnaires réclamer le remboursement de frais qu'ils n'auraient point faits ou qu'ils n'auraient supportés qu'en partie. Si quelques-uns d'entre eux (ce que je ne veux pas prévoir) ne tenaient pas suffisamment compte de ces observations, je vous recommande, monsieur le recteur, de m'en informer sur-le-champ, pour qu'il soit immédiatement statué ce qu'il appartiendra. Une pareille faute est incompatible avec la continuation des fonctions de celui qui l'aurait commise.

« J'ai lieu d'espérer, au surplus, que vous n'aurez presque jamais à remplir cette mission de dénonciation sévère à l'égard des fonctionnaires qui doivent, sous tous les rapports, le bon exemple à leurs subordonnés, et que vous n'aurez, en général, qu'à vous louer de leur concours. Je serai heureux d'en recevoir de vous l'assurance et de pouvoir leur réserver, en récompense de leur dévouement, un avancement qu'ils étaient précédemment obligés d'aller chercher au loin, et qui peut désormais venir les trouver là où ils s'en seront rendus dignes. » (Instruction du 24 décembre 1850 aux recteurs.)

« Je dois insister, monsieur le recteur, pour que vous fassiez connaître à MM. les inspecteurs que l'indemnité [de 5 fr. pour chaque jour consacré à l'inspection hors de la résidence remplacera à l'avenir pour eux les autres indemnités qui leur étaient allouées d'après l'ancien tarif, sans avoir égard ni au nombre de communes visitées ni au nombre de kilomètres parcourus. L'article 2 [de l'arrêté du 3 janvier 1851] vous laisse également l'appréciation des circonstances locales et des difficultés de parcours dont vous pourrez tenir compte, lorsqu'à la fin de chaque trimestre vous déterminerez le nombre de jours qui seront consacrés à chaque inspection et que vous dresserez l'état des communes à visiter, conformément à l'article 3. L'article 4 impose à MM. les inspecteurs l'obligation d'inspecter, dans le cours du trimestre, toutes les écoles que vous leur aurez indiquées, sans qu'il leur soit permis, à moins d'autorisation spéciale, d'en visiter plus de deux par jour; mais aucun itinéraire ne leur doit être tracé d'avance; il importe, au contraire, que ces fonctionnaires puissent se rendre inopinément dans les communes faisant partie de l'inspection trimestrielle, et que toute latitude leur soit laissée quant au choix des jours où ils feront leur inspection. Toutefois, pour assurer votre contrôle à cet égard, et aussi afin que vous soyez constamment au courant de tous les faits qui peuvent intéresser l'inspection primaire, il est prescrit à MM. les inspecteurs, par l'article 5, de vous adresser sous bande un bulletin constatant l'inspection de chaque école, le jour même où ils l'auront visitée. Ils ne devront jamais se dispenser de cette formalité : pour la tenir en vigueur, je vous invite même, lorsque vous ferez la liquidation des frais de tournées, à ne considérer comme inspectées que les communes pour lesquelles vous aurez reçu le bulletin précité.

« Comme par le passé, l'article 7 accorde à MM. les inspecteurs une avance de 150 fr. qu'ils recevront de MM. les préfets, sur leurs frais de tournées, au commencement de chaque trimestre. Je désire qu'à ce sujet vous vous concertiez avec M. le préfet, de telle sorte que jamais MM. les inspecteurs ne se mettent en route avant d'avoir touché leur avance. Ils auront à vous rendre compte de cette avance lorsque, à la fin de chaque tournée, ils vous transmettront, en triple expédition, conformément à l'article 8, leurs états de frais. Dès que vous aurez examiné ces états, suivant les indications de l'article 9, et que vous les aurez arrêtés, vous aurez soin de m'en adresser immédiatement une expédition; une autre sera envoyée par vos soins à M. le préfet, pour être jointe aux mandats de payement; la troisième restera, à titre de renseignement, dans les bureaux de votre académie.

« Lorsque les états de frais me seront parvenus, j'en ordonnancerai le solde au profit de ceux des inspecteurs dont la dépense, liquidée par vous, dépassera l'avance de 150 fr. Quant à ceux de ces fonctionnaires dont les états de frais ne s'élèveront pas à ce dernier chiffre, vous aurez à leur prescrire le reversement de l'excédant de l'avance restée sans emploi. Il sera d'autant plus essentiel que ces reversements soient promptement effectués, que, d'après les règlements de comptabilité, MM. les inspecteurs à qui des reversements auront été prescrits sur les avances qu'ils auront reçues, pour un trimestre précédent, ne pourront recevoir une avance nouvelle qu'après avoir satisfait à l'ordre de reversement qui leur aura été notifié. » (Instruction du 21 janvier 1851 aux recteurs.)

## Article 21.

§ 1. L'inspection des écoles publiques s'exerce conformément aux règlements délibérés par le conseil supérieur.

2. Celle des écoles libres porte sur la moralité, l'hygiène et la salubrité.

3. Elle ne peut porter sur l'enseignement, que pour vérifier s'il n'est pas contraire à la morale, à la Constitution et aux lois.

### Commentaire.

§ 1er. Aucun règlement particulier n'a encore été délibéré par le conseil supérieur pour l'inspection des écoles publiques. Le décret du 29 juillet 1850, l'arrêté du 3 janvier 1851 et les instructions des 24 décembre 1850 et 25 janvier 1851, donnent quelques règles générales pour l'inspection des établissements d'instruction [voyez p. 55 et 56]. En ce qui concerne spécialement les écoles primaires et les écoles normales, les instructions portées dans l'arrêté du 27 février 1835 peuvent encore servir de règle de conduite à MM. les inspecteurs.

§§ 2 et 3. « Le projet de loi lève une grande difficulté en déclarant que l'inspection des établissements libres ne peut porter que sur la moralité, le respect de la Constitution et des lois, et l'hygiène; les méthodes sont et doivent demeurer libres. Sur ce point, l'instituteur n'a de compte à rendre qu'aux familles. La liberté que celles-ci réclament à juste titre leur imposera de sérieux devoirs, et, entre autres, celui de veiller par elles-mêmes à ce que l'instituteur tienne fidèlement ses engagements et conforme son enseignement au programme qu'il a publié. » (Premier rapport de M. Beugnot.)

Lors de la discussion, le ministre de l'instruction publique a expliqué le sens dans lequel les paragraphes 2 et 3 de cet article devaient être compris :

« Un inspecteur ira visiter un établissement d'instruction publique. Dans un établissement d'instruction publique, même pour vérifier seulement si l'enseignement n'est pas contraire à la morale, à la Constitution et aux lois, c'est l'enseignement lui-même qu'il faut voir. Evidemment on ne peut juger l'enseignement qu'en questionnant les élèves, en voyant les livres, en examinant, au besoin, les sujets de composition. Nous avons l'occasion de constater aujourd'hui d'assez fréquents abus qui résultent du seul choix de certains sujets de composition. On peut trouver, même dans les traductions des auteurs anciens, tel passage qui, par son rapprochement avec des idées agitées aujourd'hui, contient la possibilité d'une excitation sur l'esprit des élèves, dans un sens plus ou moins dangereux. Voilà ce que nous avons à constater. Il faut donc examiner l'enseignement.

« Mais on ne voit l'enseignement utilement qu'avec une sanction au bout de cet examen, et cette sanction n'existe que sous le triple rapport de la morale, de la Constitution et de la loi; car, après avoir vu l'enseignement, si l'on n'y trouve rien de contraire à la morale, à la Constitution, à la loi, quand même l'enseignement serait très-défectueux, quand même les classes seraient très-faibles, très-reculées, très-retardées, quand même les élèves ne feraient aucun progrès, quand même ce serait, par exemple, une mauvaise latinité qu'on enseignerait, il n'y aurait pas de sanction à l'observation de ces défauts; il n'y aurait pas possibilité de poursuites.

« Cependant, qu'est-ce que l'inspection, sinon ce qui éclaire le pouvoir, le pouvoir surveillant pour arriver à une condamnation ou à quelque chose de sérieux? Donc l'inspection doit, en réalité, porter sur l'enseignement; mais elle ne peut avoir de sanction qu'en tant qu'il y a dans cet enseignement une violation de la morale, de la Constitution ou des lois. »

Une instruction ministérielle adressée aux recteurs, en date du 10 mai 1851, trace leur ligne de conduite pour l'inspection des établissements libres :

« En accordant, sous certaines conditions, à tous les citoyens français la liberté de se livrer à la profession de l'enseignement, la loi du 15 mars 1850 a réservé formellement à l'Etat le droit de surveiller, dans l'intérêt de la morale, de la santé des enfants et de la sécurité publique, l'usage que l'on ferait de cette liberté. Toutefois, pour que la liberté d'enseignement demeurât entière sans que la surveillance de l'Etat cessât d'être sérieuse et réelle, le législateur a voulu que cette surveillance ne s'étendît à l'enseignement que pour « vérifier s'il n'est pas contraire à la morale, à la Constitution et aux lois.»

« Cette double obligation du respect pour la liberté acquise et de la surveillance réclamée par l'ordre public vous fait, monsieur le recteur, une position délicate, dans laquelle vous avez besoin d'être dirigé, afin que d'une part vous évitiez d'éveiller inutilement des susceptibilités légitimes, et que de l'autre, pourtant, vous protégiez toujours les intérêts sacrés qui vous sont confiés par la loi. — C'est pour vous éclairer sur l'accomplissement d'un devoir important et difficile, que je vous adresse ces instructions. Vous les méditerez avec soin, afin de vous pénétrer de leur esprit, et de vous y conformer ponctuellement.

« Et d'abord, par égard pour l'autorité qui appartient au chef d'une maison d'éducation, et pour assurer le respect qui lui est dû par les élèves confiés à ses soins, il conviendra que vous vous adressiez personnellement à lui, lorsque vous aurez l'intention de visiter l'établissement qu'il dirige. Je vous recommande, en conséquence, de le prévenir de votre arrivée, et de l'inviter à vous accompagner dans votre visite. S'il était absent, ou s'il refusait de vous accompagner, cette circonstance regrettable ne vous empêcherait pas d'accomplir votre mission dans toute son étendue.

« Le premier acte de votre inspection sera l'examen du registre où doivent être inscrits les noms, prénoms, âge, etc., des professeurs et surveillants, conformément à l'article 6 du décret du 20 décembre 1850. Vous vous informerez ensuite du nombre des pensionnaires, demi-pensionnaires et externes.

« Vous visiterez particulièrement les parties de l'établissement qui sont destinées aux élèves. Cependant vous pourriez, selon le besoin et l'occurrence, demander à voir les autres parties de la maison. Vous observerez si, dans la disposition des lieux ou dans le voisinage de l'établissement, il ne se trouve rien de dangereux pour la moralité ou la santé des enfants; vous examinerez spécialement si les dortoirs sont suffisamment aérés, et si leurs dimensions sont en rapport avec le nombre des pensionnaires.

« Le régime alimentaire intéresse trop directement la santé des enfants pour que vous n'y portiez pas toute votre attention. Vous vérifierez avec soin si la nourriture est convenablement préparée, si elle est saine et suffisante; mais vous n'oublierez pas la réserve et les ménagements que l'on doit mettre dans ce genre de recherches, autant pour maintenir la considération des chefs de l'établissement que pour éviter de provoquer, de la part des élèves, des critiques et des plaintes trop faciles quelquefois à se produire.

« Vous avez le droit d'assister aux exercices que vous jugerez devoir appeler de votre part une surveillance particulière, dans l'intérêt et les limites de la mission qui vous est confiée par la loi, et vous me rendrez compte des observations que vous aurez recueillies

« Toutefois, par respect pour la liberté des méthodes, vous vous abstiendrez d'interroger les élèves sur la force et la direction des études, à moins que le chef de l'établissement ne vous en ait exprimé le désir dans le cours même de la visite. Mais vous pourrez toujours, quand vous le jugerez nécessaire, pour les motifs que la loi a définis, vous faire présenter les livres à l'usage des classes, ainsi que les cahiers des élèves.

« Quels que soient les sujets de blâme que vous rencontriez dans le cours de votre visite, vous ne laisserez rien apercevoir de votre improbation, ni devant les enfants, ni devant les domestiques, ni devant les sous-maîtres. Mais la visite étant terminée, vous adresserez, en particulier, au chef de l'établissement les observations et, s'il y a lieu, les représentations que vous croirez être de votre devoir.

« Si, dans le cours de la visite et par l'examen des livres ou cahiers, vous avez remarqué des choses contraires à la morale, à la Constitution et aux lois, vous demanderez au chef de l'établissement les explications nécessaires sur l'introduction de ces livres et la rédaction de ces cahiers.

« Si les réponses du chef ne vous paraissent pas satisfaisantes, et si, d'une autre part, les symptômes que vous auriez vous-même remarqués ou les renseignements qui vous seraient venus d'ailleurs vous donnaient de sérieuses raisons de croire que dans l'établissement existent de dangereux abus, soit parce qu'on y propage des doctrines perverses, soit parce qu'on y tolère des désordres de mœurs, alors vous pourriez interroger les maîtres et surveillants pour vous éclairer sur le véritable état des choses, et, de plus, soit par vous-même, soit avec le concours du conseil académique, vous prendriez les moyens d'information, et au besoin les mesures de répression, prévus par la loi; vous pourriez en ce cas interroger les élèves eux-mêmes.

« Ces règles sont précises, et cependant vous voyez qu'elles sont, pour leur juste application, confiées à votre intelligence et à votre sagesse. C'est que vos fonctions vous mettent aujourd'hui en rapport direct avec les établissements les plus disproportionnés et les plus dissemblables, depuis la moindre école primaire libre jusqu'aux colléges libres les plus importants, depuis l'institution médiocre jusqu'aux maisons d'éducation les plus dignes de la confiance, du respect et de la reconnaissance publics.

« Les droits de l'État sont les mêmes partout, vous ne l'oublierez jamais; et cependant vous comprendrez que, même dans l'intérêt de l'État et de l'ordre public, ces droits doivent être exercés avec beaucoup de discernement et de mesure. Autant il est nécessaire que votre surveillance intimide partout le mal, autant il est désirable que partout elle encourage et honore les efforts inspirés par l'amour du bien. » (Instruction du 10 mai 1851 aux recteurs.)

Une instruction ministérielle adressée aux recteurs le 10 mars 1851 porte qu'en attendant le règlement qui doit déterminer les limites et la forme de l'inspection des écoles de filles, les anciennes règles doivent être suivies toutes les fois qu'elles ne sont pas contraires aux dispositions de la nouvelle loi [voyez l'art. 50].

Mgr Parisis a fait les observations suivantes au sujet du mode d'inspection autorisé par la loi :

« L'inspection qui concerne les établissements libres, et qui est définie par les deux derniers paragraphes de l'article 21, porte sur la moralité, l'hygiène et la salubrité ; elle ne peut porter sur l'enseignement que pour vérifier s'il n'est pas contraire à la morale, à la Constitution et aux lois.....

« Si un inspecteur, sous prétexte de surveiller la moralité d'une école, voulait se faire rendre compte de la morale religieuse qui y est enseignée, des pratiques qui y sont observées à l'appui de cette morale, par exemple des exercices religieux, des institutions pieuses, et de mille autres moyens dans lesquels un homme de foi trouve des ressources infinies pour la bonne éducation des enfants, mais sur lesquels un sage du monde jettera souvent un orgueilleux dédain, cet inspecteur dépasserait ses pouvoirs, et l'on devrait ne pas lui répondre.....

« Si, parce qu'il peut vérifier ce qui, dans l'enseignement libre, pourrait être contraire à la morale, à la Constitution ou aux lois, l'inspecteur voulait interroger les élèves, on devrait ne pas le permettre...

« Ce n'est pas en interrogeant les élèves que l'on saura si l'enseignement est ou n'est pas contraire à la morale et aux lois, à moins que l'on veuille que les élèves soient appelés à déposer contre leurs maîtres ; ce qui serait d'abord pour le moins très-inconvenant, surtout si une telle mesure était généralisée, et ce qui d'ailleurs serait certainement inutile dans les cas où l'on en aurait le plus besoin, puisque des maîtres assez dépravés pour former leurs enfants à l'immoralité ou à la révolte, ne manqueraient pas de savoir les dresser au mensonge.

« Il suffit à l'inspecteur, dans tous les cas, pour remplir sa mission sur ce dernier point, de se faire présenter les livres à l'usage des élèves, et, au besoin, leurs cahiers. Le plus souvent même il ne lui sera pas nécessaire de recourir à ces vérifications. Quand la maison jouira d'une réputation bonne et bien acquise, quand les maîtres seront manifestement dignes de confiance, l'inspecteur se trouvera suffisamment informé après avoir obtenu de leur bouche une réponse nette à toutes les questions que la loi l'autorise à faire.

« Dans le cas où l'examen des livres et même des cahiers lui aurait paru de son devoir, il n'aurait pas encore le droit de manifester ses observations devant les élèves ; il devrait se borner à les adresser aux maîtres en particulier, sauf à en faire ensuite, selon sa conscience, la matière de son rapport. » (Mgr Parisis, Instruction aux curés de son diocèse.)

## Article 22.

§ 1. Tout chef d'établissement primaire ou secondaire qui refusera de se soumettre à la surveillance de l'État, telle qu'elle est prescrite par l'article précédent, sera traduit devant le tribunal correctionnel de l'arrondissement, et condamné à une amende de cent francs à mille francs.

2. En cas de récidive, l'amende sera de cinq cents francs à trois mille francs. Si le refus de se soumettre à la surveillance de l'État a donné lieu à deux condamnations dans l'année, la fermeture de l'établissement pourra être ordonnée par le jugement qui prononcera la seconde condamnation.

3. Le procès-verbal des inspecteurs constatant le refus du chef d'établissement fera foi jusqu'à inscription de faux.

## Commentaire.

§ 1er. Les tribunaux, en cas de circonstances atténuantes, peuvent, en vertu de l'article 80, abaisser l'amende ou la durée de l'emprisonnement par application de l'article 463 du code pénal [voyez l'art. 80].

§ 2. Les circonstances atténuantes sont également applicables au cas de récidive [voyez l'art. 80].

§ 3. « Les personnes chargées de l'inspection en vertu de l'article 18 de la loi organique, dressent procès-verbal de toutes les contraventions qu'elles reconnaissent. — Si la contravention consiste dans l'emploi d'un livre défendu en vertu de l'article 5 de la même loi, l'ouvrage est saisi et envoyé avec le procès-verbal au recteur de l'académie, qui soumet l'affaire au conseil académique. » (Décret du 29 juillet 1850, art. 42.)

« En cas de refus de la part d'un instituteur de se soumettre à l'inspection, l'inspecteur dressera procès-verbal de ce refus conformément à l'article 22 de la loi organique et à l'article 42 du règlement du 29 juillet 1850. Il enverra ce procès-verbal au recteur de l'académie, qui le transmettra au procureur de la république. » (Arrêté du 3 janvier 1851, art. 5, § 2.)

Les institutrices primaires libres et les directrices de pensionnats de filles sont également passibles des peines portées en cet article si elles refusent de se soumettre à la surveillance et à l'inspection telles qu'elles auront été établies par un règlement délibéré en conseil supérieur, en vertu de l'article 50 [voyez l'art. 50].

# TITRE II.

## DE L'ENSEIGNEMENT PRIMAIRE.

## CHAPITRE Ier.

### DISPOSITIONS GÉNÉRALES.

### Art. 23.

§ 1. L'enseignement primaire comprend :
2. L'instruction morale et religieuse ;
3. La lecture ;
4. L'écriture ;
5. Les éléments de la langue française ;
6. Le calcul et le système légal des poids et mesures.
7. Il peut comprendre, en outre :
8. L'arithmétique appliquée aux opérations pratiques ;
9. Les éléments de l'histoire et de la géographie ;
10. Des notions des sciences physiques et de l'histoire naturelle, applicables aux usages de la vie ;
11. Des instructions élémentaires sur l'agriculture, l'industrie et l'hygiène ;
12. L'arpentage, le nivellement, le dessin linéaire ;
13. Le chant et la gymnastique.

### Commentaire.

L'enseignement des matières énumérées dans la première partie de cet article est obligatoire dans les écoles communales ; il est seulement facultatif quant aux objets indiqués dans la seconde partie. C'est le maintien de l'ancienne division de l'enseignement primaire en deux degrés, avec cette différence que le degré supérieur, qui était obligatoire dans certaines communes, n'est plus que facultatif.

« La commune peut, avec l'autorisation du conseil académique, exiger que l'instituteur communal donne, en tout ou en partie, à son enseignement les développements dont il est parlé à l'article 23. » (Art. 36 de la présente loi, § 6.)

Lors de la troisième délibération, M. Noël a demandé la suppression de ces mots : « Il peut comprendre en outre. » « Je ne vois pas, a-t-il dit, de nécessité aujourd'hui de distinguer les objets de l'enseignement primaire en deux parties. C'était bon dans la loi de 1833, où il y avait l'enseignement primaire supérieur et l'enseignement primaire élémentaire. Aujourd'hui, cela n'est plus nécessaire, puisque la loi n'admet qu'un seul degré d'enseignement. Je comprends, à la vérité, qu'il y ait une distinction à faire pour les écoles communales. Ainsi, quand vous viendrez à l'article qui concerne ces écoles, vous direz qu'il y a obligation d'enseigner les cinq premiers objets compris dans celui dont il est question en ce moment, et qui seraient aussi l'objet de l'examen pour l'obtention du brevet de capacité. Mais je dis que dans ce moment-ci vous devez supprimer les mots : « Il peut comprendre en outre. »

M. Baze a répondu au nom de la commission : « Il n'y a rien de plus simple et de plus clair à la fois que le système de la loi. Dans l'article 23, nous énumérons les matières qui sont comprises dans l'enseignement primaire : il y en a de deux sortes, les matières obligatoires, l'enseignement primaire les comprend. » (Suit l'indication de ces matières.) « Il peut comprendre en outre, etc. » (Ce sont là les objets qui peuvent être ajoutés aux matières obligatoires de l'enseignement primaire.) Voilà donc la grande division entre les matières que comprend nécessairement l'enseignement primaire et celles qu'il peut comprendre facultativement. Cette distinction trouve ensuite son application dans l'article 46. On y parle de la manière dont s'obtient le brevet, et l'on dit : « L'examen ne portera que sur les matières comprises dans la première partie de l'article 23. » Cela répond parfaitement aux scrupules de M. Noël. Cependant, comme l'enseignement primaire peut comprendre autre chose, les candidats sont libres de se faire examiner sur les autres matières; mais ce sera là une simple faculté. Et nous disons : « Les candidats qui voudront être examinés sur tout ou partie des autres matières spécifiées dans le même article, en feront la demande à la commission. Les brevets délivrés feront mention des matières spéciales sur lesquelles les candidats auront répondu d'une manière satisfaisante. Ainsi, il n'y aura qu'un seul brevet d'instituteur primaire, qu'un seul enseignement obligatoire. Mais, en même temps, l'enseignement primaire pourra être étendu suivant le vœu exprimé par le conseil municipal et avec l'autorisation du conseil académique, et cette extension portera sur les matières complémentaires de l'enseignement primaire. Celui qui voudra se livrer à cet enseignement plus développé devra justifier par son brevet qu'il a satisfait à l'examen sur les matières facultatives. Voilà le sens de l'article. Je prie l'Assemblée de vouloir bien rejeter l'amendement.» L'amendement n'a pas été admis.

« M. Baze a dit que l'instituteur qui voudrait se livrer à l'enseignement des matières complémentaires devrait justifier par son brevet qu'il a satisfait à l'examen sur ces matières. Ceci n'est vrai que pour l'instituteur communal, et en ce sens que le conseil académique n'autorisera l'instituteur à donner à son enseignement tout ou partie des développements dont il est parlé dans notre article, qu'autant que celui-ci justifiera par son brevet qu'il a subi sur ces matières spéciales un examen satisfaisant. Quant à l'instituteur libre qui voudra donner cette extension à son enseignement, rien ne l'oblige à faire une semblable justification. Du moment qu'il a obtenu le brevet de capacité, il peut enseigner toutes les matières comprises dans l'article 23. Les mentions portées sur son brevet qu'il a répondu d'une manière satisfaisante sur tout ou partie des matières spéciales n'ajoutent rien à son droit; elles ne font que constater sa capacité intellectuelle. » (M. Duvergier, Collection des lois.)

En effet, rien dans les termes des articles 23, 36 et 46 ne nous semble obliger, soit l'instituteur communal, soit l'instituteur libre, à subir un examen sur les matières de la seconde partie de l'article 23, pour avoir le droit d'étendre leur enseignement. Les explications de M. Baze ne peuvent modifier à ce point le texte de la loi. Le conseil académique, en autorisant une commune à étendre l'enseignement, peut tout au plus imposer à l'instituteur communal la condition d'un examen supplémentaire, ainsi que l'observe M. Duvergier.

En admettant que l'instituteur communal soit obligé de subir un examen sur les matières de la seconde partie de l'article 23, on a demandé si le diplôme de bachelier ès lettres ne pourrait pas être regardé comme équivalent de l'examen supplémentaire. Le ministre, consulté sur cette question, aurait répondu affirmativement. Les élèves des écoles spéciales de l'État auraient droit, dans ce cas, à la même faveur. Mais il resterait à savoir si le certificat de stage serait également valable pour suppléer à cet examen [voyez l'art. 47].

Au nombre des matières comprises dans l'enseignement primaire, est placée au premier rang l'instruction morale et religieuse. L'étude du catéchisme est la partie essentielle de cet enseignement. Les instituteurs peuvent le faire apprendre par cœur. Mais ont-ils le droit d'enseigner à leurs élèves la lettre du catéchisme? Il résulterait d'une instruction synodale de Mgr l'évêque de Luçon, appuyée sur un bref de N. S. P. le pape, en date du 16 mars 1851, que les instituteurs ne peuvent enseigner la lettre du catéchisme qu'autant qu'ils y ont été autorisés expressément et nominativement par leur évêque.

## Art. 24.

L'enseignement primaire est donné gratuitement à tous les enfants dont les familles sont hors d'état de le payer.

### Commentaire.

« Le maire dresse chaque année, de concert avec les ministres des différents cultes, la liste des enfants qui doivent être admis gratuitement dans les écoles publiques. Cette liste est approuvée par le conseil municipal, et définitivement approuvée par le préfet. » (Art. 45 de la présente loi.)

« Chaque année, à l'époque fixée par le recteur, la liste des enfants admis gratuitement dans les écoles publiques est dressée conformément à ce qui est prescrit par l'article 45 de la loi organique; les modifications apportées à cette liste dans le cours de l'année sont soumises aux mêmes formalités. » (Décret du 7 octobre 1850, art. 10.)

« Nous lisons dans la Constitution ces mots : « La république doit mettre à la portée de chacun l'instruction indispensable à tous les hommes. La société favorise et encourage le développement du travail par l'enseignement primaire gratuit. » La Constitution de 1848 ordonne de faire précisément ce qui se fait aujourd'hui, c'est-à-dire de distribuer l'enseignement primaire gratuitement à ceux qui ne peuvent pas le payer, et rien de plus. » (Premier rapport de M. Beugnot.)

Il résulte de l'article 24 que les communes ne sont obligées de donner gratuitement l'enseignement primaire qu'aux enfants dont les familles sont hors d'état de le payer. Mais, d'après les termes de l'article 36, les communes, comme les associations charitables, ont la faculté d'entretenir des écoles entièrement gratuites, à la condition d'y subvenir entièrement sur leurs propres ressources.

On a prétendu que le présent article avait pour effet d'annuler les prescriptions des statuts des congrégations religieuses portant obligation d'enseigner gratuitement sans percevoir de rétribution. Rien, dans le texte de cet article et de la loi, ne nous semble motiver une telle interprétation; et une explication donnée au sujet de cette question, lors de la discussion, vient à l'appui de l'opinion que nous émettons [voyez p. 123]. Si les communes, qui veulent confier leurs écoles à une de ces congrégations, trouvent inconvénient et désavantage à donner gratuitement l'enseignement à tous les enfants qui se présentent, elles n'ont qu'à se concerter à ce sujet avec le supérieur de la congrégation. Ainsi, dans les villes où il existe des écoles libres, il peut être convenu que les enfants ne seront admis à l'école publique que sur un billet signé du maire ou du curé, et qu'autant qu'ils seront portés sur la liste des élèves gratuits ou que leurs parents ne payeront pas de contribution personnelle. De telles conventions ne nous semblent pas en opposition avec les statuts des congrégations vouées à l'enseignement gratuit des enfants. La solution de cette question dépend donc principalement de l'initiative des conseils municipaux et des conventions qu'ils passent avec les congrégations auxquelles ils confient leurs écoles. Au reste, les communes et les congrégations ont un intérêt réciproque à s'entendre et à se faire des concessions. Quand une congrégation aura fait toutes les concessions qu'elle croira possibles, le conseil municipal sera toujours libre d'accepter ou de refuser ses offres, après en avoir pesé les avantages et les inconvénients. Toutes les congrégations n'ont pas, du reste, les mêmes obligations dans leurs statuts, et il est des congrégations, notamment celle des Petits Frères de Marie, qui admettent la rétribution scolaire, afin de donner plus de facilité aux communes.

## CHAPITRE II.

### DES INSTITUTEURS.

### SECTION I^re. — DES CONDITIONS D'EXERCICE DE LA PROFESSION D'INSTITUTEUR PRIMAIRE PUBLIC OU LIBRE.

### Article 25.

**§ 1. Tout Français âgé de vingt et un ans accomplis peut exercer dans toute la France la profession d'instituteur primaire, public ou libre, s'il est muni d'un brevet de capacité.**

**2. Le brevet de capacité peut être suppléé par le certificat de stage dont il est parlé à l'article 47, par le diplôme de bachelier, par un certificat constatant qu'on a été admis dans une des écoles spéciales de l'État, ou par le titre de ministre, non interdit ni révoqué, de l'un des cultes reconnus par l'État.**

### Commentaire.

§ 1er. On a soulevé la question de savoir si ces mots « dans toute la France » n'avaient pas pour effet d'annuler les prescriptions des statuts des congrégations enseignantes, limitant leur action à un certain nombre de départements. La question, prise à ce point de vue général, ne paraît pas douteuse dans le sens négatif : la loi ne peut apporter aucun changement à cet égard quant aux effets civils. Mais rien ne semble s'opposer à ce que les membres de ces congrégations religieuses puissent enseigner dans toute la France lorsqu'il s'agit de diriger une école libre. Il n'en saurait être de même lorsqu'il est question d'une école publique. Dans ce cas, l'autorisation du gouvernement est nécessaire. C'est en ce sens que la question a été déjà résolue par le conseil supérieur.

Le brevet de capacité est obtenu à la suite d'un examen qui porte, aux termes de l'article 46, sur les matières comprises dans la première partie de l'article 23. Il faut être âgé de dix-huit ans pour être admis à subir cet examen [voyez l'art. 46].

« Le ministre de l'instruction publique pourra, après avoir pris l'avis du conseil supérieur, déclarer équivalents aux brevets ou diplômes nationaux exigés par la loi, tous brevets et grades obtenus par l'étranger des autorités scolaires de son pays. (Décret du 5 décembre 1850, art. 3.)

« Pourront être également accordées par le ministre, en conseil supérieur, des dispenses de brevets et de grades aux étrangers qui se seraient fait connaître par des ouvrages dont le mérite aura été reconnu par le conseil de l'instruction publique. (Art. 4.) »

L'instruction ministérielle, adressée aux recteurs le 24 décembre 1850, porte quelques exceptions temporaires aux prescriptions du présent article 25. Elle autorise les communes de petite population, dépourvues d'écoles libres, à prendre pour instituteurs, soit des personnes charitables disposées à se charger de cet enseignement, soit des candidats non brevetés ou n'ayant pas l'âge légal [voyez p. 99].

Un décret du 1er octobre 1850 porte que les élèves des écoles normales primaires et des maisons de noviciat régulièrement autorisées, qui justifieront d'un engagement contracté antérieurement au 15 mars 1850, et n'auraient pas encore atteint leur vingt-et-unième année, pourront être nommés provisoirement instituteurs communaux [voyez p. 92].

Dans plusieurs départements, des instituteurs ambulants vont successivement donner l'enseignement dans les communes dépourvues d'écoles. Ces instituteurs doivent, ce nous semble, être soumis aux obligations de l'article 25 et être autorisés par le recteur. C'est en ce sens qu'une décision a été rendue par le conseil de l'instruction publique sous l'ancienne législation.

Les étrangers sont soumis, en dehors des conditions ci-dessus, à des obligations spéciales fixées par décret du 5 décembre 1850, et mentionnées à l'article 78 de la présente loi.

§ 2. Aux termes de l'article 47, le certificat de stage suppléant le brevet de capacité est délivré par le conseil académique, qui est libre de l'accorder ou de le refuser. Conformément au même article, ce stage doit être de trois années passées à enseigner les matières comprises dans la première partie de l'article 23 dans une école publique ou libre autorisée à recevoir des stagiaires.

Les écoles stagiaires étant une création nouvelle de la loi, il en résulte que, le stage étant obligatoire dans une de ces écoles, le conseil académique n'aura le pouvoir d'accorder des certificats de stage qu'en septembre 1853. Telle est, du reste, la jurisprudence de l'administration, et il ne peut y avoir équivoque à cet égard. En vain prétendrait-on qu'aux termes du paragraphe 3 de l'article 83, le temps passé par les professeurs dans des établissements d'instruction primaire, antérieurement à la loi, doit leur compter pour l'accomplissement de ce stage. Nous répondrions qu'il ne s'agit dans ce paragraphe que du stage ou exercice dont il est parlé aux articles 53 et 60, et non du stage spécial suppléant le brevet de capacité [voyez l'art. 83].

Un décret du 31 mars 1851 énumère les écoles spéciales dont les certificats seront admis en remplacement du brevet de capacité :

« Les certificats d'admission dans les écoles spéciales, qui suppléent aux brevets de capacité pour l'enseignement primaire, ne peuvent être délivrés, quant à présent, que par les chefs ou directeurs des établissements ci-après désignés, savoir : — l'école normale supérieure, — l'école polytechnique, — l'école militaire de Saint-Cyr, — l'école forestière, — l'école de la marine, — l'école des mineurs de Saint-Etienne et d'Alais, — l'école des Chartes. (Décret du 31 mars 1851, art. 1er.)

« Les certificats d'admission, signés par les chefs d'établissements, indiqueront la date de l'entrée et de la sortie de l'élève, qui devra signer également. — Les signatures seront légalisées par le maire. (Art. 2.) »

Les cultes reconnus par l'Etat sont les cultes catholique, protestant et israélite.

## Article 26.

Sont incapables de tenir une école publique ou libre, ou d'y être employés, les individus qui ont subi une condamnation pour crime, ou pour un délit contraire à la probité ou aux mœurs, les individus privés par jugement de tout ou partie des droits mentionnés en l'article 42 du Code pénal, et ceux qui ont été interdits en vertu des articles 30 et 33 de la présente loi.

### Commentaire.

L'article 42 du Code pénal est ainsi conçu :

« Les tribunaux jugeant correctionnellement pourront, dans certains cas, interdire en tout ou en partie l'exercice des droits civiques, civils et de famille suivants : 1° de vote et d'élection ; 2° d'éligibilité ; 3° d'être appelé ou nommé aux fonctions de juré ou autres fonctions publiques, ou aux emplois de l'administration, ou d'exercer ces fonctions ou emplois ; 4° du port d'armes ; 5° de vote et de suffrage dans les délibérations de famille ; 6° d'être tuteur, curateur, si ce n'est de ses enfants, et sur l'avis seulement de la famille ; 7° d'être expert ou employé comme témoin dans les actes ; 8° de témoignage en justice, autrement que pour y faire de simples déclarations. »

Peuvent être interdits en vertu de l'article 30, les instituteurs libres convaincus de faute grave dans l'exercice de leurs fonctions, d'inconduite ou d'immoralité, et, en vertu de l'article 33, les instituteurs communaux coupables des mêmes fautes.

Lors de la discussion, M. Valette a demandé si l'intention de la commission était qu'un homme qui sera privé du droit de port d'armes, par exemple parce qu'il aura commis un délit de chasse, fût incapable d'enseigner. « L'article dit : « Ceux qui auront été privés de tout ou partie des droits énumérés dans l'article 42. » Il est bien évident que l'individu dont je parle tomberait sous l'application de cet article. Je demande quelle est, à cet égard, l'intention de la commission ; il me semble que la rédaction va plus loin que la pensée. »

M. Baze a répondu : « C'est avec réflexion que la commission a placé dans la catégorie des incapacités qui privent du droit d'enseigner, celle qui résulterait de l'interdiction de tout ou partie des droits mentionnés dans l'article 42 du Code pénal. Ces droits sont le droit de vote et d'éligibilité; il n'est pas possible qu'on accorde le droit d'enseigner à un homme qui est privé du droit de vote et d'éligibilité. Les autres droits qui sont mentionnés ne provoquent pas de la part de l'honorable orateur des observations bien vives, si ce n'est la privation du droit de port d'armes; mais on prive du droit de port d'armes, non pas ceux qui ont été condamnés pour délits de chasse, mais, par exemple, ceux qui ont été condamnés pour avoir détourné des armes de guerre, ceux qui ont été condamnés pour délits de vagabondage, qui sont des délits de la plus grande importance. » M. Valette n'a pas insisté.

Pour s'assurer des antécédents des individus qui se proposent d'ouvrir une école ou d'y être employés, une instruction ministérielle du 5 mars 1851 prescrit l'établissement de bulletins constatant les condamnations des membres du corps enseignant, en matière disciplinaire.

Des individus ayant subi une condamnation judiciaire ont pu obtenir leur grâce, être réhabilités ou avoir profité d'une amnistie. Dans ces divers cas, quelle est leur position relativement aux prescriptions de la loi du 15 mars? M. A. Rendu a résolu ces questions dans les termes suivants, dans son *Code universitaire* : « Des différentes décisions qui sont intervenues, il résulte que la grâce anéantit la peine, mais laisse subsister la condamnation et les incapacités qui en sont la suite; que la réhabilitation fait cesser les incapacités générales, mais non l'incapacité spéciale résultant de la loi de 1833; que l'amnistie porte avec elle l'abolition non-seulement de la procédure, du jugement, de la peine, mais encore des délits mêmes, de telle sorte que ces délits sont réputés n'avoir jamais été commis, et que toutes les incapacités provenant de la condamnation sont effacées. (Arrêt de la cour de cassation du 11 juin 1835; lettre du garde des sceaux du 16 avril 1835; plusieurs avis du conseil royal.) »

## SECTION II. — DES CONDITIONS SPÉCIALES AUX INSTITUTEURS LIBRES.

### Article 27.

§ 1. Tout instituteur qui veut ouvrir une école libre doit préalablement déclarer son intention au maire de la commune où il veut s'établir, lui désigner le local, et lui donner l'indication des lieux où il a résidé et des professions qu'il a exercées pendant les dix années précédentes.

2. Cette déclaration doit être, en outre, adressée par le postulant au recteur de l'académie, au procureur de la république et au sous-préfet.

3. Elle demeurera affichée, par les soins du maire, à la porte de la mairie pendant un mois.

### Commentaire.

§ 1er. « Il est ouvert dans chaque mairie un registre spécial destiné à recevoir les déclarations des instituteurs qui veulent établir des écoles libres, conformément à l'article 27 de la loi organique du 15 mars 1850. — Indépendamment des indications exigées par cet article, chaque déclaration doit être accompagnée : — 1° de l'acte de naissance de l'instituteur ; — 2° de son brevet de capacité ou du titre reconnu équivalent au brevet de capacité par le deuxième paragraphe de l'article 25. — Cette déclaration est signée sur le registre par l'instituteur et par le maire. — Une copie en est immédiatement affichée à la porte de la mairie et y demeure pendant un mois.» (Décret du 7 octobre 1850, art. 1er.)

« L'article 1er [du décret du 7 octobre 1850] porte qu'il doit être ouvert dans chaque mairie un registre spécial destiné à recevoir les déclarations des instituteurs qui veulent établir des écoles libres, conformément à l'article 27 de la loi organique, et l'article du décret impose à MM. les maires l'obligation de délivrer, en triple expédition aux postulants, une copie de leur déclaration, en inscrivant au bas de ces copies leurs observations sur le local choisi par l'instituteur. Il importe que ce registre soit tenu avec beaucoup d'ordre et de régularité. Il est destiné à donner une date certaine à une déclaration d'ouverture d'école contre laquelle, à la fin du mois, aucune opposition n'est plus possible. Il permettra, en outre, de vérifier l'exactitude des déclarations des instituteurs, qui, aux termes de la loi, doivent indiquer les lieux où ils ont résidé depuis dix ans. » (Instruction du 24 décembre 1850 aux préfets.)

« Aux termes de l'article 25 de la loi du 15 mars 1850, tout Français âgé de vingt-un ans accomplis peut exercer, dans toute la France, la profession d'instituteur primaire, s'il est muni d'un brevet de capacité, ou d'un certificat de stage, ou d'un certificat constatant qu'il a été admis dans une des écoles spéciales de l'Etat, ou, enfin, du titre de ministre, non interdit ou révoqué, de l'un des cultes reconnus par l'État. Avant d'ouvrir une école libre, l'instituteur, muni de l'un des titres ci-dessus mentionnés, doit, aux termes de l'article 27, déclarer préalablement son intention au maire de la commune où il veut s'établir, lui désigner le local, et lui donner l'indication des lieux où il a résidé et des professions qu'il a exercées pendant les dix années précédentes. » (Instruction du 31 août 1850 aux recteurs.)

« Nul ne devra être dispensé de l'accomplissement des formalités prescrites : ni l'instituteur libre qui, déjà en fonction, veut s'établir dans un autre local, et ouvrir par conséquent une autre école; ni l'instituteur communal qui renonce pour une cause quelconque à ses fonctions, et qui veut ouvrir une école libre, soit dans la même commune, soit ailleurs. Toutes les fois, en un mot, qu'il y aura ouverture d'une nouvelle école, il devra y avoir une déclaration de l'instituteur, suivie d'un sérieux examen.

« Il en sera de même chaque fois qu'un instituteur appartenant à une congrégation religieuse enseignante succédera à un frère du même ordre, dans la même école. L'établissement, en changeant de directeur, doit être considéré comme un établissement nouveau. » (Instruction du 24 décembre 1850 aux recteurs.)

Les termes de cette instruction ministérielle semblent au comité de l'enseignement libre trop absolus et fort difficiles à suivre dans la pratique, en ce qui concerne les écoles libres tenues par des membres d'associations religieuses reconnues. « Dans ce cas, c'est l'association qui ouvre école, c'est elle qui dispose de ses membres, c'est elle qui répond de leur moralité. On s'est placé à ce point de vue à l'égard des écoles communales. Les membres de cette association n'étant d'ailleurs presque jamais moins de deux ou trois, le service n'est pas interrompu par la mutation des sujets. » (Commentaire du Comité de l'enseignement libre.)

Il suffit que le postulant donne l'indication des lieux où il a résidé et des professions qu'il a exercées. Il n'est pas tenu de produire des certificats attestant la véracité des faits déclarés. Une décision ministérielle a déjà été prise en ce sens le 21 septembre 1850.

§ 2. « Dans les trois jours qui suivent cette déclaration, le maire adresse au recteur les pièces jointes à ladite déclaration et le certificat d'affiche.—Dans le même délai, le maire, après avoir visité ou fait visiter le local destiné à l'école, est tenu de délivrer gratuitement à l'instituteur, en triple expédition, une copie légalisée de sa déclaration. — S'il refuse d'approuver le local, il doit faire mention de cette opposition et des motifs sur lesquels elle est fondée, au bas des copies légalisées qu'il délivre à l'instituteur. — Une de ces copies est remise par l'instituteur au procureur de la république, et une autre au sous-préfet, lesquels en délivrent récépissé. La troisième copie est remise au recteur de l'académie par l'instituteur, avec les récépissés du procureur de la république ou du sous-préfet. » (Décret du 7 octobre 1850, art. 2.)

« Par son article 27, la loi exige non-seulement qu'une déclaration soit faite au maire, mais encore que la même déclaration soit adressée, par les postulants, au recteur de l'académie, au procureur de la république et au sous-préfet. Il importe donc que le recteur, qui seul peut faire opposition, soit d'office, soit sur la plainte du procureur de la république ou du sous-préfet, soit assuré que ces magistrats ont reçu comme lui, non-seulement la déclaration de l'instituteur, mais encore la même déclaration. D'un autre côté, il est important aussi que le recteur soit assuré que la déclaration affichée à la mairie est conforme à celle qu'il a reçue ; il est enfin indispensable qu'il sache immédiatement si le maire désapprouve le local ; car, dans ce cas, il doit saisir de la question le conseil académique assez promptement pour que ce conseil, après avoir pris, s'il y a lieu, toutes les informations convenables, puisse se prononcer avant l'expiration du mois, terme passé lequel l'école peut être ouverte sans autre formalité. Pour arriver à constater tous ces faits et à prévenir ainsi toute fraude, une correspondance aurait dû s'engager entre le recteur, le procureur de la république, le sous-préfet et le maire, à chaque déclaration d'ouverture d'école libre. Les articles 1, 2 et 3 du décret du 7 octobre 1850 [p. 79, 80, 81] ont pour but de simplifier cette correspondance et d'assurer au recteur de l'académie les moyens d'user du droit que la loi lui a conféré. » (Instruction du 24 décembre 1850 aux recteurs.)

« Plus la loi a donné de liberté, plus il y a lieu de veiller rigoureusement à l'exacte observation des conditions qu'elle impose à l'exercice de cette liberté même. C'est ainsi qu'il importe essentiellement à la morale publique que, par aucune négligence ni par aucun subterfuge, vous ne soyez privé de l'un des éléments de conviction nécessaires au libre exercice de votre droit d'opposition. Avant de laisser périmer ce droit, vous devez savoir si le procureur de la république, le sous-préfet et le maire ont bien réellement reçu de l'instituteur une déclaration semblable à celle qui vous a été adressée ; si les mêmes pièces leur ont été produites, si les mêmes antécédents leur ont été révélés. Vous pourriez, sans doute, acquérir à ce sujet toute certitude, en écrivant à ces fonctionnaires, et vous vous empresserez de provoquer leur avis chaque fois que vous le croirez nécessaire ; mais une absence de l'un d'eux, ou un oubli, entraînant quelques jours de retard, pourraient compromettre l'exercice de votre droit, et créer, au profit d'un instituteur indigne par ses antécédents, un titre qui ne pourrait plus être invalidé que par un jugement du conseil académique et pour des faits postérieurs à l'ouverture de l'école. Pour prévenir ces inconvénients, vous devez exiger de tout instituteur, à la suite de la déclaration prescrite par l'article 25 de la loi, le récépissé, au bas des doubles, des déclarations semblables qu'il a dû faire au maire, au procureur de la république et au sous-préfet. Vous serez ainsi assuré que, si ces fonctionnaires s'abstiennent de toute réclamation, ce n'est pas faute d'avoir été prévenus. » (Instruction du 31 août 1850 aux recteurs.)

§ 3. « A l'expiration du délai fixé par le dernier paragraphe de l'article 27 de la loi organique, le maire transmet au recteur les observations auxquelles la déclaration affichée peut avoir donné lieu, ou l'informe qu'il n'en a pas été reçu à la mairie. » (Décret du 7 octobre 1850, art. 3.)

« On m'a fait observer que l'article 3 du décret du 7 octobre n'oblige le maire à faire connaître au recteur s'il a reçu des observations par suite de la déclaration affichée, qu'à l'expiration du délai fixé par l'article 27 de la loi organique, c'est-à-dire à l'expiration du mois, et qu'il pourra arriver que le recteur n'ait plus le temps de former opposition. Cette interprétation serait erronée; par ces mots « à l'expiration du délai », le décret n'a pas entendu dire « lorsque le délai sera expiré », mais seulement « lorsqu'il approchera de sa fin. » Vous voudrez donc bien inviter MM. les maires à ne pas attendre au dernier jour pour vous faire cette communication. Mais comme il s'agit ici d'un intérêt moral à la conservation duquel vous êtes plus spécialement préposé, vous n'attendrez pas vous-même au dernier moment pour vous enquérir de l'état des choses, et vous aurez soin, soit directement, soit par l'intermédiaire de M. l'inspecteur, de provoquer quelques jours d'avance la communication qui doit vous être faite par le maire. » (Instruction du 24 décembre 1850 aux recteurs.)

## Article 28.

§ 1. Le recteur, soit d'office, soit sur la plainte du procureur de la république ou du sous-préfet, peut former opposition à l'ouverture de l'école, dans l'intérêt des mœurs publiques, dans le mois qui suit la déclaration à lui faite.

2. Cette opposition est jugée dans un bref délai, contradictoirement et sans recours, par le conseil académique.

3. Si le maire refuse d'approuver le local, il est statué à cet égard par ce conseil.

4. A défaut d'opposition, l'école peut être ouverte à l'expiration du mois, sans autre formalité.

## Commentaire.

§ 1er. L'opposition ne peut avoir lieu que dans l'*intérêt des mœurs publiques*. Ce mot comprend seulement l'immoralité connue de la vie ou des doctrines. Le recteur outrepasserait ses pouvoirs s'il s'opposait à l'ouverture de l'école pour d'autres motifs.

« A l'expiration du délai fixé par le dernier paragraphe de l'article 27 de la loi organique, le maire transmet au recteur les observations auxquelles la déclaration affichée peut avoir donné lieu, ou l'informe qu'il n'en a pas été reçu à la mairie. (Décret du 7 octobre 1850, art. 3.)

« Si le recteur croit devoir faire opposition à l'ouverture de l'école, par application de l'article 28 de la loi organique, il signifie son opposition à la partie par un arrêté motivé. — Trois jours au moins avant la séance fixée pour le jugement de l'opposition, la partie est citée à comparaître devant le conseil académique. — Cette opposition est jugée par le conseil académique, suivant les formes prescrites au chapitre II du règlement d'administration publique du 29 juillet 1850 [art. 24 à 27, p. 35]. — Copie de la décision du conseil académique est transmise par le recteur au maire de la commune, qui fait transcrire cette décision en marge de la déclaration de l'instituteur sur le registre spécial. (Art. 4.) »

« Quant au délai que la loi fixe pour l'opposition du recteur, il ne court que du jour où ce fonctionnaire a reçu la déclaration. L'article 28 ne laisse aucun doute à cet égard, puisqu'il porte que le recteur peut former opposition dans le mois qui suit la déclaration à lui faite; mais on m'a fait observer que l'article 3 du décret du 7 octobre n'oblige le maire à faire connaître au recteur s'il a reçu des observations par suite de la déclaration affichée, qu'à l'expiration du délai fixé par l'article 27 de la loi organique, c'est-à-dire à l'expiration du mois, et qu'il pourra arriver que le recteur n'ait plus le temps de former opposition. Cette interprétation serait erronée; par ces mots « à l'expiration du délai », le décret n'a pas entendu dire « lorsque le délai sera expiré », mais seulement « lorsqu'il approchera de sa fin. » Vous voudrez donc bien inviter MM. les maires à ne pas attendre au dernier jour pour vous faire cette communication. Mais, comme il s'agit ici d'un intérêt moral à la conservation duquel vous êtes plus spécialement préposé, vous n'attendrez pas vous-même au dernier moment pour vous enquérir de l'état des choses, et vous aurez soin, soit directement, soit par l'intermédiaire de M. l'inspecteur, de provoquer quelques jours d'avance la communication qui doit vous être faite par le maire.

« Je vous recommande au surplus, monsieur le recteur, d'user avec beaucoup de fermeté de votre droit d'opposition. L'instruction primaire ne doit pas être le refuge des hommes qui ont échoué dans les autres carrières, et qui, par conséquent, n'apporteraient dans l'accomplissement de leurs obligations nouvelles ni l'amour du bien public, ni le sentiment profond du devoir. Toutes les fois donc que vous recevrez la déclaration, soit d'un ancien instituteur, soit d'un candidat qui aura été jusque-là étranger à l'enseignement primaire, vous aurez soin de prendre les plus amples informations sur ses antécédents, et si le délai devait expirer avant que les doutes sérieux que vous auriez conçus eussent pu être complétement éclaircis, vous formeriez opposition. Le conseil académique, qui jugera cette opposition, s'efforcera d'arriver alors, plus sûrement que vous n'auriez pu le faire dans le mois, à la constatation des faits. Ne craignez pas outre mesure, dans des situations analogues, le jugement du conseil académique, et ne considérez pas la levée de votre opposition, si elle devait dans certains cas avoir lieu, comme un échec destiné à troubler la bonne harmonie que vous devez vous efforcer de maintenir entre le conseil académique et vous. Votre opposition est un acte conservatoire des intérêts moraux et religieux de la société, et votre conscience devrait être beaucoup plus troublée si, par négligence ou timidité, vous exposiez l'enfance à être pervertie par de mauvais préceptes ou de mauvais exemples, que si, par votre opposition, vous aviez provisoirement suspendu l'ouverture d'une école qui, en définitive, ne serait pas jugée de nature à inspirer des inquiétudes sérieuses. » (Instruction du 24 décembre 1850 aux recteurs.)

« Le droit concédé au recteur par l'article 28, de faire opposition à l'ouverture de l'école, dans l'intérêt des mœurs publiques, est un moyen de suppléer au certificat de moralité exigé par les lois antérieures. On a reconnu que ce certificat délivré par les maires, auxquels on adjoignit plus tard quelques conseillers municipaux, était, en fait de moralité, une garantie de nulle valeur. Chacun sera donc présumé moral jusqu'à ce que le contraire soit prouvé. C'est encore une garantie bien faible; mais c'était la seule que pouvait donner la loi, dans l'état actuel de nos institutions publiques. » (Mgr Parisis, Instruction aux curés de son diocèse.)

« Le procureur de la république n'a pas le droit de poursuite sur l'opposition ; il ne peut que former sa plainte; là s'arrête son action. » (Recueil des lois, de Sirey.)

La même observation s'applique aussi au sous-préfet, qui ne peut que former sa plainte.

§ 2. *Contradictoirement :* le postulant devra être entendu par le conseil, ou dûment appelé. *Sans recours :* si l'opposition est accueillie, l'école ne pourra être ouverte, et le postulant ne pourra appeler de cette décision.

« Cette décision d'un conseil académique est-elle valable hors du département, et oblige-t-elle tout autre conseil académique d'opposer au postulant le même refus? Nous ne le croyons pas. Chaque conseil académique, étant juge souverain en cette matière, ne peut être lié par la décision d'autrui. Les membres qui croiront, en conscience, que l'ouverture de l'école n'est pas dangereuse pour les mœurs publiques, devront, en conscience, repousser l'opposition. » (M. Barrau, Commentaire de la loi.)

§ 3. Si le maire refuse d'approuver le local, parce que ce local n'est pas convenable, soit sous le rapport de la salubrité, soit sous tout autre rapport, le conseil académique statue sur ses observations et peut mettre pour condition à l'ouverture de l'école le choix d'un autre local mieux approprié à sa destination.

§ 4. Il faut observer que le délai d'un mois ne court que du jour où le postulant a rempli toutes les formalités et produit toutes les pièces prescrites par la loi. Le manque d'une seule pièce ou d'un récépissé empêche le délai de courir.

† Les instituteurs adjoints des écoles libres ne sont soumis à aucune condition d'âge ou d'aptitude. Aux termes de l'article 26, ils ne doivent être atteints d'aucun des cas d'incapacité mentionnés audit article.

Les étrangers qui veulent être instituteurs libres ou instituteurs adjoints sont soumis à des obligations particulières mentionnées à l'article 78 et réglées par un décret du 5 décembre 1850 [voyez l'art. 78].

## Article 29.

§ 1. Quiconque aura ouvert ou dirigé une école en contravention aux articles 25, 26 et 27, ou avant l'expiration du délai fixé par le dernier paragraphe de l'article 28, sera poursuivi devant le tribunal correctionnel du lieu du délit, et condamné à une amende de cinquante francs à cinq cents francs.

2. L'école sera fermée.

3. En cas de récidive, le délinquant sera condamné à un emprisonnement de six jours à un mois, et à une amende de cent francs à mille francs.

4. La même peine de six jours à un mois d'emprisonnement et de cent francs à mille francs d'amende sera prononcée contre celui qui, dans le cas d'opposition formée à l'ouverture de son école, l'aura néanmoins ouverte avant qu'il ait été statué sur cette opposition, ou bien au mépris de la décision du conseil académique qui aurait accueilli l'opposition.

5. Ne seront pas considérées comme tenant école, les personnes qui, dans un but purement charitable, et sans exercer la profession d'instituteur, enseigneront à lire et à écrire aux enfants, avec l'autorisation du délégué cantonal.

6. Néanmoins, cette autorisation pourra être retirée par le conseil académique.

### Commentaire.

« L'article 29 de la loi du 15 mars 1850, établit les peines qui doivent être infligées à quiconque aura ouvert, en contravention aux dispositions de la loi, un établissement d'instruction primaire. Ces peines sont, pour première contravention aux articles 25, 26 et 27 de la loi, une amende de 50 fr. à 500 fr. En cas de récidive, l'amende peut être élevée de 100 fr. à 1,000 fr., et le délinquant peut être condamne à un emprisonnement de six jours à un mois. Les tribunaux, ayant égard aux circonstances atténuantes, peuvent, en vertu de l'article 80, abaisser l'amende ou la durée de l'emprisonnement par application de l'article 463 du code pénal. Dans tous les cas, et quelle que soit la quotité de l'amende ou la durée de l'emprisonnement, fixées par le tribunal correctionnel, l'école, aux termes des articles 29 et 66 de la loi du 15 mars, doit être fermée. » (Instruction du 4 février 1851 aux recteurs.)

« Les dispositions pénales de cet article seraient-elles applicables à l'instituteur communal qui aurait été suspendu ou révoqué en vertu de l'article 33? L'affirmative nous paraît résulter de la combinaison de ces deux articles 29 et 33 avec l'article 26, qui détermine les incapacités pour l'exercice de la profession d'instituteur public ou libre, et dont la sanction pénale se trouve dans ce même article 29. Mais que faut-il décider à l'égard des instituteurs communaux suspendus ou révoqués par les préfets en vertu de l'article 5 de la loi précédente du 11 janvier 1850, et qui auraient depuis ouvert une école privée ou libre? La Cour de cassation a récemment décidé, par un arrêt du 6 avril 1850, que cette loi du 11 janvier manquait de sanction pénale, et qu'on ne pouvait appliquer à l'instituteur qui se trouve ainsi en état d'infraction, ni les peines édictées par l'article 6 de la loi du 28 juin 1833, ni même les peines de police de l'article 471, nº 15, Code pénal. » (Recueil des lois, de Sirey.)

§ 1er. Aux termes d'un arrêt de la Cour de cassation du 1er juin 1827, « on ouvre ou dirige une école toutes les fois que l'on réunit dans le même local, pour les instruire, des enfants qui n'appartiennent pas à la même famille »; ajoutons : « surtout lorsque les enfants payent une rétribution quelconque. » Le paragraphe 5 du présent article dispense toutefois des conditions prescrites par la loi les personnes qui, en enseignant à lire et à écrire, exercent, non pas une profession, mais un simple acte de charité.

L'article 25 est relatif aux conditions d'âge et à l'exigence d'un brevet de capacité, l'article 26 aux cas d'incapacité, et l'article 27 aux formalités à remplir. Le délai fixé par le dernier paragraphe de l'article 28 pour l'ouverture de l'école est d'un mois.

Remarquons que la loi du 15 mars n'interdit pas aux instituteurs condamnés pour inobservation des conditions prescrites d'ouvrir ensuite une école, en remplissant ces formalités.

Aux termes de l'article 80, l'amende peut être diminuée en cas de circonstances atténuantes.

§ 2. « Déjà quelques tribunaux ont eu à faire l'application de la loi du 15 mars 1850, et, en prononçant la condamnation à l'amende encourue par les délinquants, ils se sont abstenus d'ordonner, par le même jugement, la fermeture des écoles indûment ouvertes. On a pensé, dans quelques localités, que ces jugements contenaient une lacune, et on m'a demandé s'il y a lieu, soit d'en appeler, soit de faire fermer l'école par mesure administrative. C'est ce dernier parti qu'il faut prendre, c'est le seul que l'on puisse adopter. Les tribunaux ne doivent pas nécessairement ordonner la fermeture des écoles indûment ouvertes. Cette mesure de police n'est pas laissée à leur appréciation; elle est formellement prescrite par la loi. Ainsi donc, lorsqu'une contravention a été constatée et réprimée par un jugement du tribunal, quelque indulgent qu'il se soit montré dans l'application de la peine, le jugement doit être suivi de la fermeture de l'école, par mesure administrative, c'est-à-dire sous l'autorité de M. le préfet, par les soins du maire de la commune ou du commissaire de police.

« C'est également par mesure administrative que le maire d'une commune, soit d'office, soit sur votre plainte ou sur celle de M. l'inspecteur de l'instruction primaire, doit faire fermer toute école qui aurait été ouverte en contravention aux dispositions de l'article 27 de la loi. Cette mesure administrative est complétement indépendante de l'action judiciaire. La première met un terme à une contravention, et la seconde punit celui qui l'a commise. » (Instruction du 4 février 1851 aux recteurs.)

« Lorsque, par application des articles 29, 30 et 53 de la loi organique, un pensionnat primaire se trouve dans le cas d'être fermé, le recteur et le procureur de la république doivent se concerter pour que les parents ou tuteurs des élèves soient avertis, et pour que les élèves pensionnaires, dont les parents ne résident pas dans la localité, soient recueillis dans une maison convenable. — S'il se présente une personne digne de confiance qui offre de se charger des élèves pensionnaires ou externes, le recteur peut l'y autoriser provisoirement. — Cette autorisation n'est valable que pour trois mois au plus. » (Décret du 7 octobre 1850, art. 6.)

§ 3. En cas de récidive, les circonstances atténuantes peuvent faire abaisser l'amende ou la durée de l'emprisonnement, conformément à l'article 80.

§ 4. Les peines fixées par la loi deviennent plus élevées lorsque le postulant a ouvert l'école malgré la décision contraire du conseil académique. Cependant le cas des circonstances atténuantes est encore admissible conformément à l'article 80.

§ 5. Lors de la discussion, M. Wallon a demandé si, par ces mots « dans un but purement charitable », on devait entendre la gratuité, non pas seulement de la part des enfants qui reçoivent l'instruction, mais aussi des personnes qui la donnent. M. Baze a répondu : « Il est évident que ces expressions « qui, dans un but purement charitable et sans exercer la profession d'instituteur, enseigneront à lire et à écrire aux enfants », indiquent bien clairement la gratuité absolue; car si la gratuité n'était pas absolue, on exercerait la profession d'instituteur. Quand on reçoit un salaire, on exerce une profession, et, quand on exerce une profession moyennant salaire, on n'exerce pas dans un but purement charitable. » Le ministre de l'instruction publique a ajouté : « C'est la gratuité sous tous les rapports. »

Voici, du reste, les termes dont s'est servi M. Baze, au nom de la commission, sur le sens de ce paragraphe : « La loi doit être exécutée, mais avec discernement et en respectant le bien, partout où il se fait, et les coutumes que l'esprit de charité a établies. Il s'agit de garantir l'instruction primaire contre toute corruption possible, contre tout danger réel, et non de faire sentir jusque dans les hameaux la main d'une autorité exclusive et jalouse. Ainsi, liberté aux personnes charitables d'enseigner gratuitement à lire et à écrire et de faire le catéchisme aux enfants; liberté pour les curés et les vicaires de remplir ce pieux devoir; liberté aussi, et encouragements s'il se peut, à ces pauvres sous-maîtres dont parlait naguère avec un si touchant intérêt le conseil général du Jura, qui, « fixés pendant les mois d'hiver à la glèbe ingrate de l'instruction, dans l'intérêt des plus misérables habitants des montagnes, vont offrir leurs bras pendant l'été aux travaux de la terre, et payent eux-mêmes et entretiennent, par leurs faibles économies comme laboureurs et faucheurs, leur dévouement pendant la mauvaise saison. » Nous ne voulons rien de plus que la répression de la fraude et de la cupidité. »

« La loi dispense des conditions et formalités énumérées dans les articles précédents toutes les personnes qui, enseignant à lire et écrire, exercent non pas une profession, mais un acte pur de charité. Comment faire cette distinction? Elle résultera des circonstances, aucun signe spécifique et caractéristique ne permettant de l'établir d'une manière bien positive. La gratuité sera toujours un élément important d'appréciation, ainsi que le caractère et la position de la personne charitable. La gratuité ne sera cependant pas un élément indispensable. On comprend qu'un homme de bien, en instruisant les enfants pour une rétribution minime, fasse un acte de charité. On comprend encore une école faite par charité dans une maison d'orphelins où cependant la pension ne serait pas entièrement gratuite, etc. » (Commentaire du Comité de l'enseignement libre.)

## Article 30.

§ 1. Tout instituteur libre, sur la plainte du recteur ou du procureur de la république, pourra être traduit, pour cause de faute grave dans l'exercice de ses fonctions, d'inconduite ou d'immoralité, devant le conseil académique du département, et être censuré, suspendu pour un temps qui ne pourra excéder six mois, ou interdit de l'exercice de sa profession dans la commune où il exerce.

2. Le conseil académique peut même le frapper d'une interdiction absolue. Il y aura lieu à appel devant le conseil supérieur de l'instruction publique.

3. Cet appel devra être interjeté dans le délai de dix jours à compter de la notification de la décision, et ne sera pas suspensif.

## Commentaire.

§ 1er. Dans quel sens doit être entendu le mot *immoralité*? D'après un arrêt de la cour de cassation, en date du 7 avril 1851, les faits d'immoralité, qui doivent motiver des poursuites contre un instituteur, peuvent se manifester non-seulement par des actions ou des paroles, mais encore par des gestes, des gravures ou des écrits, et résulter, notamment, d'articles de journaux renfermant, de la part de l'instituteur, une atteinte à la morale publique ou religieuse et l'apologie de faits frappés de condamnation.

La condamnation de l'instituteur par le conseil académique a lieu sans préjudice des peines encourues pour crimes et délits prévus par le Code pénal.

« Lorsqu'un instituteur libre a été suspendu de l'exercice de ses fonctions, il peut être admis par le conseil académique à présenter un suppléant pour la direction de son école. » (Décret du 7 octobre 1850, art. 5.)

« L'article 5 [du décret du 7 octobre 1850] a pour but de rendre possible la peine de la suspension qu'aux termes de l'article 30 de la loi organique le conseil académique peut prononcer contre un instituteur libre. L'expérience a prouvé que cette peine, qui, d'après la loi de 1833, pouvait être infligée aux instituteurs communaux, était difficilement, et, par conséquent, peu souvent appliquée, parce qu'elle était rarement proportionnée au délit qu'il s'agissait de punir. Quel était, en effet, le résultat immédiat de cette peine? La fermeture d'une école pendant un certain temps, et, par conséquent, un dommage réel pour les familles. Si la suspension était prononcée sans privation de traitement, l'instituteur n'éprouvait aucune perte, et la peine qu'il subissait se réduisait, en définitive, à quelques jours de repos; si elle était accompagnée de la privation de traitement, elle avait pour l'instituteur, déjà très-faiblement rétribué, des conséquences douloureuses, puisqu'elle l'atteignait dans ses moyens d'existence. Dans tous les cas, l'instituteur suspendu ne rentrait jamais dans l'exercice de ses fonctions sans avoir perdu presque toute considération. Il est résulté de cet état de choses, et des conséquences fâcheuses que je viens de signaler, que souvent l'impunité a été assurée à des instituteurs dont la négligence ou la mauvaise conduite auraient dû être réprimées, et que d'autres fois la peine de la révocation a été prononcée là où la suspension, mieux proportionnée à la faute, eût dû paraître suffisante. En autorisant le conseil académique à admettre l'instituteur libre suspendu de ses fonctions à présenter un suppléant pour la direction de son école, l'article 5 du décret [du 7 octobre] prévient une partie des inconvénients que je viens de rappeler : il oblige l'instituteur suspendu à se procurer un suppléant à ses frais, et lui donne en même temps le délai nécessaire pour trouver un remplaçant définitif, s'il ne reprend pas la direction de son école; elle lui laisse, dans tous les cas, le temps de se créer ailleurs de nouvelles ressources. Mais il est bien entendu que le conseil académique est seul juge de l'opportunité d'une semblable mesure, et qu'il devra, toutes les fois qu'il aura à sévir contre un instituteur libre, déclarer si l'instituteur suspendu devra fermer son école pendant la durée de sa peine, ou s'il sera admis à présenter un suppléant. » (Instruction du 24 décembre 1850 aux recteurs.)

Si un instituteur suspendu voulait changer de localité, il ne pourrait ouvrir une nouvelle école dans une autre commune avant l'expiration du temps de sa suspension. Mais il peut faire sa déclaration et remplir les formalités pendant sa suspension.

« Lorsque, par application des articles 29, 30 et 53 de la loi organique, un pensionnat primaire se trouve dans le cas d'être fermé, le recteur et le procureur de la république doivent se concerter pour que les parents ou tuteurs des élèves soient avertis, et pour que les élèves pensionnaires dont les parents ne résident pas dans la localité soient recueillis dans une maison convenable. — S'il se présente une personne digne de confiance qui offre de se charger des élèves pensionnaires ou externes, le recteur peut l'y autoriser provisoirement. — Cette autorisation n'est valable que pour trois mois au plus. » (Décret du 7 octobre 1850, art. 6.)

§ 2. Lors de la troisième délibération, le ministre de l'instruction publique a dit : « Il me semble qu'il doit être entendu que le droit d'appel doit être réciproque et donné aussi au recteur. » Le rapporteur de la commission a répondu : « C'est ainsi que la commission l'entend. » Ce droit d'appel est donc réciproque, c'est-à-dire qu'il existe aussi bien pour le recteur par voie d'appel *a minima*, que pour l'inculpé.

§ 3. L'appel formé, soit par l'inculpé, soit par le recteur, ne sera pas suspensif. Ainsi, s'il y a appel de la part du recteur, parce que l'instituteur n'a pas été interdit par le conseil académique, l'inculpé continuera d'exercer jusqu'à décision du conseil supérieur. Si au contraire l'appel est formé par l'instituteur interdit, il ne pourra reprendre la direction de son école avant la décision du conseil supérieur.

## SECTION III. — DES INSTITUTEURS COMMUNAUX.

### Article 31.

§ 1. **Les instituteurs communaux sont nommés par le conseil municipal de chaque commune, et choisis soit sur une liste d'admissibilité et d'avancement dressée par le conseil académique du département, soit sur la présentation qui est faite par les supérieurs pour les membres des associations religieuses vouées à l'enseignement et autorisées par la loi ou reconnues comme établissements d'utilité publique.**

2. **Les consistoires jouissent du droit de présentation pour les instituteurs appartenant aux cultes non catholiques.**

3. **Si le conseil municipal avait fait un choix non conforme à la loi, ou n'en avait fait aucun, il sera pourvu à la nomination par le conseil académique, un mois après la mise en demeure adressée au maire par le recteur.**

4. **L'institution est donnée par le ministre de l'instruction publique.**

### Commentaire.

§ 1er. D'après les termes de ce paragraphe, la nomination des instituteurs communaux a lieu d'une manière différente, selon qu'ils sont laïques ou membres du clergé séculier, qu'ils sont membres d'une association religieuse reconnue, ou qu'ils appartiennent aux cultes non catholiques. Lorsqu'un conseil municipal veut avoir un instituteur laïque ou membre du clergé séculier, il le choisit sur une liste d'admissibilité et d'avancement dressée par le conseil académique. S'il veut avoir des membres d'associations religieuses, il en fait la demande au supérieur d'une congrégation enseignante reconnue, et il nomme l'instituteur sur sa présentation. S'il désire un instituteur appartenant aux cultes non catholiques, il s'adresse au consistoire de sa circonscription, qui jouit du droit de présenter un candidat.

Rappelons ici qu'un curé ou vicaire est membre du clergé séculier, et qu'un frère des écoles chrétiennes est membre d'une association religieuse reconnue. Ajoutons que les membres d'associations religieuses non reconnues peuvent, en leur qualité de Français, être instituteurs communaux, en se faisant porter sur les listes d'admissibilité, comme instituteurs laïques.

*Nomination des instituteurs communaux laïques ou membres du clergé séculier.* — « Tous les ans, à l'époque déterminée par le recteur, le conseil académique, dans chaque département, dresse : — 1° Une liste de tous les candidats qui se sont fait inscrire pour être appelés aux fonctions d'instituteur communal, et qu'ils jugent dignes d'être nommés; — 2° La liste des instituteurs communaux du département qui, à raison de leurs services, sont jugés dignes d'avancement. — Cette dernière liste doit faire connaître le traitement dont jouissent les instituteurs qui y sont portés. — Ces deux listes peuvent être modifiées pendant toute l'année. — Elles doivent être insérées au *Bulletin des Actes administratifs de la préfecture*, et communiquées par le recteur aux conseils municipaux des communes dans lesquelles il y a lieu de pourvoir à la nomination d'un instituteur communal. » (Décret du 7 octobre 1850, art. 13.)

« Les inspecteurs de l'instruction primaire font au recteur les propositions pour la liste d'admissibilité et d'avancement des instituteurs communaux, qui doit être dressée par le conseil académique. » (Décret du 29 juillet 1850, art. 43, § 2.)

La première formalité que les conseils académiques ont à remplir en dressant les listes d'admissibilité, c'est de vérifier si les candidats ont satisfait à toutes les conditions exigées des instituteurs communaux. Ainsi, aux termes de l'article 25, ils doivent être Français, être âgés de vingt et un ans accomplis et être munis d'un brevet de capacité ou d'un titre équivalent. Ils doivent de plus n'être atteints d'aucun des cas d'incapacité mentionnés à l'article 26. Enfin, d'après l'instruction ministérielle du 24 décembre 1850 [p. 100], il existe plusieurs fonctions administratives qui ne sont pas compatibles avec celles d'instituteur communal.

Conformément au vœu qui en avait été exprimé dans le cours de la discussion, un décret du 1er octobre 1850 a accordé des dispenses d'âge aux jeunes gens âgés de dix-huit ans déjà engagés dans l'enseignement primaire :

« Les conseils académiques sont autorisés à porter, pendant trois ans à partir du 1er septembre 1850, sur la liste d'admissibilité aux fonctions d'instituteurs publics, les élèves des écoles normales primaires et des maisons de noviciat régulièrement autorisées qui justifieront d'un engagement contracté antérieurement au 15 mars 1850, et qui, pourvus d'un brevet de capacité, n'auraient pas encore atteint leur vingt-et-unième année. (Décret du 1er octobre 1850, art. 1er.)

« Ces jeunes gens pourront être chargés provisoirement par les conseils municipaux de la direction de leur école; ils ne recevront une nomination définitive et l'institution ministérielle, s'il y a lieu, que lorsqu'ils auront atteint leur vingt-et-unième année. (Art. 2.) »

Aux termes de l'article 7 du décret du 5 décembre 1850, nul étranger ne peut être nommé instituteur communal, s'il n'a préalablement obtenu des lettres de naturalisation [voyez l'art. 78].

Lors de la discussion, M. Baze, au nom de la commission, s'est expliqué en ces termes sur la composition de la liste d'admissibilité :

« Nous entendons que la liste est une liste d'admissibilité dressée sur l'échelle la plus large, c'est-à-dire que quiconque voudra remplir les fonctions d'instituteur communal se mettra en instance pour être porté sur la liste; que les maires, d'office, adresseront au préfet, écriront aux fonctionnaires intermédiaires, aux membres des conseils académiques, afin d'y faire porter les individus qui auront été signalés à leur confiance; en un mot, elle sera ouverte à tous, et elle ne sera fermée qu'à ceux qui, d'après le jugement du conseil académique, lui paraîtront indignes d'y figurer. Voilà ce que nous entendons; aussi nous ne faisons aucune difficulté d'admettre l'addition du mot « admissibilité ». C'est donc une liste d'admissibilité, la liste la plus étendue possible, une liste qui contiendra des noms qui évidemment seront connus, non-seulement dans chaque canton du département, mais dans chaque commune, puisqu'elle sera faite pour le service du département. Cette liste sera-t-elle permanente? nous demande-t-on. Elle sera à la fois permanente et mobile : permanente, en ce sens que ceux qui y seront portés n'en seront pas retirés sans de graves motifs; d'un autre côté, elle sera mobile, en ce sens qu'on y mettra de nouveaux noms toutes les fois qu'il en sera présenté. Ce sera, en un mot, une pépinière d'instituteurs, un recrutement organisé. »

« L'article 13 [du décret du 7 octobre, p. 92] a déjà été interprété de différentes manières par un certain nombre de conseils académiques. Ici l'on a paru croire que, la loi ayant voulu donner une grande liberté aux conseils municipaux quant au choix des instituteurs communaux, les conseils académiques devaient se borner à dresser la liste de tous les candidats remplissant les conditions prescrites par la loi et ne se trouvant dans aucun des cas d'incapacité qu'elle a prévus. Là, au contraire, on a pensé que, pour donner une certaine efficacité à son intervention, le conseil académique devait limiter l'initiative du conseil municipal en lui présentant un petit nombre de candidats choisis, par exemple deux ou trois pour chaque vacance. L'une et l'autre interprétation s'éloigne également de l'esprit de la loi.

« Le conseil supérieur de l'instruction publique, appelé à donner son avis sur ce point, a pensé que le conseil académique ne devait pas limiter le nombre des instituteurs à porter sur la liste d'admissibilité; qu'il devait être sévère sur le choix de ces candidats; mais que sa liste devait comprendre tous ceux qui lui paraîtraient dignes d'être appelés aux fonctions d'instituteur dans une commune quelconque; que des instituteurs en exercice dans le département ou ailleurs pouvaient être portés sur cette liste; mais qu'aucun instituteur en exercice ne pouvait être nommé d'emblée dans une autre commune, s'il n'était pas porté sur la liste d'admissibilité; que les candidats devaient être classés sur cette liste selon la date du titre qui leur donne le droit d'y être portés; qu'enfin, des instituteurs en exercice pouvaient figurer à la fois sur la liste d'admissibilité et sur celle d'avancement.

« Quant à la liste d'avancement, le conseil supérieur a pensé qu'il n'était pas possible de limiter le nombre des instituteurs qu'elle devra contenir; qu'on devait s'en rapporter à cet égard au conseil académique; qu'il était heureusement probable que le nombre des instituteurs dignes d'avancement serait toujours assez considérable pour que les choix des conseils municipaux pussent s'exercer avec une certaine liberté; il a pensé, enfin, qu'il fallait laisser au conseil académique le soin de décider si cette liste devra être unique, ou si elle devra être divisée en plusieurs catégories correspondantes à des catégories établies d'avance entre les communes.

« Je vous recommande, lorsque le conseil académique dressera annuellement cette liste, de l'éclairer avec le plus grand soin sur le mérite des candidats qui paraîtraient devoir y être portés. Il faut que l'inscription sur cette liste soit déjà par elle-même une première récompense décernée aux bons instituteurs; mais elle ne doit pas être sollicitée par eux. Invitez le conseil académique à en écarter ceux qui prétendraient s'y faire placer par d'autres moyens que par l'accomplissement le plus exact et le plus consciencieux de leurs devoirs, et à y placer ceux qui lui seront signalés comme dignes de ce témoignage d'estime par MM. les inspecteurs d'arrondissements et les délégués cantonaux. Les instituteurs apprendront ainsi, non-seulement que la modestie et la résignation ne sont pas des causes d'oubli, mais encore que ces qualités si rares sont appréciées à leur juste valeur et qu'elles constituent déjà à leur égard un préjugé favorable. Ainsi s'établira parmi ces fonctionnaires une utile émulation dont on doit favoriser le développement avec autant de soin qu'on doit résister aux obsessions de ces esprits inquiets et remuants qui cherchent constamment dans de nouvelles voies une situation plus en rapport avec l'importance personnelle qu'ils se supposent.

« Quant à la communication de ces listes aux conseils municipaux, le conseil supérieur a été d'avis, et j'ai décidé, qu'elle devra s'opérer de la manière suivante. Les écoles communales du département seront classées selon leur importance et les avantages qu'elles procurent aux instituteurs. La liste d'admissibilité devra être communiquée aux communes dont l'école est moins importante, et la liste d'avancement aux communes dont l'école doit être, à un titre quelconque, considérée comme un poste d'avancement.

« L'obligation imposée par le sixième paragraphe de l'article 13 du décret du 7 octobre [p. 92], d'insérer ces deux listes dans le *Bulletin des Actes administratifs de la préfecture*, a pour but de faciliter la communication que vous devez en faire aux conseils municipaux qui auront à s'occuper du choix d'un instituteur, puisqu'il vous suffira souvent de renvoyer ces conseils à l'une ou à l'autre de ces listes, au lieu d'en faire constamment de nouvelles transcriptions. Cette publicité peut cependant avoir des inconvénients, soit à l'égard de quelques instituteurs qui cesseraient d'être portés sur la liste d'avancement, soit à l'égard de ceux pour qui ce pourrait être une cause incessante d'excitation et de désir de changement. Je vous autorise donc à omettre l'insertion de ces listes dans le *Recueil des Actes administratifs de la préfecture*, si vous n'êtes pas forcé par la multiplicité de vos travaux de recourir à ce mode de communication plus expéditif. »
(Instruction du 24 décembre 1850 aux recteurs.)

Les instituteurs qui, munis d'un brevet de capacité ou titre équivalent, désirent se placer, et ceux déjà en exercice, qui pour une raison quelconque veulent changer de résidence, doivent se mettre en instance auprès du recteur de leur académie, pour se faire porter les uns et les autres sur les listes d'admissibilité ou d'avancement. Le ministre de l'instruction publique, d'accord avec le conseil supérieur, a déclaré cette formalité indispensable, même pour passer d'une commune à une autre. Les candidats doivent remettre au secrétariat de l'académie toutes leurs pièces, et y joindre un certificat de bonne conduite signé par le maire et le curé de leur localité, et, s'il est possible, par le délégué cantonal. Ils doivent exposer sincèrement les motifs qui leur font désirer leur changement. Ces pièces sont consultées par les conseils académiques pour la rédaction des listes d'admissibilité et d'avancement.

*Nomination des instituteurs communaux appartenant aux cultes non catholiques.* — Les instituteurs appartenant aux cultes non catholiques sont présentés par les consistoires [voyez le paragraphe 2, p. 97].

*Nomination des instituteurs communaux membres d'une association religieuse reconnue.* — Lorsque le conseil municipal a traité avec le supérieur d'une association religieuse reconnue, pour la tenue de son école par un ou plusieurs membres de la congrégation, il nomme l'instituteur communal sur la présentation faite par le supérieur.

Remarquons que la condition première de ce droit direct de présentation, accordé aux supérieurs, est d'appartenir à une association religieuse vouée à l'enseignement, et autorisée par la loi ou reconnue comme établissement d'utilité publique. Toutefois, M. Beugnot observe dans son rapport que les communes pourront porter leur choix sur les membres de congrégations qui seraient en instance pour être autorisées :

« Lorsque nous disons que le conseil [municipal] devra choisir, si tel est le vœu des communes, des instituteurs parmi les congrégations religieuses reconnues par l'État, nous entendons qu'il tiendra compte des circonstances et des usages, et qu'il pourra porter son choix sur des membres de congrégations établies et en instance pour être reconnues, si toutefois elles méritent et lui inspirent de la confiance. Pour qu'une congrégation religieuse obtienne d'être reconnue, il faut d'abord qu'elle existe, et qu'ensuite elle se soit rendue digne, par ses travaux et ses succès, d'être revêtue d'un caractère légal dont le gouvernement ne s'est jamais montré prodigue. » (Premier rapport de M. Beugnot.)

Les congrégations ou associations religieuses d'hommes ne peuvent, conformément à l'article 4 du décret du 22 juin 1804, être autorisées que par une loi. Mais aux termes du présent article 31, il leur suffit d'être reconnues comme établissements d'utilité publique pour jouir des avantages de la loi du 15 mars. Cet acte de reconnaissance a lieu, sans une loi spéciale, par un décret du pouvoir exécutif rendu sur l'avis du conseil d'État.

Les membres de congrégations religieuses présentés à la nomination des conseils municipaux doivent être munis d'un brevet de capacité ou d'un titre équivalent. Ils ne peuvent produire leur lettre d'obédience en remplacement de ce titre, comme la loi l'a accordé aux institutrices religieuses.

Aux termes d'un décret du 1er octobre 1850 [p. 92], les élèves des maisons de noviciat régulièrement autorisées, faisant partie du noviciat au 15 mars 1850 et étant âgés de dix-huit ans, peuvent être nommés provisoirement instituteurs communaux.

« Parmi les instituteurs, même communaux, il s'en trouve un certain nombre qui appartiennent à des associations religieuses; ces associations ne se maintiennent que par la dépendance absolue de tous leurs membres à la volonté du supérieur. C'eût été porter un coup mortel à leur discipline, que de permettre aux communes de traiter directement avec la personne de chaque religieux. La commission l'a compris, et, dans le désir de protéger des instituteurs primaires faisant partie de ces congrégations, et dont pas un seul n'avait donné la moindre inquiétude, tandis que la masse des autres menaçait le pays, elle a voulu que le conseil municipal pût également nommer l'instituteur communal, sur la présentation faite par les supérieurs des associations religieuses vouées à l'enseignement, et autorisées par la loi ou reconnues comme établissements d'utilité publique. » (Mgr Parisis, Instruction aux curés de son diocèse.)

Lors de la discussion, M. Victor Lefranc a demandé si la présentation serait faite directement à la commune par les supérieurs, ou bien si les supérieurs l'adresseraient au conseil académique, qui comprendrait alors les personnes présentées dans la liste. M. Sauvaire-Barthélemy, membre de la commission, a répondu que la présentation serait faite directement à la commune. Dans ce cas, le conseil académique n'intervient pas; les relations s'établissent directement entre le conseil municipal et le supérieur de l'association.

Les congrégations ou associations religieuses d'hommes qui sont vouées à l'enseignement primaire et reconnues par des lois ou autorisées comme établissements d'utilité publique, sont : les Frères de la doctrine chrétienne, dits des écoles chrétiennes, dont le siége est établi à Paris, rue Oudinot; — les Frères Saint-Antoine, dont le siége est aussi à Paris, rue des Fossés-Saint-Victor; — les Frères de la doctrine chrétienne du diocèse de Strasbourg, à Strasbourg; — les Frères de la doctrine chrétienne du diocèse de Nancy, à Vezelise (Meurthe); — les Frères de l'instruction chrétienne du Saint-Esprit, à Saint-Laurent (Vendée); — les Frères de l'Institut de Marie, à Bordeaux; — les Frères de la Croix, à Saint-Germain en Laye; — les Frères de l'instruction chrétienne du diocèse de Viviers, à Viviers; — les Frères de Saint-Joseph du diocèse du Mans, à Sainte-Croix-lès-le-Mans — les Frères de l'instruction chrétienne du diocèse de Valence, à Saint-Paul-Trois-Châteaux (Drôme); — les Frères de l'instruction chrétienne, dits de Lamennais, à Ploërmel; — les Frères Saint-Joseph, du diocèse d'Amiens, à Amiens; — les Frères du Saint-Viateur, à Vourles (Rhône); — les Petits Frères de Marie, à Notre-Dame de l'Hermitage (Loire).

§ 2 Lorsqu'un conseil municipal désire avoir un instituteur protestant ou israélite pour une école de l'un de ces cultes, il s'adresse au consistoire de sa circonscription, qui fait de suite sa présentation.

Aux termes du présent paragraphe, les consistoires sont complétement libres dans le choix des instituteurs, sans avoir à consulter de listes d'admissibilité ou d'avancement. Disons, toutefois, que déjà des consistoires protestants et israélites ont pris des décisions tendant à ne choisir les instituteurs de leur culte que sur les listes dressées par le conseil académique et exigeant des candidats leur inscription sur ces listes avant toute autre démarche.

« Il ne s'agit ici évidemment que des écoles protestantes ou israélites. Une commune ne pourrait-elle donc pas choisir un instituteur dissident pour des enfants catholiques? Le cas ne se présentera sans doute jamais, et l'on peut s'en rapporter à l'amour des parents pour leurs enfants; mais s'il se présentait par suite d'intrigues ou d'aveuglement, le ministre devrait évidemment refuser son institution, les raisons les plus graves s'opposant à un tel scandale, et l'esprit manifeste de la loi, révélé par les articles 15, 36 et 44, se joignant à ces raisons. » (Commentaire du Comité de l'enseignement libre.)

§ 3. Lors de la discussion, M. Victor Lefranc a demandé comment la nomination pourrait être contraire à la loi, après la présentation du conseil académique. M. le président de l'Assemblée a répondu qu'elle pouvait être contraire à la loi si le conseil municipal nommait en dehors de la liste présentée par le conseil académique.

§ 4. « Aussitôt que le conseil municipal a nommé un instituteur, le maire envoie une copie de la nomination au recteur de l'académie, qui délivre, s'il y a lieu, à l'instituteur une autorisation provisoire, et qui propose au ministre d'accorder ou de refuser l'institution. — L'institution doit être donnée ou refusée dans le délai de six mois. — Si l'institution est refusée, le recteur met immédiatement le conseil municipal en demeure de pourvoir au choix d'un autre instituteur. » (Décret du 7 octobre 1850, art. 14.)

« Les inspecteurs de l'instruction primaire donnent au recteur leur avis sur les nominations des instituteurs communaux et sur les demandes d'institution. » (Décret du 29 juillet 1850, art. 43, § 2.)

Dans le cours de la discussion, le ministre a expliqué en ces termes l'opportunité de l'institution ministérielle :

« Je crois qu'un ministre doit très-peu tenir à la prérogative de l'investiture ; mais je dois cependant faire connaître les véritables motifs pour lesquels j'ai demandé à la commission de maintenir son texte, qui est celui de la législation actuelle. Les renseignements qui peuvent empêcher le ministre de donner l'institution, et qui ont quelquefois empêché d'entrer dans l'enseignement certains individus qui avaient trompé les autorités locales, arrivent ordinairement des recteurs ; mais ils peuvent aussi arriver d'ailleurs, comme de l'autorité administrative, enfin par une voie quelconque. Très-souvent sur des renseignements venus ainsi on s'est bien trouvé de faire une instruction nouvelle, de retarder l'institution, et, tout examiné, de ne pas permettre à un membre indigne d'entrer dans l'enseignement. »

« L'article 31 de la loi, en exigeant que l'institution soit donnée par le ministre, a eu pour but de conserver à la société une garantie qui avait été consacrée par la législation précédente. L'article 14 du décret [du 7 octobre 1850] porte que l'institution peut être donnée ou refusée dans un délai de six mois. Il importe que vous mettiez à profit la possibilité d'employer ce délai pour vous éclairer complétement avant de m'adresser une proposition d'institution, et que vous ayez soin, dans tous les cas, d'appeler spécialement mon attention sur les instituteurs qui se proposeraient d'exercer en même temps d'autres fonctions. Je me réserve de ne leur accorder l'institution qu'après avoir examiné attentivement la situation des choses et les diverses considérations qui auront motivé la nomination et qui balanceraient les inconvénients graves que certains cumuls peuvent faire craindre. En attendant, et pour que l'instituteur puisse toucher son traitement, vous lui délivrerez, comme par le passé, une autorisation provisoire ; mais cette autorisation elle-même, vous pouvez la refuser si vous croyez devoir me proposer de refuser l'institution. L'instituteur, sauf le cas de mutation, n'aura droit au supplément de traitement accordé par l'État, qu'à dater du jour où il aura été institué par le ministre. » (Instruction du 24 décembre 1850 aux recteurs.)

« Lorsque les fonctions d'instituteur communal viennent à vaquer par suite de décès, de démission ou autrement, le recteur pourvoit à la direction de l'école, en attendant le remplacement de l'instituteur. (Décret du 7 octobre 1850, art. 15.)

« Le recteur pourvoit également à la direction de l'école lorsque l'instituteur se trouve frappé de suspension par application de l'article 33 de la loi organique, ou lorsque, en attendant une instruction plus complète sur une demande en révocation, l'instituteur a été suspendu provisoirement de ses fonctions. (Art. 16.) »

« La faculté qui est conférée au recteur par les articles 15 et 16 du décret [du 7 octobre 1850] est précieuse au point de vue de l'enseignement. Sous l'empire de la dernière législation, il arrivait souvent qu'un instituteur suspendu ou révoqué ne pouvait être facilement remplacé, et qu'en attendant la nomination d'un nouvel instituteur, on était obligé de recourir provisoirement aux services de celui que l'on voulait éloigner. Cette situation, fausse à tous les points de vue, ne se reproduira plus désormais.

« Aussitôt qu'une vacance fortuite vous sera connue, vous enverrez au conseil municipal la liste d'admissibilité, ou d'avancement, suivant les cas, et vous désignerez provisoirement, pour la direction de l'école, soit un instituteur adjoint, soit un instituteur momentanément disponible, soit plutôt celui des instituteurs portés sur cette liste qu'il vous paraîtrait convenable de désigner plus particulièrement au choix du conseil municipal. Il va sans dire que cette délégation provisoire ne constituera, toutefois, aucun droit définitif à l'intérimaire, et que par conséquent le conseil municipal sera toujours libre de choisir un autre candidat sur la liste.

« Il est une nature d'autorisation provisoire sur laquelle je crois devoir appeler votre attention. Il est arrivé souvent, sous l'empire de la dernière législation, que des communes pauvres, dans lesquelles le revenu de l'instituteur ne s'élevait guère au delà de 400 francs (minimum du traitement fixe déterminé par la loi de 1833), ne trouvaient aucun instituteur breveté qui consentît à prendre la direction de leur école, et que le ministre autorisait des candidats non brevetés à se charger provisoirement de cette direction. J'avais lieu de croire qu'un traitement de 600 francs étant désormais assuré à tous les instituteurs, aucune commune ne se trouverait exposée à demeurer sans école. Il résulte des renseignements qui me parviennent que, dans un certain nombre de localités, il est encore assez difficile de trouver des instituteurs remplissant toutes les conditions prescrites, et que des communes de petite population, dépourvues d'écoles libres, seraient totalement privées de moyens d'instruction si on y devait refuser le concours soit de personnes charitables qui offrent de se charger de cette instruction, soit de candidats qui ne peuvent se placer ailleurs parce qu'ils ne sont pas encore brevetés, ou qu'ils n'ont point atteint l'âge légal. Je ne me dissimule pas qu'une telle exception, en présence de l'article 25 de la loi du 15 mars, semble au premier abord tout à fait impossible. Cependant, en se pénétrant bien de l'esprit de la loi, il m'a paru qu'une exception essentiellement temporaire pouvait encore être légalement autorisée, et le conseil supérieur, consulté par moi à ce sujet, a été complétement de mon avis. Ainsi donc, vous pourrez encore, après avoir pris l'avis du conseil académique, me proposer d'autoriser ces exceptions; mais vous n'oublierez pas qu'en aucun cas elles ne pourront être accordées dans l'intérêt particulier de l'instituteur, et que l'intérêt public pourra seul légitimer une telle mesure.

« Il doit être bien entendu, d'ailleurs, que l'instituteur ainsi autorisé, de même que l'intérimaire dont je vous parlais tout à l'heure, ne devra pas jouir des avantages assurés par la loi à l'instituteur communal, et que le département et l'État ne seront point tenus de lui allouer le supplément de traitement nécessaire pour élever son revenu à 600 francs. Vous devez enfin vous efforcer de mettre le plus promptement possible un terme à une telle situation.

« Il en sera de même à l'égard des institutrices qui, dans quelques départements, ont été chargées de la direction de l'école communale réunissant les enfants des deux sexes. Cette situation pourra être tolérée si d'ailleurs l'institutrice est pourvue du titre de capacité exigé par la loi et si elle est reconnue apte à diriger avec assez de fermeté une semblable école; mais l'État ne lui devra aucun supplément de traitement. Elle n'aura droit qu'au traitement municipal et au produit de la rétribution scolaire. » (Instruction du 24 décembre 1850 aux recteurs.)

## Article 32.

§ 1. Il est interdit aux instituteurs communaux d'exercer aucune fonction administrative sans l'autorisation du conseil académique.

2. Toute profession commerciale ou industrielle leur est absolument interdite.

## Commentaire.

Il y a deux choses bien distinctes dans cet article : 1° l'interdiction de toute profession commerciale et industrielle, qui est absolue et dont aucun agent du pouvoir exécutif ne peut donner dispense ; 2° l'interdiction de toute fonction administrative, qui peut être levée pour des cas particuliers par décision du conseil académique.

§ 1er. Aux termes des articles 6 et 18 de la loi du 21 mars 1831 sur l'organisation municipale, il y a incompatibilité entre les fonctions d'instituteur primaire communal et celles de maire, d'adjoint au maire et de conseiller municipal. Le conseil académique ne saurait donc autoriser un instituteur communal à exercer ces fonctions.

Lors de la discussion, M. Rigal a demandé si par « fonctions administratives », la commission entendait aussi la charge de secrétaire de la commune. La commission, par l'organe de M. Baze, a répondu affirmativement.

« L'article 32 de la loi du 15 mars porte qu'il est interdit aux instituteurs communaux d'exercer aucune fonction administrative sans l'autorisation du conseil académique, et que toute profession commerciale ou industrielle leur est absolument interdite. Il s'est élevé à ce sujet une question sur laquelle j'ai cru devoir appeler l'attention du conseil supérieur de l'instruction publique. Se fondant sur l'article 25 de la loi, qui porte que le brevet de capacité peut être suppléé par le titre de ministre de l'un des cultes reconnus par l'État, quelques curés ou vicaires ont exprimé l'intention de se faire nommer instituteurs communaux, et il m'a été demandé si ce cumul peut être autorisé par le conseil académique.

« Le conseil supérieur a pensé qu'il n'existe pas, entre les fonctions d'instituteur communal et celles de ministre en exercice de l'un des cultes reconnus par l'État, une incompatibilité déclarée par la loi ; mais il a estimé qu'attendu la difficulté de concilier ces deux ordres de fonctions dans beaucoup de cas, il convenait de recommander sous ce rapport la plus grande réserve aux conseils académiques pour la rédaction des listes d'admissibilité, et au ministre pour la collation de l'institution. Il est, en effet, difficile d'admettre que, dans les communes de population un peu nombreuse, MM. les desservants puissent suffire à la double tâche que leur imposeraient des fonctions également absorbantes, et qui toutes deux peuvent souvent exiger la présence de l'instituteur et du curé aux mêmes heures, dans des endroits différents. En supposant d'ailleurs que MM. les desservants parvinssent à concilier des occupations si peu conciliables en apparence, il y aurait à ce cumul d'autres inconvénients sur lesquels le conseil académique devra, dans tous les cas, fixer son attention. Alors que la loi leur a confié, dans chaque commune, la surveillance de l'instruction primaire, MM. les desservants doivent-ils, sans les motifs les plus sérieux, échanger cette position contre celle d'instituteur? En abdiquant par le fait même leur mission plus élevée de surveillance, ils se placeront de plein droit sous la surveillance du maire, et ils s'exposeront même à être suspendus par lui, aux termes de l'article 33 de la loi. Ils pourront enfin être, comme tous les autres instituteurs communaux, réprimandés, suspendus ou révoqués par le recteur; au lieu de désigner les enfants qui devront être admis gratuitement dans l'école, en vertu de la mission de charité qu'ils tiennent de l'article 45 de la loi, ils seront obligés de dresser la liste des enfants qui devront payer la rétribution scolaire, et de faire eux-mêmes les avertissements qui devront être envoyés aux familles. Des inconvénients plus grands encore s'élèveraient en présence des enfants de familles protestantes, s'il en existait dans la commune, et qu'aucun autre moyen d'instruction ne pût être mis par l'État à la disposition de ces familles. Toutes ces considérations devront être mûrement pesées par le conseil académique, lorsqu'il recevra des demandes formées par les ministres en exercice d'un culte quelconque, à l'effet d'être portés sur la liste d'admissibilité; avant de les y inscrire individuellement, s'il y a lieu, il devra s'enquérir avec soin de toutes les circonstances dans lesquelles les demandes seront formées, et les rejeter là où une exception favorable ne sera pas justifiée.

« D'autres cas d'incompatibilité, sur lesquels j'ai été interrogé, ont fixé l'attention du conseil supérieur. Il a pensé que l'article 32 de la loi du 15 mars 1850 ne s'applique pas rigoureusement aux fonctions de notaire et de greffier de justice de paix, qui n'ont, pas plus que celles de ministre des cultes en exercice, le caractère *administratif* proprement dit; mais il a également jugé qu'à raison même de la nature de ces deux ordres de fonctions, les conseils académiques ne doivent porter les notaires et les greffiers de justice de paix sur les listes d'admissibilité, qu'avec la plus grande réserve, et en tenant compte de la difficulté de concilier l'exercice desdites fonctions avec celles d'instituteur communal.

« J'ai décidé qu'il ne serait accordé aucun supplément de traitement aux instituteurs qui recevraient, à quelque titre que ce fût, un autre traitement sur les fonds de l'État. Le conseil académique, lorsqu'il croira devoir porter sur la liste d'admissibilité un candidat qui se trouvera dans ce cas, devra donc le prévenir que la condition de cette inscription sera la renonciation formelle de sa part à tout supplément de traitement. Le conseil académique, en cas de refus, ne portera pas l'instituteur sur la liste d'admissibilité.

« Quant aux fonctions de receveur buraliste (sans cumul d'occupations commerciales), de directeur de poste et de secrétaire de mairie, sur lesquelles divers recteurs m'avaient adressé des questions, le conseil supérieur a été d'avis qu'elles rentraient clairement dans la disposition de l'article 32, relative aux fonctions administratives, et ne pouvaient être réunies à celles d'instituteur communal, sans une dispense expresse du conseil académique. » (Instruction du 24 décembre 1850 aux recteurs.)

L'instituteur communal peut remplir les fonctions de chantre, de clerc paroissial ou de membre du conseil de fabrique dans une église, parce que ce ne sont pas là des fonctions administratives dans le sens de la loi. L'Assemblée a entendu et sanctionné en ce sens les explications demandées. Toutefois il ne doit remplir ces fonctions qu'autant qu'elles n'interrompent pas les cours de son école.

§ 2. « Cette interdiction ne concerne que les instituteurs seuls. Elle n'atteint pas leurs femmes. La loi actuelle n'avait point à régler leur position. Aussi rien ne les empêche de se livrer à une profession industrielle ou commerciale, en un mot, d'être marchandes publiques. La commission, à laquelle on a demandé une explication sur ce point, n'a pas hésité à répondre dans le sens qui vient d'être indiqué. » (M. Duvergier, Collection des lois.)

La femme peut ainsi profiter de la disposition de l'article 4 du Code de commerce, qui permet à toute femme d'être marchande publique, avec l'autorisation de son mari.

Voici les termes dans lesquels M. Baze s'est exprimé sur ce paragraphe, au nom de la commission :

« On demande s'il est interdit aux femmes des instituteurs de se livrer à une profession commerciale ou industrielle. Il est évident que nous ne réglons ici que ce qui concerne l'instituteur ; nous ne réglons pas ce qui concerne la position de sa femme, nous n'avons pas le droit de la régler. Quand la femme fait un commerce, tout le monde sait qu'elle le fait séparément de son mari ; elle n'a besoin que de l'autorisation maritale. Sans doute, il ne faudrait pas que l'instituteur déguisât une situation fausse sous le nom de sa femme ; mais c'est le cas de la fraude, qu'on ne doit jamais présumer, qu'on doit seulement punir quand il se présente. »

La question s'est déjà présentée de savoir quel genre de commerce la femme de l'instituteur pouvait faire. Un conseil académique consulté sur cette question a émis l'avis qu'elle ne pouvait faire tout genre de commerce, qu'elle ne pouvait, par exemple, tenir une auberge ou un cabaret.

L'exercice habituel de l'arpentage dans la campagne constitue-t-il une profession industrielle? Un conseil académique récemment consulté sur cette question, a été d'avis que la profession d'arpenteur-géomètre était incompatible avec la qualité d'instituteur communal, mais qu'on pouvait tolérer quelques actes d'arpentage, les jours de classe, de dimanche et de fêtes exceptés.

La rédaction d'actes sous seing privé ne saurait être considérée comme une profession commerciale. Sous l'ancienne législation, le conseil de l'instruction publique avait émis un avis en ce sens.

## Article 33.

1. Le recteur peut, suivant les cas, réprimander, suspendre, avec ou sans privation totale ou partielle de traitement, pour un temps qui n'excédera pas six mois, ou révoquer l'instituteur communal.
2. L'instituteur révoqué est incapable d'exercer la profession d'instituteur, soit public, soit libre, dans la même commune.
3. Le conseil académique peut, après l'avoir entendu ou dûment appelé, frapper l'instituteur communal d'une interdiction absolue, sauf appel devant le conseil supérieur de l'instruction publique dans le délai de dix jours à partir de la notification de la décision. Cet appel n'est pas suspensif.
4. En cas d'urgence, le maire peut suspendre provisoirement l'instituteur communal, à charge de rendre compte, dans les deux jours, au recteur.

### Commentaire.

Cet article, qui règle les mesures disciplinaires à prendre à l'égard des instituteurs communaux, détruit l'espèce d'inamovibilité que leur avait accordée la loi du 28 juin 1833. Dans son exposé des motifs, M. le ministre de l'instruction publique avait dit : « Il est un vice de la loi de 1833 sur lequel presque tous les esprits éclairés semblent d'accord aujourd'hui ; c'est l'inamovibilité de l'instituteur primaire. Nous n'avons pas hésité à modifier profondément cette condition, tout en maintenant de légitimes garanties contre l'arbitraire. »

« Comme on le voit, l'instituteur communal se trouve soumis par la loi actuelle au même régime que les autres fonctionnaires de l'ordre administratif. Pour le réprimander, le suspendre, ou même pour le révoquer, l'autorité n'est plus assujettie à des formes judiciaires. Le recteur procède par mesure administrative et comme agent du pouvoir exécutif. Sa décision n'est soumise à aucun recours.» (M. Duvergier, Collection des lois.)

Toutefois il convient que l'instituteur soit entendu, suivant la nature des circonstances.

« Il est dans l'esprit de la loi, et même dans les mœurs, que nul ne soit frappé sans avoir été entendu ou appelé; et nous pensons que les recteurs auront la sagesse de toujours appliquer ce principe de justice et de bonne administration, quoiqu'ils n'y soient pas forcés. » (Commentaire du Comité de l'enseignement libre.)

L'article ne spécifie pas les cas de pénalité comme le fait l'article 30. Lors de la discussion, on a demandé que cela fût spécifié, et on a donné pour motif qu'il fallait garantir d'une manière sérieuse la position de l'instituteur communal, et ne pas le laisser sous le poids de l'arbitraire le plus absolu. Cette proposition a été combattue, au nom de la commission, par M. Baze : « On conçoit, a-t-il dit, que, lorsqu'on fait un code pénal de droit commun, il faille spécifier tous les cas qui constituent des infractions; mais ici il s'agit d'un fonctionnaire, il s'agit de savoir comment il use de la mission de confiance qui lui a été donnée, s'il ne la tourne pas contre l'intérêt qui lui a été commis. Voilà la question. Il ne faut pas confondre la position de l'instituteur communal et celle de l'instituteur libre. La fonction que le premier exerce ne constitue pas pour lui une propriété dont il ne peut être privé que dans les cas spécifiés par la loi et au moyen d'une procédure spéciale. Au contraire, la profession du second mérite, jusqu'à un certain degré, le titre de propriété. Aussi il ne peut en être privé que par un jugement de l'autorité compétente. L'instituteur communal exerce une fonction publique qu'il tient de la confiance de l'État. Pour que cette fonction lui soit retirée, il suffit que la confiance n'existe plus. » La proposition n'a pas eu de suite.

§ 1er. Lors de la discussion, il a été dit que le recteur ne devra pas publier les motifs des peines infligées par lui, et qu'il n'est pas obligé de faire connaître ses motifs aux instituteurs condamnés.

Une décision ministérielle du 13 novembre 1850 explique que la révocation ne doit avoir lieu que comme mesure de pénalité, et que par conséquent le présent article n'admet pas la révocation non motivée d'un instituteur dans l'unique but de le déplacer.

§ 2. La question a été soulevée de savoir si le mot *révoqué* de ce paragraphe devait s'appliquer à l'instituteur frappé antérieurement à la présente loi. Une décision ministérielle d'octobre 1850 s'est prononcée pour la négative. Cela se conçoit facilement pour les instituteurs révoqués sous la loi de 1833, qui n'attachait pas de pénalité à la révocation. La question n'était douteuse que pour les instituteurs révoqués sous l'empire de la loi transitoire du 11 janvier 1850, qui contenait une disposition analogue au présent paragraphe. Du reste, cette question n'a pas une grande importance devant le droit d'opposition appartenant au recteur, qui en usera plus ou moins sévèrement suivant les motifs d'une précédente révocation. Inutile d'ajouter qu'il ne s'agissait ici que des instituteurs non en exercice; à l'égard des instituteurs exerçant antérieurement à la loi, il ne pouvait, en aucun cas, y avoir rétroactivité.

§ 3. Comme à l'article 30, le droit d'appel est réciproque, c'est-à-dire qu'il existe aussi bien pour le recteur par voie d'appel *a minima*, que pour l'instituteur.

Cet appel ne sera pas suspensif. S'il y a appel de la part du recteur, parce que l'instituteur n'a pas été interdit, l'inculpé continuera d'exercer, jusqu'à décision du conseil supérieur. Si, au contraire, l'appel est formé par l'instituteur interdit, il devra quitter la direction de l'école jusqu'à décision du conseil supérieur. L'appel ne suspend pas toutefois le droit, que le recteur tient de l'article 33, de suspendre ou révoquer l'instituteur communal.

§ 4. « Lorsqu'un maire croit devoir suspendre, en cas d'urgence, un instituteur communal, il en informe immédiatement l'inspecteur de l'instruction primaire, sans préjudice du compte qu'il doit rendre, dans les deux jours, au recteur. » (Décret du 7 octobre 1850, art. 17.)

« Le recteur pourvoit à la direction de l'école, lorsque l'instituteur se trouve frappé de suspension par application de l'article 33 de la loi organique, ou lorsque, en attendant une instruction plus complète sur une demande en révocation, l'instituteur a été suspendu provisoirement de ses fonctions. — Dans ce cas le recteur fixe la portion de traitement qui peut être laissée au titulaire, et celle qui est attribuée à son suppléant, et il décide si le suppléant doit jouir en totalité ou en partie du logement affecté à l'instituteur communal. (Art. 16.) »

« Sous l'empire de la dernière législation, il arrivait souvent qu'un instituteur suspendu ou révoqué ne pouvait être facilement remplacé; et qu'en attendant la nomination d'un nouvel instituteur, on était obligé de recourir provisoirement aux services de celui que l'on voulait éloigner. Cette situation, fausse à tous les points de vue, ne se reproduira plus désormais. Aussitôt qu'une vacance fortuite vous sera connue, vous enverrez au conseil municipal la liste d'admissibilité ou d'avancement, suivant les cas, et vous désignerez provisoirement, pour la direction de l'école, soit un instituteur adjoint, soit un instituteur momentanément disponible, soit plutôt celui des instituteurs portés sur cette liste qu'il vous paraîtrait convenable de désigner plus particulièrement au choix du conseil municipal. Il va sans dire que cette délégation provisoire ne constituera, toutefois, aucun droit définitif à l'intérimaire, et que par conséquent le conseil municipal sera toujours libre de choisir un autre candidat sur la liste. » (Instruction du 24 décembre 1850 aux recteurs.)

## Article 34.

§ 1. Le conseil académique détermine les écoles publiques auxquelles, d'après le nombre des élèves, il doit être attaché un instituteur adjoint.

2. Les instituteurs adjoints peuvent n'être âgés que de dix-huit ans et ne sont pas assujettis aux conditions de l'article 25.
3. Ils sont nommés et révocables par l'instituteur, avec l'agrément du recteur de l'académie. Les instituteurs adjoints appartenant aux associations religieuses dont il est parlé dans l'article 31 sont nommés et peuvent être révoqués par les supérieurs de ces associations.
4. Le conseil municipal fixe le traitement des instituteurs adjoints. Ce traitement est à la charge exclusive de la commune.

## Commentaire.

§ 1er. Lors de la discussion, le ministre de l'instruction publique a présenté l'observation suivante : « L'article dispose que le conseil académique détermine quelles sont les écoles qui doivent avoir un instituteur adjoint. Il emporte donc obligation pour la commune d'avoir un instituteur adjoint dans certains cas. » Et il a ajouté : « Le conseil municipal fixe leur traitement. Mais si le conseil municipal fixe un traitement dérisoire, il échappera à l'obligation qu'on veut lui imposer. L'article contient donc une contradiction possible ; quelle est à cet égard la pensée de la commission ? Je désirerais le savoir. » Le rapporteur de la commission a répondu : « Il est évident que lorsqu'un instituteur adjoint sera donné à l'instituteur communal, ce sera parce que la commune en aura exprimé le vœu, d'accord avec l'instituteur lui-même. Eh bien, l'instituteur, le conseil académique et le conseil municipal se concerteront ensemble pour qu'on fixe d'une manière convenable le traitement de l'instituteur adjoint, et si le traitement n'est pas assuré, le conseil académique n'enverra pas d'instituteur adjoint. » Le ministre ayant ajouté que l'on aurait pu attribuer au conseil académique la détermination de ce traitement, sur l'avis du conseil municipal, le rapporteur a répondu : « Il y aurait quelque inconvénient à admettre le conseil académique à s'immiscer dans la fixation d'un traitement qui est à la charge de la commune. Il faut laisser aux voies de conciliation le soin de lever tous les obstacles. »

§ 2. Les instituteurs adjoints des écoles communales ne sont pas assujettis aux conditions de capacité mentionnées à l'article 25, c'est-à-dire que la loi n'exige d'eux ni le brevet de capacité, ni les titres équivalents. Mais ils doivent n'être atteints d'aucun des cas d'incapacité énumérés à l'article 26.

Conformément à l'article 7 du décret du 5 décembre 1850, les étrangers ne peuvent être instituteurs adjoints dans une école publique, s'ils n'ont préalablement obtenu des lettres de naturalisation [voyez l'art. 78].

§ 4. Il résulte des explications ci-dessus (§ 1er) que le conseil municipal n'est pas obligé de voter un traitement pour un instituteur adjoint, et, par conséquent, qu'il ne sera envoyé d'instituteur adjoint dans une commune, que lorsqu'il y aura accord entre la commune et le conseil académique.

† La loi ne spécifie aucune condition pour les instituteurs adjoints des écoles libres. L'article 26 énumère seulement les cas d'incapacité auxquels ils sont soumis. Mais, par analogie, on peut conclure qu'ils sont au moins passibles des peines portées à l'article 30.

## Article 35.

§ 1. Tout département est tenu de pourvoir au recrutement des instituteurs communaux, en entretenant des élèves-maîtres, soit dans les établissements d'instruction primaire désignés par le conseil académique, soit aussi dans l'école normale établie à cet effet par le département.

2. Les écoles normales peuvent être supprimées par le conseil général du département; elles peuvent l'être également par le ministre en conseil supérieur, sur le rapport du conseil académique, sauf, dans les deux cas, le droit acquis aux boursiers en jouissance de leur bourse.

3. Le programme de l'enseignement, les conditions d'entrée et de sortie, celles qui sont relatives à la nomination du personnel, et tout ce qui concerne les écoles normales, sera déterminé par un règlement délibéré en conseil supérieur.

### Commentaire.

§ 1er. « Ainsi les départements peuvent user soit de l'un ou de l'autre des modes de recrutement indiqués, soit de tous les deux concurremment. La faculté que la loi du 22 juin 1833 confère aux départements de se réunir à d'autres pour l'entretien d'une école normale, subsiste. La loi nouvelle n'abroge point, sous ce rapport, l'article 11 de la loi précitée. Un amendement de M. Monet, et qui avait pour objet de reproduire la disposition de cet article, a été retiré par son auteur, sur l'observation qu'on lui a faite qu'il était inutile. » (M. Duvergier Collection des lois.)

L'article 47 porte que les établissements d'instruction primaire, dont il est parlé ici, seront des écoles publiques ou libres autorisées par le conseil académique à recevoir des stagiaires, et que les élèves-maîtres seront, pendant la durée de leur stage, spécialement surveillés par les inspecteurs de l'instruction primaire.

§ 2. M. Baze, au nom de la commission, a motivé en ces termes la faculté que la loi donne au ministre de supprimer une école normale : « Il peut exister des circonstances où le conseil général manque à sa mission d'ordre. Alors, mus par une pensée supérieure de conservation et d'ordre public, vous avez accordé au ministre le droit de supprimer l'école normale. Mais en même temps la décision du ministre est entourée de telles garanties, qu'elle commande toute espèce de confiance. Il n'arrivera jamais que le ministre supprime une école normale contre l'avis à la fois du conseil général, du conseil académique et du conseil supérieur. »

« Cette locution « par le ministre en conseil supérieur » a une signification toute particulière ; elle indique que le ministre agit alors dans la plénitude de son action et sous sa responsabilité personnelle, après avoir pris en séance l'avis de tous les membres du conseil ; mais la décision définitive lui appartient, c'est son avis personnel qui seul constitue la décision. » (Journal du palais.)

Si une école normale est supprimée, les élèves boursiers qui n'auraient pas achevé leur temps d'études, le compléteront aux frais du département dans une autre école normale ou même dans une école autorisée à recevoir des stagiaires. Lors de la discussion, le ministre de l'instruction publique a bien précisé les faits à cet égard.

Une instruction ministérielle adressée aux préfets, en date du 13 août 1850, rappelle les obligations imposées en pareil cas aux départements. « Ces boursiers, y est-il dit, seront de droit élèves-maîtres stagiaires, ou placés par le département dans l'école normale d'un département voisin, et le département acquittera, dans les établissements désignés, les frais de leur pension, jusqu'à ce qu'ils aient complété la durée de leur temps d'études. »

§ 3. Un décret, en date du 24 mars 1851, a réglé, conformément au présent paragraphe, tout ce qui concerne les écoles normales primaires :

« L'enseignement dans les écoles normales primaires comprend : — l'instruction morale et religieuse ; — la lecture ; — l'écriture ; — les éléments de la langue française ; — le calcul et le système légal des poids et mesures ; — le chant religieux. — Il peut comprendre, en outre : — L'arithmétique appliquée aux opérations pratiques ; — les éléments d'histoire et de géographie ; — des notions des sciences physiques et d'histoire naturelle applicables aux usages de la vie ; — des instructions élémentaires sur l'agriculture, l'industrie et l'hygiène ; — l'arpentage, le nivellement et le dessin linéaire ; — la gymnastique. (Décret du 24 mars 1851, art. 1er.)

« La durée du cours d'études est de trois ans. (Art. 2.)

« A la fin de la seconde année, le conseil académique désigne, sur le rapport de la commission de surveillance, les élèves qui pourront recevoir tout ou partie de l'enseignement des matières indiquées aux paragraphes 9, 10, 11, 12 et 13 de l'article 1er du présent règlement. (Art. 3.)

« Les élèves maîtres seront exercés à la pratique des méthodes d'enseignement dans les écoles primaires qui seraient annexées aux écoles normales. — L'instituteur qui dirige l'école annexe est considéré comme maître adjoint, et nommé conformément aux dispositions de l'article 9 ci-après. (Art. 4.)

« Chaque année, le conseil académique désigne les livres qui seront mis à la disposition des élèves. Ces livres seront exclusivement choisis parmi ceux dont l'introduction aura été autorisée conformément à l'article 5 de la loi du 15 mars 1850. (Art. 5.)

« Le directeur de l'école est nommé par le ministre de l'instruction publique, après avis du conseil académique. (Art. 6.)

« Le directeur est chargé de la principale partie de l'enseignement. (Art. 7.)

« Le directeur est secondé, pour l'enseignement et la surveillance, par des maîtres adjoints nommés par le ministre, sur la proposition du recteur de l'académie. — Ces maîtres résident dans l'établissement; ils sont au nombre de deux au plus, non compris l'aumônier. — Il ne pourra être attaché de maître externe aux écoles normales, que pour le chant. Ce maître est proposé par le directeur et agréé par le recteur. (Art. 8.)

« L'instruction religieuse est donnée aux élèves-maîtres, suivant la religion qu'ils professent, par les ministres des différents cultes reconnus par l'État. (Art. 9.)

« La surveillance de l'école normale est confiée à une commission de cinq membres, nommés pour trois ans par le recteur, sur la proposition du conseil académique. — Le président de la commission est nommé par le recteur. — Le directeur assiste aux délibérations de la commission, avec voix délibérative, hors les cas où elle a à statuer sur des questions qui intéressent sa gestion. (Art. 10.)

« La commission de surveillance est chargée : — 1° De préparer la liste des candidats à l'école normale dont elle aura constaté, dans les formes indiquées ci-après, l'aptitude intellectuelle et morale. — 2° De rédiger le règlement particulier de l'école; ce règlement devra être approuvé par le recteur, en conseil académique. — 3° De désigner, à la fin de la première année, ceux des élèves qui seront admis aux cours de deuxième année, et à la fin de la seconde année, ceux qui pourront passer en troisième année. — Dans le cas de maladie prolongée ou d'absence légitime, la commission peut autoriser un élève à redoubler le cours de première ou de deuxième année. — 4° De dresser chaque année le budget et d'examiner les comptes qui lui sont présentés par la direction de l'école, et de consigner ses observations dans un rapport spécial. (Art. 11.)

« Il est tenu dans chaque école, par le directeur assisté des maîtres adjoints, un registre sur lequel sont consignées les notes trimestrielles sur la conduite et le travail des élèves-maîtres. A la fin du cours d'études, il est fait pour chaque élève un résumé de ces notes dans l'ordre suivant : — 1° Devoirs religieux; — 2° conduite; — 3° caractère; — 4° aptitude; — 5° progrès. — Ces résumés sont mis à la disposition des conseils académiques pour leur servir à dresser la liste d'admissibilité prescrite par l'article 31 de la loi du 15 mars 1850. (Art. 12.)

« Les membres de la commission font, au moins une fois tous les trois mois, la visite de l'école; ils prennent connaissance des registres sur lesquels doivent être consignées par le directeur les notes relatives à la conduite, au caractère et au travail de chaque élève. — Ils examinent les classes et interrogent les élèves. (Art. 13.)

« Tous les ans, au mois de juillet, la commission de surveillance adresse au recteur de l'académie, sur l'état et le personnel de l'école, un rapport qui sera transmis au ministre. — Elle reçoit du directeur, à la même époque, un rapport sur tout ce qui concerne les élèves et la discipline. Elle transmet ce rapport, avec ses observations, au préfet, qui le place sous les yeux du conseil général, et au recteur, qui en envoie au ministre une expédition accompagnée de ses observations. (Art. 14.)

« Chaque année, le ministre détermine, sur l'avis du conseil académique, le nombre des élèves-maîtres qui peuvent être admis à l'école normale, soit à leurs frais, soit aux frais du département et des communes, soit aux frais de l'État. (Art. 15.)

« Les inscriptions des candidats auront lieu du 1er au 15 janvier; un registre est ouvert à cet effet au secrétariat de l'académie. Aucune inscription ne sera reçue, que le candidat n'ait déposé les pièces suivantes : — 1° Son acte de naissance constatant que, au 1er septembre de l'année pendant laquelle il se présente, il aura dix-huit ans accomplis au moins, et vingt-deux ans au plus; — 2° un certificat de médecin, constatant qu'il a été vacciné ou qu'il a eu la petite-vérole, et qu'il n'est atteint d'aucune infirmité ou d'aucun vice de constitution qui le rende impropre à l'enseignement; — 3° l'engagement légalisé de servir pendant dix ans au moins dans l'instruction primaire publique; — S'il est mineur, le candidat produira, en outre, une déclaration, aussi légalisée, de son père ou de son tuteur, l'autorisant à contracter cet engagement; — 4° une note signée de lui, indiquant le lieu où les lieux qu'il a habités depuis l'âge de quinze ans; — 5° des certificats de moralité délivrés tant par les chefs des écoles auxquelles il aura appartenu, soit comme élève, soit comme sous-maître, que par chacune des autorités locales préposées à la surveillance et à la direction morale de l'enseignement, conformément à l'article 44 de la loi du 15 mars 1850. (Art. 16.)

« Une enquête est faite par les soins du recteur et des inspecteurs de l'instruction primaire sur la conduite et les antécédents des candidats. — Au vu des pièces exigées, et d'après les résultats de l'enquête, la commission de surveillance dresse, du 1er au 15 août, la liste mentionnée en l'article 12. — Sur la production de cette liste et des pièces qui l'accompagnent, ainsi que des demandes présentées par les candidats, le recteur, en conseil académique, prononce, s'il y a lieu, l'admissibilité des candidats à l'école normale. (Art. 17.)

« Les bourses ou portions de bourses entretenues, soit par l'État, soit par les départements, sont accordées par le recteur, en conseil académique. — Les boursiers qui n'obtiennent que des portions de bourses s'engagent à payer la portion qui reste à leur charge. Les boursiers départementaux prennent, en outre, l'engagement de servir pendant dix ans dans le département qui paye leur pension. — Ils peuvent être affranchis, en tout ou en partie, de ces engagements, par une dispense du recteur, sur l'avis conforme du conseil académique. — Les engagements dont il vient d'être question seront légalisés, et, s'il y a lieu, autorisés comme il est dit au cinquième paragraphe de l'article 16 du présent règlement. (Art. 18.)

« Les boursiers qui, par leur fait, sortiraient de l'école avant la fin du cours, ou qui refuseraient d'accomplir leur engagement décennal, seront tenus de restituer à l'État ou au département le prix de la pension dont ils auront joui. — Toutefois ils pourront être dispensés de cette obligation par le ministre, sur l'avis du conseil académique. — Le montant des restitutions fera retour au fonds sur lequel les bourses étaient payées. — La dispense du service militaire cesse à dater du jour où l'engagement a été rompu. (Art. 19.)

« Les journées commencent et finissent par une prière commune. — La prière du matin et du soir est suivie d'une lecture de piété. — Les jours de dimanche et de fêtes légalement reconnues, les élèves sont conduits aux offices publics par le directeur assisté des maîtres adjoints. (Art. 20.)

« Les vacances durent quinze jours au plus. — Tout congé, toute sortie particulière, hors le cas d'une circonstance exceptionnelle dont le directeur est juge, est formellement interdit pendant la durée du cours d'études. — Les élèves seront toujours conduits en promenade par le directeur ou les maîtres adjoints. (Art. 21.)

« Chaque année, lorsque les besoins du service le permettent, le recteur peut accorder aux directeurs et maîtres adjoints internes un congé dont la durée ne peut excéder un mois; ces congés ne pourront être accordés à plusieurs maîtres à la fois. (Art. 22.)

« Les élèves-maîtres sont chargés du service de propreté dans l'intérieur de l'école. (Art. 23.)

« Les punitions qui peuvent être infligées aux élèves, suivant la gravité des fautes, sont: — la retenue, — la réprimande, — l'exclusion. — Le directeur prononce la retenue. — La réprimande est prononcée, suivant les cas, par le directeur, la commission de surveillance ou le recteur. — L'exclusion est prononcée par le recteur, sur l'avis du directeur, la commission de surveillance entendue. — En cas de faute grave, le directeur peut prononcer l'exclusion provisoire. — Lorsque l'exclusion est prononcée, le ministre en est immédiatement informé. (Art. 24.)

« Tout élève qui, à la fin de l'année, n'est pas jugé en état de passer au cours supérieur, cesse de faire partie de l'école. (Art. 25.) »

« Les élèves seront exercés à l'école annexe dans les deux dernières années du cours. Il leur sera fréquemment demandé compte de la manière dont ils auront appliqué les méthodes d'enseignement, dirigé les divers exercices scolaires et fait observer la discipline. » (Arrêté du 31 juillet 1851, art. 2.)

« Les frais de pension dus pour les élèves-maîtres des écoles normales primaires d'instituteurs seront perçus par dixièmes. (Arrêté du 9 novembre 1850, art. 1.)

« Le premier dixième sera payé le 30 novembre, et chacun des autres dixièmes successivement le dernier jour de chaque mois jusqu'au 31 août inclusivement. (Art. 2.) »

« Le nombre des candidats à présenter aux recteurs par les conseils académiques, pour la nomination des membres des commissions de surveillance des écoles normales primaires, doit être égal au nombre des membres dont se composent ces commissions. » (Arrêté du 30 juin 1851.)

Un arrêté du 31 juillet 1851 a fixé, sur la proposition du conseil supérieur, les programmes d'enseignement pour les écoles normales primaires.

« Les inspecteurs de l'instruction primaire inspectent les écoles normales primaires et surveillent particulièrement les élèves-maîtres entretenus par le département dans les établissements d'instruction primaire. » (Décret du 29 juillet 1850, art. 43, § 5.)

Aux termes d'un décret du 5 décembre 1850, nul étranger ne peut être nommé directeur ou maître adjoint dans une école normale primaire, s'il n'a préalablement obtenu des lettres de naturalisation [voyez l'art. 78].

« Le programme d'enseignement primaire est déterminé par la loi. Il indique le caractère et les bornes du programme de l'enseignement dans les écoles normales; il est de nature à donner aux intelligences un sage développement, et une connaissance approfondie des matières qu'il renferme ne sera pas commune et facile. Ainsi limité, il a paru que cet enseignement ne devait plus être confié à des maîtres externes, qui, livrés au dehors à d'autres occupations, ne vivant pas au milieu des élèves-maîtres, ne pouvant par conséquent s'identifier avec leurs besoins intellectuels, ne pourraient remplir complétement la mission qui leur serait confiée. Ce ne sont plus des professeurs qui viendront seulement en classe donner aux élèves-maîtres des leçons plus ou moins élémentaires sur les diverses parties du programme; ce seront des maîtres internes, au nombre de deux au plus, qui se partageront avec le directeur, non-seulement l'enseignement, mais encore la direction morale et la surveillance des élèves, et qui, par conséquent, devront vivre sans cesse au milieu d'eux; qui ajouteront à leurs leçons de bons conseils; qui étudieront constamment leurs caractères et s'attacheront à en réformer successivement les défauts. Cette tâche, qui est avant tout celle du directeur, est difficile, car elle exige une vie entière d'abnégation et de dévouement, beaucoup de discernement et de pratique.

« Il résulte implicitement de l'article 8 du décret du 24 mars, que l'aumônier de l'école normale est nommé par le ministre, sur la proposition du recteur de l'académie. Je dois ajouter que cette proposition doit toujours être concertée entre Mgr l'évêque et vous. Il est désirable que l'aumônier réside dans l'intérieur de l'établissement, afin qu'il puisse, indépendamment des exercices et de l'enseignement religieux proprement dit, concourir à l'éducation des élèves-maîtres.

« L'admission des élèves-maîtres ne doit plus résulter d'un examen, et encore moins d'un concours. Le candidat qui, au début de la carrière, répond le mieux à des questions très-élémentaires, n'est pas toujours celui qui a le plus d'aptitude aux fonctions laborieuses de l'enseignement primaire. C'est le caractère du candidat, ce sont ses antécédents, sa conduite ordinaire, son aptitude, en un mot sa vocation, qui doivent surtout déterminer la préférence en sa faveur. Le règlement indique par quels moyens on arrivera à cette connaissance parfaite des titres de chaque candidat; mais la lettre du règlement serait impuissante à cet égard, si, pour en assurer l'exécution, vous ne trouviez dans son esprit les inspirations qu'il est impossible de formuler, et qu'un administrateur habile et dignement secondé sait heureusement mettre en œuvre.

« Une commission doit être chargée, comme par le passé, de la surveillance de l'école normale, et vous aurez à nommer cette commission, sur la proposition du conseil académique. C'est là une attribution importante et dont l'exercice entraîne pour vous une grave responsabilité. Le choix de cette commission importe au plus haut degré à la bonne direction de l'établissement. Les hommes qui consentiront à en faire partie seront appelés à rendre d'utiles services à la société; il faut donc qu'ils soient tous pénétrés de l'importance de l'obligation qu'ils contracteront. Dévoués aux intérêts de l'instruction primaire, animés du vif désir d'améliorer les mœurs par l'éducation, ils doivent contribuer de tout leur pouvoir à former des instituteurs religieux et capables de propager, par leur exemple non moins que par leurs leçons, les plus saines doctrines de morale; ils doivent les préparer aux devoirs qu'ils ont à remplir envers la famille et le pays. La commission a de plus une grave mission à remplir : elle doit vous éclairer, ainsi que le ministre, sur le mérite des fonctionnaires employés dans l'établissement. Le conseil académique ne saurait donc apporter trop de soin dans les propositions qu'il aura à vous faire, et vous ne sauriez prendre vous-même trop de précautions pour arrêter définitivement vos choix.

« Dans les écoles normales primaires, où la durée du cours d'études est en ce moment de trois ans, vous n'éprouverez aucune difficulté pour préparer l'admission des nouveaux élèves-maîtres qui devront être reçus dans l'école normale primaire à la prochaine rentrée des classes; mais il n'en sera pas de même dans les établissements où le cours d'études n'est encore que de deux ans.

« Il se présente à ce sujet une question que je dois résoudre immédiatement. Les élèves qui vont terminer leur deuxième et par conséquent leur dernière année d'études, seront-ils obligés de rester une troisième année à l'école? Je n'hésite pas à répondre négativement. Le règlement ne doit pas avoir d'effet rétroactif.» (Instruction du 24 avril 1851 aux recteurs.)

## CHAPITRE III.

### DES ÉCOLES COMMUNALES.

#### Article 36.

§ 1. Toute commune doit entretenir une ou plusieurs écoles primaires.

2. Le conseil académique du département peut autoriser une commune à se réunir à une ou plusieurs communes voisines pour l'entretien d'une école.

3. Toute commune a la faculté d'entretenir une ou plusieurs écoles entièrement gratuites, à la condition d'y subvenir sur ses propres ressources.

4. Le conseil académique peut dispenser une commune d'entretenir une école publique, à condition qu'elle pourvoira à l'enseignement primaire gratuit, dans une école libre, de tous les enfants dont les familles sont hors d'état d'y subvenir. Cette dispense peut toujours être retirée.

5. Dans les communes où les différents cultes reconnus sont professés publiquement, des écoles séparées seront établies pour les enfants appartenant à chacun de ces cultes, sauf ce qui est dit à l'article 15.

6. La commune peut, avec l'autorisation du conseil académique, exiger que l'instituteur communal donne, en tout ou en partie, à son enseignement les développements dont il est parlé à l'article 23.

#### Commentaire.

§ 1er. En principe, toute commune doit entretenir une école primaire publique. Elle doit en entretenir plusieurs, suivant ses ressources, sa population, l'étendue de son territoire et les cultes professés par les habitants. Du moment où ses ressources le lui permettent, elle doit d'abord, aux termes de l'article 51, entretenir une école de filles. Selon le chiffre de sa population, elle doit ouvrir des écoles en nombre suffisant pour que les enfants auxquels l'instruction gratuite est due aux termes de l'article 24, puissent trouver place dans ses écoles. D'après l'étendue de son territoire, elle doit avoir plusieurs écoles, afin qu'elles ne soient pas à une trop grande distance du domicile des enfants qui les suivent. Enfin, aux termes du paragraphe 5 du présent article, elle doit entretenir, suivant les besoins, une ou plusieurs écoles séparées pour les différents cultes professés publiquement dans la commune.

La commune a certaines formalités à remplir pour ouvrir ces écoles. Lorsque le conseil municipal a voté, dans les limites de ses ressources, la création d'une école, le maire doit en avertir le recteur de l'académie, afin qu'aux termes de l'article 7 du décret du 7 octobre 1850 [p. 118], un délégué cantonal visite le local préparé par la commune et fasse connaître au conseil académique si ce local convient pour l'usage auquel il est destiné.

De son côté, le préfet, auquel le vote du conseil municipal a été soumis, a le droit, aux termes des articles 18 et 20 de la loi du 18 juillet 1837, et de l'article 9 du décret du 7 octobre 1850 (p. 120), d'interdire le local fourni par la commune ou de faire exécuter des travaux pour l'approprier à sa destination, s'il est reconnu que ce local ne convient pas pour l'usage auquel il est destiné.

Si une commune négligeait de remplir les obligations de la loi en n'ouvrant pas une école communale, le préfet aurait le droit de l'y contraindre en mettant l'entretien de l'école au nombre des dépenses obligatoires.

La commune ne remplirait pas l'obligation de la loi, si l'école n'était ouverte qu'une partie de l'année. Dans l'instruction du 24 décembre 1850 aux recteurs, le ministre a insisté sur l'obligation du maintien des écoles pendant toute l'année :

« Dans beaucoup de communes les écoles sont à peu près désertes, quelquefois même elles sont fermées, pendant l'été. Il faut vous efforcer de vaincre ces funestes usages. Sans doute il est important que les enfants prennent de bonne heure l'habitude des travaux des champs ; mais il y a toujours dans une commune un certain nombre d'enfants si jeunes, que, si l'école était ouverte, les familles préféreraient certainement les y laisser plutôt que de leur demander des services qu'ils sont encore hors d'état de rendre, et de les abandonner sans surveillance dans les champs ou sur la voie publique. Ce sont malheureusement quelquefois les instituteurs eux-mêmes qui encouragent les familles et les autorités locales, les unes à retirer leurs enfants, et les autres à autoriser la fermeture de l'école. Convaincus que le petit nombre d'élèves qui leur resterait ne leur assurerait pas un revenu égal au produit qu'ils tirent des autres occupations auxquelles ils se livrent pendant une partie de l'été, ils sont trop souvent portés à sacrifier à leur intérêt personnel les intérêts de l'instruction des enfants. Cette propension fâcheuse pourrait encore trouver une nouvelle excitation dans la disposition de la loi qui charge les communes, les départements et l'Etat de combler jusqu'à 600 francs le déficit de la rétribution scolaire. Exigez sévèrement que toutes les écoles soient ouvertes pendant l'été, quel que soit le nombre des enfants qui devront les fréquenter. Ce nombre sera faible d'abord ; mais quand les familles reconnaîtront qu'en empêchant les enfants de suivre les classes de l'école, elles les privent, sans un grand avantage pour elles, d'une instruction qu'ils seront obligés d'acquérir ensuite par une plus longue fréquentation de l'école, elles se détermineront sans doute à ne recourir qu'un peu plus tard à leurs services. Considérez donc comme une faute grave la fermeture de l'école pendant l'été, et réprimez sévèrement celui qui, après cet avertissement, continuerait de commettre cette faute. » (Instruction du 24 décembre 1850 aux recteurs.)

§ 2. Il est entendu que le conseil académique n'accordera cette dispense qu'en cas d'insuffisance des ressources de la commune. Cette autorisation motivera souvent l'admission dans l'école des enfants de sexes et de cultes différents.

« Lorsque des communes demandent à se réunir pour l'entretien d'une école, le local destiné à la tenue de cette école doit être visité par l'inspecteur de l'arrondissement, qui transmet son rapport au conseil académique. — A défaut de conventions contraires, les dépenses auxquelles l'entretien des écoles donne lieu sont réparties entre les communes réunies, proportionnellement au montant des quatre contributions directes. Cette répartition est faite par le préfet. » (Décret du 7 octobre 1850, art 8.)

Lorsque des communes sont réunies pour l'entretien d'une école, les conseils municipaux doivent délibérer en commun pour la nomination de l'instituteur et la solution des questions relatives à l'ouverture et à la tenue de l'école. En cas de partage, la voix du maire de la commune où l'école est établie doit être prépondérante. Tels sont les principes établis par une décision du 15 novembre 1850.

Sous l'empire de la loi de 1833, les formalités relatives à la réunion de communes pour l'entretien d'une école publique étaient plus compliquées que sous la nouvelle législation. Aux termes d'une ordonnance du 16 juillet 1833, les conseils municipaux devaient voter cette réunion, et leur vote devait recevoir l'approbation du ministre de l'instruction publique, après avis du comité d'arrondissement, du recteur et du préfet. Une réunion de communes ainsi opérée ne pouvait être dissoute que par le ministre de l'instruction publique, sur la demande motivée d'un ou plusieurs conseils municipaux. La question s'est déjà présentée de savoir de quelle manière une réunion de communes consentie sous l'ancienne loi pouvait être dissoute sous la nouvelle législation. Une décision du 12 mars 1851 porte que la rupture de la réunion doit avoir lieu suivant les formes de l'ancienne législation sous l'empire de laquelle l'engagement avait été contracté; que l'avis du conseil académique remplace celui du comité d'arrondissement, du recteur et du préfet; qu'il appartient ainsi au ministre seul de maintenir ou de dissoudre les réunions de communes. En effet, une commune a pu avoir fait, lors de la réunion, des sacrifices importants pour contribuer à la construction et à l'entretien d'une école commune ; il est juste qu'elle ne puisse en perdre les avantages que dans les mêmes formes qu'elle s'était engagée. Ajoutons aussi que l'Etat, chargé de compléter les suppléments de traitement, est intéressé dans la question et qu'il est juste qu'il ait son droit d'approbation.

§. 3. Toute commune est libre d'entretenir une ou plusieurs écoles entièrement gratuites sans exiger de rétribution scolaire ; mais à la condition d'y subvenir sur ses propres ressources, c'est-à-dire sans avoir droit de réclamer de subvention pour compléter le traitement des instituteurs. Il y a toutefois obligation pour la commune d'avoir toujours dans ces écoles place suffisante pour les enfants dont les familles sont hors d'état de payer. Elle doit, à cet effet, multiplier ces écoles en nombre suffisant ou prendre des mesures pour en interdire l'entrée aux enfants des familles qui sont en état de payer [voyez p. 74].

§ 4. « Gardien des intérêts divers de l'État en tout ce qui touche l'instruction publique, vous ne devez pas souffrir que certains instituteurs restent sans élèves dans des localités où ils sont privés, par des causes quelconques, de la confiance des familles. Votre initiative, dans des cas semblables, devrait au besoin provoquer l'usage, par les communes, de la faculté établie dans le quatrième paragraphe de l'article 36, lorsque, en vertu des faits accomplis, l'école publique ne représente plus qu'une charge inutile pour la commune, le département ou l'État. » (Instruction du 24 décembre 1850 aux recteurs.)

Le conseil académique, qui a le droit d'accorder à une commune la dispense d'entretenir une école publique sous condition de pourvoir à l'enseignement gratuit dans une école libre, peut examiner les conventions intervenues entre la commune et l'instituteur libre et y demander des modifications.

En autorisant, pour cause d'insuffisance de ressources, une commune à faire donner l'instruction aux enfants pauvres dans une école libre, moyennant une subvention, le conseil académique aura le droit d'imposer à cette école l'inspection à laquelle sont soumises les écoles communales. Le décret du 29 juillet 1850 a du reste établi ce droit en ce qui concerne les élèves admis gratuitement.

« Les inspecteurs de l'instruction primaire surveillent l'instruction donnée aux enfants admis pour le compte des communes dans les écoles libres, en exécution du quatrième paragraphe de l'article 36 de la loi organique. » (Décret du 29 juillet 1850, art. 43, § 6.)

§ 5. L'article 15 porte que le conseil académique détermine les cas où les communes peuvent, à raison des circonstances et provisoirement, établir ou conserver des écoles primaires dans lesquelles seront admis des enfants appartenant aux différents cultes reconnus.

« Lorsque, dans une école spécialement affectée aux enfants d'un culte, sont admis les enfants d'un autre culte, il est tenu par l'instituteur un registre sur lequel est inscrite la déclaration du père, ou, à son défaut, de la mère ou du tuteur, attestant que leur enfant ou pupille a été admis dans l'école sur leur demande. — Ladite déclaration est signée par les père, mère ou tuteur. S'ils ne savent signer, l'instituteur fait mention de cette circonstance et certifie leur déclaration. — Ce registre doit être représenté à toute personne préposée à la surveillance de l'école. » (Décret du 7 octobre 1850, art. 12.)

Quelques prétentions exagérées se sont déjà produites au sujet de ce paragraphe 5. On a soutenu que les communes étaient obligées d'entretenir des écoles de cultes différents, dès que quelques enfants d'un culte autre que celui de la majorité des habitants se trouvaient réunis. La loi n'a pu entendre imposer aux communes de telles dépenses qu'autant qu'elles profiteraient à un certain nombre d'enfants et non à quelques élèves isolés. C'est au reste dans cette vue que l'article 15 donne pouvoir au conseil académique de dispenser les communes de l'obligation du présent paragraphe.

§ 6. Les développements de l'enseignement primaire énoncés à l'article 23 sont : l'arithmétique appliquée aux opérations pratiques ; les éléments de l'histoire et de la géographie ; des notions des sciences physiques et de l'histoire naturelle, applicables aux usages de la vie ; des instructions élémentaires sur l'agriculture, l'industrie et l'hygiène ; l'arpentage, le nivellement, le dessin linéaire ; le chant et la gymnastique.

L'instituteur communal, pour donner cette étendue à son enseignement, devra-t-il justifier d'un examen spécial sur ces matières ? D'après les explications données par M. Baze, membre de la commission, celui qui voudra se livrer à cet enseignement plus développé, devrait justifier par son brevet qu'il a satisfait à l'examen sur les matières facultatives. M. Duvergier est de cet avis après les explications données par M. Baze, mais seulement à l'égard de l'instituteur communal. Le texte de la loi est, du reste, muet sur ce point, et la question est fort douteuse. Observons toutefois que, l'instituteur communal ne pouvant étendre son enseignement qu'avec l'autorisation du conseil académique, ce conseil aura naturellement le droit d'y mettre la condition d'un examen spécial [voyez p. 73].

Les règlements pour les écoles primaires communales, relatifs à la tenue de ces écoles ne doivent être publiés et mis à exécution, aux termes de l'instruction ministérielle du 17 août 1851 [p. 47], qu'autant qu'ils ont été préalablement soumis à l'approbation du conseil académique et du conseil supérieur. Cette instruction donne un modèle de règlement pour la tenue des écoles publiques.

## Article 37.

Toute commune doit fournir à l'instituteur un local convenable, tant pour son habitation que pour la tenue de l'école, le mobilier de classe, et un traitement.

### Commentaire.

« Le local que la commune est tenue de fournir en exécution de l'article 37 de la loi organique, doit être visité avant l'ouverture de l'école par le délégué cantonal, qui fait connaître au conseil académique si ce local convient pour l'usage auquel il est destiné. (Décret du 7 octobre 1850, art. 7.)

« Lorsque des communes demandent à se réunir pour l'entretien d'une école, le local destiné à la tenue de cette école doit être visité par l'inspecteur de l'arrondissement, qui transmet son rapport au conseil académique. — A défaut de conventions contraires, les dépenses auxquelles l'entretien des écoles donne lieu sont réparties entre les communes réunies, proportionnellement au montant des quatre contributions directes. Cette répartition est faite par le préfet. (Art. 8.)

« Lorsqu'il est reconnu que le local fourni par une commune en exécution de l'article 37 de la loi organique, ne convient pas pour l'usage auquel il est destiné, le préfet, après s'être concerté avec le recteur, et avoir pris l'avis du conseil municipal, décide s'il y a lieu, en raison des circonstances, de faire exécuter des travaux pour approprier le local à sa destination, ou bien d'en prononcer l'interdiction. — S'il s'agit de travaux à exécuter, il met la commune en demeure de pourvoir à la dépense nécessaire pour leur exécution dans un délai déterminé. A défaut d'exécution dans ce délai, il peut y pourvoir d'office. — Si l'interdiction du local a été prononcée, le préfet et le recteur pourvoient à la tenue de l'école soit par la location d'un autre local, soit par les autres moyens prévus par l'article 36 de la loi organique. — Les dépenses occasionnées par cette mesure seront à la charge de la commune dans les limites déterminées par la loi. (Art. 9.). »

Les autres moyens prévus par l'article 36 sont le droit qu'a le conseil académique d'autoriser une commune à se réunir à une ou plusieurs communes voisines pour l'entretien d'une école ou de pourvoir à l'enseignement primaire gratuit, dans une école libre, des enfants dont les familles sont hors d'état d'y subvenir.

« Les articles 7 et 8 [du décret du 7 octobre 1850] imposent à MM. les inspecteurs d'arrondissement et à MM. les délégués cantonaux l'obligation de visiter, avant l'ouverture de toute école publique, le local qui y est destiné. Veuillez appeler sur cette obligation l'attention la plus sérieuse des fonctionnaires à qui elle est imposée; on ne se préoccupe pas assez, dans les communes, de la nécessité d'une bonne organisation matérielle des écoles. Depuis l'année 1833, l'Etat a constamment secouru les communes qui s'imposaient, pour l'établissement d'une école, d'honorables sacrifices; mais, malgré les instructions les plus précises, constamment reproduites depuis dix-sept ans, il m'arrive encore des demandes de secours destinés à la construction ou à l'appropriation de bâtiments d'école mal disposés. Là où cinquante ou soixante enfants doivent être réunis, on ne ménage de place que pour un nombre infiniment moindre; là où les enfants des deux sexes doivent être reçus, on néglige de les séparer en classe par une cloison, ainsi que le prescrivent les instructions et que le commande le simple sentiment des convenances; enfin, les autres dépendances de l'école sont souvent, quoique affectées à l'usage des garçons et des jeunes filles, placées loin de toute surveillance. Dans quelques écoles enfin, on ne consacre au logement personnel de l'instituteur qu'un emplacement insuffisant, et on l'expose à prendre promptement en dégoût une position à laquelle on doit, au contraire, s'efforcer de l'attacher, non par une recherche d'appropriation qu'il ne doit ni connaître ni désirer, mais par une installation aussi commode et saine que simple et modeste. Enfin, dans quelques villes, on ne fait nulle attention au voisinage des écoles, et on expose ainsi les enfants à recevoir des impressions, soit morales, soit physiques, non moins contraires à leurs mœurs qu'à leur santé. Aucun de ces détails n'est à dédaigner pour tout homme qui connaît et qui aime l'enfance; or, connaître et aimer l'enfance, c'est là une de ces précieuses qualités que l'on doit rencontrer dans les hommes qui, à quelque titre que ce soit, acceptent la mission d'en surveiller la première éducation.

« L'article 9 [du décret du 7 octobre] arme au surplus MM. les préfets d'un droit qu'ils tenaient déjà de la loi de 1837 sur les attributions municipales, mais dont l'usage ne s'était pas assez généralisé. Désormais, après s'être concerté avec vous, M. le préfet devra interdire tout local d'école qui ne conviendra pas à l'usage auquel il est destiné. Ainsi, les enfants ne seront plus exposés à demeurer entassés dans des pièces basses, humides, mal aérées, et dans lesquelles les inspecteurs constataient trop souvent, avec douleur, l'absence presque totale d'air vital. » (Instruction du 24 décembre 1850 aux recteurs.)

« L'article 9 du décret du 7 octobre vous arme, monsieur le préfet, d'un droit dont vous saurez, je n'en doute pas, faire usage avec prudence et fermeté à l'égard des communes peu soucieuses du bien-être de l'enfance. Après vous être concerté avec M. le recteur, vous pourrez mettre en demeure les conseils municipaux de réparer ou de mieux approprier leurs maisons d'école; vous pourrez même prononcer l'interdiction du local lorsque vous reconnaîtrez qu'il compromet la santé des élèves et du maître, et si, dans le délai que vous aurez déterminé, il n'a pas été pourvu à l'exécution des travaux reconnus nécessaires, vous pourrez y pourvoir d'office. » (Instruction du 24 décembre 1850 aux préfets.)

« Le mot « convenable » s'applique à l'habitation de l'instituteur, aussi bien qu'à la salle d'école. On peut présumer qu'il devra être fourni à l'instituteur, dans les communes rurales, un logement « convenable » à un chef de famille, et comprenant par conséquent les aisances et les annexes dont aucun chef de famille, à la campagne, ne peut se passer : une chambre à four; un bûcher fermé ou un hangar; une étable pour placer une vache; un fenil ou une grange; une cave pour le vin et pour les légumes, ou un cellier, si dans le pays on ne peut pas avoir de cave; une citerne ou un puits, s'il est possible; un grenier. » (M. Barrau, Commentaire de la loi.)

« Ne sont pas soumises à la contribution les portes et fenêtres des bâtiments employés à un service public civil, militaire ou d'instruction, ou aux hôpitaux. » (Loi du 4 frimaire an VII, art. 5.)

Par suite de cet article, les instituteurs publics ne sont imposables que pour les portes et fenêtres des lieux qu'ils occupent personnellement dans la maison d'école.

## Article 38.

§ 1. A dater du 1er janvier 1851, le traitement des instituteurs communaux se composera,

2. 1° D'un traitement fixe, qui ne peut être inférieur à deux cents francs;

3. 2° Du produit de la rétribution scolaire;

4. 3° D'un supplément accordé à tous ceux dont le traitement, joint au produit de la rétribution scolaire, n'atteint pas six cents francs.

5. Ce supplément sera calculé d'après le total de la rétribution scolaire pendant l'année précédente.

## Commentaire.

§§ 2 et 3. « Les conseils municipaux délibèrent chaque année, dans leur session du mois de février, pour l'année suivante : — sur le taux de la rétribution scolaire; — sur le traitement de l'instituteur; — sur les centimes spéciaux qu'ils doivent voter, à défaut de leurs revenus ordinaires : 1° pour assurer le traitement fixe de l'instituteur au minimum de 200 fr.; 2° pour élever au minimum de 600 fr. le revenu de l'instituteur, quand son traitement fixe, joint au produit de la rétribution scolaire, n'atteint pas cette somme. — Les délibérations des conseils municipaux relatives aux écoles sont envoyées avant le 1er mai, pour l'arrondissement chef-lieu, au préfet, et pour les autres arrondissements, aux sous-préfets, qui les transmettent dans les dix jours au préfet avec leur propre avis, celui des délégués cantonaux et celui de l'inspecteur primaire. (Décret du 7 octobre 1850, art. 19.)

« Chaque année, trois jours avant la session de février des conseils municipaux, le receveur municipal remet au maire de la commune le rôle de la rétribution scolaire de l'année précédente. (Art. 18.)

« Le préfet soumet au conseil académique les délibérations des conseils municipaux relatives au taux de la rétribution scolaire dans leur commune. — Le conseil académique fixe définitivement le taux de cette rétribution scolaire, et en informe le préfet, qui présente les résultats de ces diverses délibérations au conseil général dans sa session ordinaire, à l'appui de la proposition des crédits à allouer pour les dépenses de l'instruction publique primaire dans le budget départemental. (Art. 20.) »

« L'article 38 de la loi organique, en assurant aux instituteurs publics un minimum d'au moins 600 francs, a apporté une immense amélioration dans le sort d'un grand nombre de ces fonctionnaires. En règle générale, tout instituteur public aura au moins 600 francs de revenu assuré et la jouissance d'un logement gratuit dans la maison d'école communale. Cette situation, dans un grand nombre de communes rurales, sera toujours satisfaisante et permet d'espérer qu'un pour aucune école ne soit fermée faute de candidats. Mais cette amélioration si désirable ne leur est acquise qu'au prix de sacrifices considérables de la part des communes, des départements et de l'Etat, et, à côté d'avantages incontestables, il y a des inconvénients que MM. les inspecteurs et délégués cantonaux vous aideront, je n'en doute pas, à prévenir ou à réprimer. Ces inconvénients sont de deux natures : 1° surcharge de dépense pour les départements et pour l'Etat, résultant de l'inhabileté ou de l'insouciance de l'instituteur comme du peu de confiance qu'il inspirerait; 2° affaiblissement de zèle et de dévouement de l'instituteur dans l'exercice de ses fonctions. — Il est évident que désormais, moins il y aura dans une école d'enfants payant la rétribution scolaire, plus les départements et l'Etat auront à fournir pour parfaire le revenu de l'instituteur; il est aussi manifeste que celui-ci, étant assuré d'un revenu suffisant, quel que soit le nombre de ses élèves, sera moins excité à faire des efforts pour attirer les enfants dans son école. Il est à redouter, en outre, que quelques instituteurs ne soient portés désormais à préférer une petite école de village à une école plus nombreuse qui ne leur présenterait aucun avantage supérieur et exigerait d'eux cependant des travaux plus considérables. Ce dernier inconvénient est compensé, il est vrai, par cette considération que le séjour des villes ne sera plus si envié, et que de bons et modestes instituteurs ne répugneront plus à se fixer pour toujours dans de petites localités où ils pourront faire le bien. Mais rien ne compensera la perte qu'éprouvera l'Etat, si, au lieu d'attirer les enfants dans l'école, l'instituteur les repousse et s'il s'endort dans une funeste sécurité. J'aime à croire, monsieur le recteur, que vous saurez inspirer à ces fonctionnaires un mobile plus puissant que l'intérêt, et que le sentiment du devoir suffira souvent pour les retenir dans la bonne voie et les exciter au bien; mais, s'il en était autrement, il vous resterait à user avec fermeté du droit que vous confère l'article 33 de la loi.

« Quant au taux de la rétribution scolaire, qui doit être fixé par le conseil académique (conformément à l'article 15), il importe que, tout en respectant les habitudes locales, le conseil académique ne se borne pas à approuver purement et simplement les propositions des conseils municipaux. Il y a plus de 20,000 communes dans lesquelles les trois centimes spéciaux, réunis au produit de la rétribution scolaire, n'atteignent pas 600 francs, et qui se trouvent par conséquent désintéressées dans la question. Que, dans ces communes, la rétribution scolaire produise plus ou moins, les trois centimes communaux étant épuisés, les départements et l'État devront fournir le reste, et le conseil municipal pourrait être dès lors porté à fixer le plus bas possible le taux de la rétribution et à ménager ainsi les ressources des habitants. Mais le conseil académique doit se placer à un autre point de vue. Il sait qu'une faible diminution de la quotité de cette rétribution, se multipliant par le nombre des écoles, produira une somme considérable qui, en fin de compte, tombera à la charge du trésor; il devra veiller avec soin, d'une part, à ce qu'en élevant outre mesure le taux de la rétribution, on n'éloigne pas les enfants des écoles; d'autre part, à ce que cette rétribution soit toujours proportionnée aux ressources de la localité. Il s'entourera, à cet effet, de tous les avis propres à l'éclairer. MM. les délégués cantonaux surtout lui donneront à ce sujet de précieuses indications. » ( Instruction du 24 décembre 1850 aux recteurs.)

Lors de la discussion, M. Rigal avait proposé un amendement ainsi conçu : « La rétribution scolaire est payée par douzièmes, comme revenu de la commune, même dans le cas où le conseil municipal confie l'instruction primaire à une congrégation religieuse fondée sur la règle absolue de son enseignement. » Cet amendement concernait les frères des écoles chrétiennes dont la règle repose sur la gratuité absolue de l'enseignement. M. Baze a répondu qu'adopter cet amendement, ce serait annuler le paragraphe 3 de l'article 36, d'après lequel les communes peuvent entretenir des écoles entièrement gratuites. Il a ajouté que la question, sous le rapport financier, n'avait pas l'importance qu'on y attachait, puisque ce n'était jamais que dans les communes importantes qu'il y avait des écoles desservies par des frères, avec le principe de la gratuité.

Observons que dans la rétribution ne sont pas comprises les fournitures de livres et de papier pour la classe; les parents doivent les payer séparément.

§ 4. « L'instituteur, sauf le cas de mutation, n'aura droit au supplément de traitement accordé par l'Etat, qu'à dater du jour où il aura été institué par le ministre. Jusqu'à ce que l'institution lui soit conférée, il n'est point instituteur définitif de la commune, et il n'a point à réclamer de l'État les avantages qui ne sont dus qu'à ceux que le ministre en a jugés dignes. » (Instruction du 24 décembre 1850 aux recteurs.)

« Il n'est question ici que du supplément accordé par l'État, et non de celui qui peut être fourni par le département. L'administration supérieure pourrait donc, sans se déjuger, faire en sorte que les instituteurs, dès le moment de leur nomination et sans attendre l'institution ministérielle, touchassent la portion ou la totalité du supplément qui peut leur être payé sur les fonds départementaux. » (M. E. Rendu, Commentaire de la loi.)

« Il doit être bien entendu que l'instituteur autorisé à exercer temporairement sans brevet ou avant l'âge légal, de même que l'intérimaire, ne devra pas jouir des avantages assurés par la loi à l'instituteur communal, et que le département et l'État ne seront point tenus de lui allouer le supplément de traitement nécessaire pour élever son revenu à 600 fr.

« Il en sera de même à l'égard des institutrices qui, dans quelques départements, ont été chargées de la direction de l'école communale réunissant les enfants des deux sexes. Cette situation pourra être tolérée, si d'ailleurs l'institutrice est pourvue du titre de capacité exigé par la loi et si elle est reconnue apte à diriger avec assez de fermeté une semblable école; mais l'État ne lui devra aucun supplément de traitement : elle n'aura droit qu'au traitement municipal et au produit de la rétribution scolaire.

« Nul doute que, si le conseil municipal confie la direction de son école communale soit au desservant, soit à toute autre personne recevant un traitement de l'État et portée sur la liste d'admissibilité, cet instituteur ne doive recevoir le traitement voté par la commune et le produit de la rétribution scolaire. Mais en sera-t-il de même du supplément de traitement accordé par le département et par l'État aux instituteurs qui reçoivent moins de 600 francs? Je n'hésite pas à vous répondre négativement, en me conformant ainsi à l'esprit de la loi du 15 mars. En accordant un supplément de traitement aux instituteurs, qu'a voulu le législateur? Assurer matériellement l'existence de ces modestes fonctionnaires et de leur famille. Mais si déjà, à un autre titre, ils reçoivent de l'État un traitement égal ou même supérieur au minimum que la loi leur assure, l'État irait au delà du but en leur allouant un supplément qui élèverait, dans ce cas, leurs émoluments au double du minimum garanti.» (Instruction du 24 décembre 1850 aux recteurs.)

« Il est inutile de faire remarquer qu'en élevant le minimum du traitement des instituteurs communaux, le Gouvernement et l'Assemblée n'ont point entendu décourager les dispositions favorables des conseils municipaux qui, sous le régime de la loi de 1833, avaient trouvé des ressources suffisantes pour assurer à leurs instituteurs un traitement plus considérable. » (Rapport au président de la république, 20 avril 1850.)

§ 5. Ce paragraphe a été ajouté lors de la seconde délibération. M. Baze, au nom de la commission, a présenté les observations suivantes : « La commission, d'accord en cela avec le ministre, et pleine de sollicitude pour les instituteurs, a voulu s'assurer, par les dispositions qu'elle a prises, que les instituteurs auraient une position en rapport avec les sacrifices qu'exige une profession toute de dévouement. Elle a voulu qu'ils eussent au moins 600 fr., au moyen du traitement fixe à la charge de la commune, qui ne peut être inférieur à 200 fr., de la rétribution scolaire payée par les élèves, enfin du supplément. Afin que ce supplément soit considéré par les instituteurs comme n'étant pas indépendant des soins qu'ils apportent dans l'accomplissement de leur mission, il sera calculé d'après le montant de la rétribution scolaire de l'année précédente, de sorte qu'ils profiteront des avantages qui leur sont acquis par le travail de l'année antérieure et par les progrès de leur école. »

M. Duvergier fait l'objection suivante aux observations de M. Baze : « Il résulte de ces explications qu'en ordonnant que le supplément serait calculé d'après le total de la rétribution scolaire pendant l'année précédente, on a voulu procurer un avantage aux instituteurs et leur assurer au moins le traitement de 600 fr. Cependant le contraire ne pourra-t-il pas arriver? Je suppose, par exemple, qu'une année la rétribution scolaire ait atteint le chiffre de 400 fr.; l'année suivante elle n'est que de 300 fr. : il y aura lieu d'accorder un supplément pour arriver au minimum du traitement. Or, ce supplément doit se calculer d'après le total de la rétribution scolaire de l'année précédente, c'est-à-dire d'après la différence qui a existé entre la somme de 600 fr. et celle qu'a produite le total de la rétribution scolaire jointe au traitement fixe. Si, comme je le suppose, cette différence est égale à zéro, ou bien encore est inférieure à 100 fr., l'instituteur n'aura pas le minimum de son traitement. Alors, où prendra-t-on ce qu'il faudra pour le parfaire? » (M. Duvergier, Collection des lois.)

Aux termes du présent paragraphe, le supplément sera calculé d'après le total de la rétribution scolaire de l'année précédente.

« En fin d'année, il est procédé à un décompte à l'effet de constater si l'instituteur communal a reçu le minimum de traitement qui lui est garanti par l'article 38 de la loi organique. — Ce décompte est établi d'après le nombre des élèves portés, soit au rôle général, soit aux rôles supplémentaires. Sur le montant des rôles, il est fait déduction des non-valeurs résultant soit des sorties d'élèves dans le cours de l'année, soit des dégrèvements prononcés. (Décret du 7 octobre 1850, art. 27.)

« Les remises dues au percepteur et les cotes qui deviendraient irrécouvrables sont déclarées charges communales, et, comme telles, placées au nombre des dépenses obligatoires de communes. (Art. 29.) »

« Pour l'exécution de cette disposition, le receveur municipal remettra, trois jours au plus tard avant la session de février des conseils municipaux, au maire de la commune, le rôle primitif et les rôles supplémentaires de la rétribution scolaire de l'année précédente, appuyé d'un résumé faisant connaître, 1° le montant de ces rôles; 2° les non-valeurs résultant des cotes indûment imposées et des sorties d'élèves dans le courant de l'année; 3° les sommes recouvrées; 4° celles dont la rentrée est réalisable; 5° celles qui seront à porter sur l'état des cotes irrecouvrables et dont la commune est responsable envers l'instituteur, suivant l'article 29 du décret du 7 octobre. » (Instruction du 24 décembre 1850 aux préfets.)

Lorsqu'une commune n'a pas d'école de filles, la rétribution payée par les filles à l'instituteur concourt à parfaire le traitement de 600 fr.

Si l'instituteur communal ouvre une classe d'adultes libre, la rétribution qui lui sera payée par les élèves ne sera pas comptée dans la formation du minimum de 600 fr.; de même, s'il tient cette classe au nom de la commune, il devra recevoir une indemnité qui ne sera pas comprise dans le minimum de 600 fr. D'après les termes de la loi, le minimum de 600 fr. est garanti pour le service de l'école communale exclusivement.

« L'instituteur recevant des enfants dans son école est autorisé à ne les faire figurer ni sur les rôles de la rétribution scolaire ni sur la liste des élèves admis gratuitement. » (Instruction du 31 mars 1851 aux recteurs.)

« Le complément de traitement sera fixé par les soins des préfets au prorata du temps d'exercice dûment constaté. Ils excluront d'une manière absolue de la répartition les instituteurs exerçant sans titre régulier, s'il s'en trouve parmi les instituteurs compris dans leurs propositions pour des compléments de traitement. Les instituteurs interdits ou révoqués n'auront droit à ce complément que jusqu'au moment où ils ont été frappés d'interdiction ou de révocation. Les héritiers des instituteurs décédés auront droit à ce complément, mais seulement jusqu'au jour du décès desdits instituteurs.

« Je crois devoir vous prévenir, monsieur le préfet, qu'il ne sera donné suite que sur votre proposition aux réclamations formées par les instituteurs au sujet de la fixation du complément qui leur aura été accordé. Il importe, en conséquence, que vous fassiez connaître, par la voie du *Recueil administratif départemental*, que toute demande ou réclamation de cette nature devra être adressée directement, par les parties intéressées, à la préfecture. » (Instruction du 25 novembre 1850 aux préfets.)

« Les diverses ressources dont se compose le traitement de l'instituteur primaire seront centralisées à la caisse municipale et portées au budget de la commune, savoir :

« En recette, aux trois articles suivants : 1° *Rétribution scolaire*; 2° *Centimes spéciaux*; 3° *Subvention pour complément du département et de l'État*;

« En dépense, à un article unique intitulé : *Traitement de l'instituteur primaire.*

« Lorsque le traitement fixe et la rétribution scolaire ne devront pas dépasser le minimum de 600 francs fixé par l'article 38 de la loi organique, il sera payé à l'instituteur 50 francs par mois ou 150 francs par trimestre.

« Lorsque ce minimum sera dépassé, et qu'il n'y aura pas lieu par conséquent d'allouer un supplément de traitement à l'instituteur, il lui sera payé par mois ou par trimestre une somme égale : 1° au douzième ou au quart de son traitement fixe; 2° au montant de la rétribution scolaire perçue pour son compte soit dans le mois, soit dans le trimestre précédent.

« Lorsque l'instituteur percevra lui-même la rétribution scolaire, le traitement fixe seulement lui sera payé par parties égales, comme il est dit ci-dessus. Quant au complément de traitement, il lui sera payé par semestre, savoir : la première partie égale à la moitié de la subvention allouée l'année précédente, et la seconde partie suivant le résultat du décompte mentionné à l'article 27 du décret du 7 octobre 1850 (p. 125). » (Instruction du 24 décembre 1850 aux préfets.)

« Le règlement général de comptabilité du 16 décembre 1841, dans la nomenclature générale des pièces à produire au payeur du trésor public, prescrit, pour le payement du traitement fixe des instituteurs et des loyers de maison d'école, ou des indemnités de logement, la production d'un certificat d'exercice délivré par les membres du comité local de surveillance. Les comités locaux ayant cessé d'exister par suite de la mise à exécution de la loi du 15 mars 1850, les certificats d'exercice qui seront annexés aux mandats de payement devront être à l'avenir délivrés par les maires des communes. » (Instruction du 7 octobre 1850 aux préfets.)

« Tout instituteur devra, pour être admis à prendre part à la distribution du fonds de traitements complémentaires, produire, comme pour le payement du traitement ordinaire, un certificat d'exercice. » (Instruction du 25 novembre 1850 aux préfets.)

Aux termes de l'instruction ministérielle du 7 octobre 1850, les certificats d'exercice qui doivent être annexés aux mandats de payement sont délivrés par les maires des communes.

## Article 39.

Une caisse de retraites sera substituée, par un règlement d'administration publique, aux caisses d'épargne des instituteurs.

### Commentaire.

« La loi du 15 mars a décidé (article 39) qu'une caisse des retraites serait substituée par un règlement d'administration publique aux caisses d'épargne des instituteurs. Un projet de loi général sur les retraites devant être présenté prochainement à l'Assemblée nationale, le règlement d'administration publique dont il est question a été ajourné. La conséquence nécessaire de ce fait est le maintien provisoire des caisses d'épargne et la continuation du versement dans lesdites caisses de la retenue du vingtième faite sur le traitement des instituteurs. Cette mesure transitoire se justifie d'autant mieux, qu'en réalité les caisses d'épargne ne feront que recevoir d'avance les retenues dont profitera, suivant toute apparence, la caisse des retraites lorsqu'elle aura été établie. Les conditions de traitement des instituteurs étant aujourd'hui complétement changées, il reste à décider si la retenue s'exercera sur la totalité ou sur une partie seulement du traitement, tel qu'il est déterminé par l'article 38 de la loi du 15 mars 1850. La section permanente du conseil supérieur de l'instruction publique, consultée, a été d'avis que la retenue du vingtième opérée sur le traitement des instituteurs continuât à être versée dans la caisse d'épargne, et que cette retenue s'exerçât sur la totalité de ce traitement. Cette opinion m'a paru devoir être adoptée. » (Rapport au président de la république, 5 janvier 1851.)

« A dater du 1er janvier 1851, la retenue annuelle du vingtième, qui n'était prélevée que sur le traitement fixe des instituteurs publics pour être versée dans les caisses d'épargne, portera sur le traitement de ces maîtres, tel qu'il est déterminé par l'article 38 de la loi du 15 mars 1850, lequel traitement se compose : 1° D'un traitement fixe qui ne peut être inférieur à 200 fr.; 2° du produit de la rétribution scolaire; 3° d'un supplément accordé, s'il y a lieu, à tous ceux dont le traitement joint au produit de la rétribution scolaire n'atteint pas 600 fr. » (Décret du 5 janvier 1851.)

Le règlement d'administration publique à intervenir fixera les conditions d'existence et de stabilité de cette caisse. Il expliquera, sans doute, jusqu'à quel point l'Etat assurera le service de ces retraites. La loi ne précise rien à l'égard des veuves des instituteurs. Il est à présumer qu'elles jouiront des avantages accordés aux veuves des autres fonctionnaires de l'instruction publique par l'ordonnance du 1er avril 1830.

Les travaux d'écriture relatifs aux caisses d'épargne, qui étaient faits autrefois par les inspecteurs de l'instruction primaire, sont maintenant confiés, conformément à une instruction ministérielle du 23 janvier 1851, à un employé du secrétariat de l'académie.

## Article 40.

§ 1. A défaut de fondations, dons ou legs, le conseil municipal délibère sur les moyens de pourvoir aux dépenses de l'enseignement primaire dans la commune.

2. En cas d'insuffisance des revenus ordinaires, il est pourvu à ces dépenses au moyen d'une imposition spéciale votée par le conseil municipal, ou, à défaut du vote de ce conseil, établie par un décret du pouvoir exécutif. Cette imposition, qui devra être autorisée chaque année par la loi de finances, ne pourra excéder trois centimes additionnels au principal des quatre contributions directes.

3. Lorsque des communes, soit par elles-mêmes, soit en se réunissant à d'autres communes, n'auront pu subvenir, de la manière qui vient d'être indiquée, aux dépenses de l'école communale, il y sera pourvu sur les ressources ordinaires du département, ou, en cas d'insuffisance, au moyen d'une imposition spéciale votée par le conseil général, ou, à défaut du vote de ce conseil, établie par un décret. Cette imposition, autorisée chaque année par la loi de finances, ne devra pas excéder deux centimes additionnels au principal des quatre contributions directes.

4. Si les ressources communales et départementales ne suffisent pas, le ministre de l'instruction publique accordera une subvention sur le crédit qui sera porté annuellement pour l'enseignement primaire au budget de l'État.

5. Chaque année, un rapport annexé au projet de budget fera connaître l'emploi des fonds alloués pour l'année précédente.

## Commentaire.

§ 1er. « Aux termes de l'article 38 de la loi, les communes devront d'abord consacrer à la partie fixe du traitement des instituteurs leurs revenus ordinaires, et, en cas d'insuffisance du produit de ces revenus, le produit des trois centimes spéciaux ; quand le produit de la rétribution scolaire réuni au traitement fixe n'atteindra pas 600 francs, elles devront, en outre, consacrer au supplément de traitement de l'instituteur la partie disponible de leurs revenus ordinaires et de leurs centimes spéciaux. » (Instruction du 24 décembre 1850 aux préfets.)

« A défaut de conventions contraires, les dépenses auxquelles l'entretien des écoles donne lieu sont réparties entre les communes réunies [pour l'entretien d'une école], proportionnellement au montant des quatre contributions directes. Cette répartition est faite par le préfet. » (Décret du 7 octobre 1850, § 2.)

§ 2. Lors de la discussion, M. Rigal proposa de dire : « en cas d'insuffisance des revenus ordinaires et de la rétribution scolaire ». M. Beugnot, rapporteur de la commission, répondit : « Cette addition est tout à fait inutile. En effet, à quoi s'agit-il de pourvoir en cas d'insuffisance des revenus ordinaires? Au traitement fixe établi en faveur de l'instituteur, et qui est à la charge de la commune. L'article 38, que vous venez de voter, dit que le traitement de l'instituteur se compose d'un traitement fixe de 200 francs, de la rétribution scolaire, et puis d'un supplément. Voilà donc trois éléments qui entrent dans la fixation du traitement. Quand on dit, dans l'article 40, qu'à défaut de fondations, dons ou legs, le conseil municipal délibère sur les moyens de pourvoir aux dépenses de l'enseignement, évidemment la dépense de l'enseignement n'est entendue que déduction faite de la rétribution scolaire; on n'a pas besoin de mettre « à défaut d'insuffisance des revenus ordinaires et de la rétribution scolaire ». La chose est comprise implicitement dans la rédaction de la commission. » L'amendement est rejeté.

§ 4. « Beaucoup de conseils généraux ne sont dans la nécessité d'affecter aux dépenses obligatoires de l'instruction primaire qu'une partie des deux centimes spéciaux que la loi de 1833 les oblige à voter.

« Ces dépenses obligatoires comprennent les traitements des instituteurs et les frais de location de maisons d'école, l'entretien des écoles normales primaires, les menues dépenses des comités et des commissions d'examen ; mais après avoir pourvu à cette partie obligatoire du service de l'instruction primaire, un certain nombre de conseils généraux affectent quelquefois le restant disponible de ces centimes à des dépenses non obligatoires, quoique d'une utilité incontestable. C'est ainsi que, sans y être contraints par la loi, ces conseils fournissent à des communes pauvres les moyens de construire des écoles de garçons ou de filles et des salles d'asile, qu'ils font distribuer des livres dans les écoles, qu'ils accordent des encouragements aux bons instituteurs et des secours à ceux d'entre eux que l'âge et les infirmités éloignent des écoles, et qui restent privés de toute ressource précisément au moment où ils deviennent hors d'état de pourvoir à leur existence. La loi nouvelle, en imposant aux conseils généraux l'obligation de compléter jusqu'à 600 fr. les traitements des instituteurs, aura pour résultat d'épuiser les deux centimes dans quelques départements, et, par conséquent, de laisser en souffrance d'autres parties du service qui, ainsi que je viens de le dire, quoique non obligatoires, n'en sont pas moins dignes du plus grand intérêt.

« J'aime à croire que les conseils généraux placés dans cette situation s'empresseront de suppléer sous ce rapport au déficit de leurs ressources, en portant, comme déjà quelques-uns le font, à la section des dépenses facultatives celles des dépenses non obligatoires de l'instruction primaire qui excéderaient les deux centimes spéciaux, et qui, par cette raison, ne pourraient plus figurer à la cinquième section du budget départemental. » (Rapport du ministre de l'instruction publique, 20 avril 1850.)

Une instruction ministérielle adressée aux préfets le 10 janvier 1851 leur donne la marche à suivre pour le payement des compléments de traitement dus par l'État.

## Article 41.

§ 1. La rétribution scolaire est perçue dans la même forme que les contributions publiques directes; elle est exempte des droits de timbre, et donne droit aux mêmes remises que les autres recouvrements.

2. Néanmoins, sur l'avis conforme du conseil général, l'instituteur communal pourra être autorisé par le conseil académique à percevoir lui-même la rétribution scolaire.

### Commentaire.

§ 1er. « Aux termes de l'article 38 de la loi, les communes devront d'abord consacrer à la partie fixe du traitement des instituteurs leurs revenus ordinaires, et, en cas d'insuffisance du produit de ces revenus, le produit des trois centimes spéciaux; quand le produit de la rétribution scolaire, réuni au traitement fixe, n'atteindra pas 600 francs, elles devront, en outre, consacrer au supplément de traitement de l'instituteur la partie disponible de leurs revenus ordinaires et de leurs centimes spéciaux. Il est donc très-important pour un grand nombre de communes, mais aussi pour les départements et pour l'Etat, qui doivent combler le déficit, non-seulement que la rétribution scolaire rende tout ce qu'elle doit produire, mais encore que le produit en soit régulièrement constaté. C'est en partie afin d'assurer ce double résultat, qu'il a été décidé que cette rétribution serait perçue dans la même forme que les contributions publiques directes ; que la perception serait exempte des droits de timbre, et donnerait droit aux mêmes remises que les autres recouvrements. (Instruction du 24 décembre 1850 aux préfets.)

« Le conseil académique fixe le taux de la rétribution scolaire sur l'avis des conseils municipaux et des délégués cantonaux. (Art. 15 de la présente loi, § 2.)

« Le maire dresse chaque année, de concert avec les ministres des différents cultes, la liste des enfants qui doivent être admis gratuitement dans les écoles publiques. Cette liste, approuvée par le conseil municipal, est définitivement arrêtée par le préfet. (Art. 45.) »

« La rétribution scolaire est due par tous les élèves externes et pensionnaires qui suivent les classes de l'école, et qui ne sont pas portés sur la liste (des enfants admis gratuitement) dressée en exécution de l'article 45 de la loi organique. (Décret du 7 octobre 1850, art. 21.)

« Le rôle de la rétribution scolaire est annuel. — Dans le courant de janvier, l'instituteur communal dresse et remet au maire : 1° le rôle des enfants présents dans son école au commencement du mois, avec l'indication du nom des redevables qui doivent acquitter la rétribution et du montant de la rétribution due par chacun d'eux ; 2° des extraits individuels dudit rôle, pour être ultérieurement remis aux redevables à titre d'avertissement. — Il n'est ouvert dans le rôle qu'un seul article au père, à la mère ou au tuteur qui a plusieurs enfants à l'école. — Le maire vise le rôle, après s'être assuré qu'il ne comprend pas d'enfants dispensés du payement de la rétribution ; qu'il contient tous ceux qui y sont soumis ; en outre, que la cotisation est établie d'après le taux fixé par le conseil académique. — Il l'adresse ensuite au sous-préfet, qui le communique à l'inspecteur pour qu'il puisse fournir ses observations. — Le préfet, ou le sous-préfet par délégation, rend le rôle exécutoire, et le transmet au receveur des finances, qui le fait parvenir au receveur municipal. (Art. 22.)

« La rétribution scolaire est payée par douzièmes. (Art. 23.)

« Un rôle supplémentaire est établi, à la fin de chaque trimestre, pour les enfants admis à l'école dans le courant du trimestre. Dans ce cas, la rétribution est due à partir du premier jour du mois dans lequel l'enfant a été admis. (Art. 24.)

« Tout enfant qui vient à quitter l'école postérieurement à l'émission du rôle est affranchi de la rétribution à partir du premier jour du mois suivant. Avis de son départ est immédiatement donné par l'instituteur et par les parents au maire, qui, après avoir vérifié le fait, en informe le receveur municipal. (Art. 26.) »

« L'instituteur tiendra un registre matricule pour servir à l'établissement des rôles qu'il doit remettre au maire. Il inscrira successivement sur ce registre le nom de tous les élèves payants admis à fréquenter l'école, et, quand il y a lieu, en regard de chaque nom, la date de la sortie de l'élève et le dégrèvement qui résulte de cette sortie. Le registre matricule sera représenté au maire, au délégué cantonal et à l'inspecteur de l'instruction primaire, à toute réquisition.

« Il dressera au commencement de chaque mois un relevé, extrait du registre matricule, des enfants sortis pendant le mois précédent. Le maire vérifiera ce relevé, l'arrêtera et le remettra au receveur municipal, qui l'émargera aux articles respectifs des redevables, et le conservera comme tenant lieu d'ordonnance de dégrèvement.

« Un autre extrait du registre matricule, contenant les noms des enfants entrés à l'école pendant le mois expiré, sera remis au receveur municipal, afin de le mettre à portée de recevoir les sommes qui lui seraient offertes avant l'émission du rôle trimestriel et d'en délivrer quittance à souche, sauf à faire ultérieurement l'émargement de ces sommes sur le rôle supplémentaire. » (Instruction du 24 décembre 1850 aux préfets. )

« Dans plusieurs départements, des instituteurs primaires publics demandent s'ils doivent faire figurer leurs propres enfants, lorsqu'ils suivent les classes de leur école, sur le rôle établi pour les recouvrements de la rétribution scolaire ou sur la liste des élèves gratuits.

« Après examen de cette question, j'ai reconnu qu'il y a lieu d'autoriser l'instituteur recevant ses enfants dans son école à ne les faire figurer ni sur les rôles de recouvrement de la rétribution scolaire, ni sur la liste des élèves admis gratuitement. » ( Instruction du 31 mars 1851 aux recteurs.)

« Lorsque plusieurs communes sont réunies pour l'entretien d'une même école, l'instituteur dresse un rôle spécial pour chaque commune. » ( Décret du 7 octobre 1850, art. 25.)

« L'instituteur dressera un rôle spécial unique pour les enfants des communes voisines non réunies qui seraient admis à suivre son école. Dans ce cas, il procédera directement au recouvrement de la rétribution scolaire. Le rôle sera visé par le maire de la commune où est située l'école, et le produit en sera porté au compte de cette commune.

« Si les communes réunies qui fournissent des enfants à l'école font partie de divers arrondissements de perception, le receveur municipal de la commune où l'école est établie recevra de ses collègues, au commencement de chaque mois ou de chaque trimestre, en un mandat du maire, soit le douzième, soit le quart du contingent des autres communes. » (Instruction du 24 décembre 1850 aux préfets.)

« Les réclamations auxquelles la confection des rôles peut donner lieu sont rédigées sur papier libre et déposées au secrétariat de la sous-préfecture. — Lorsqu'il s'agit de décharges ou réductions, il est statué par le conseil de préfecture sur l'avis du maire, du délégué cantonal et du sous-préfet. — Il est prononcé sur les demandes en remis epar le préfet, après avis du conseil municipal et du sous-préfet. » (Décret du 7 octobre 1850, art. 30.)

Aux termes de l'article 28 de la loi du 21 avril 1832, ces réclamations, ainsi que les états des cotes indûment imposées dressés par les receveurs municipaux, doivent être présentés dans les trois mois qui suivent la publication des rôles.

« Il y aura lieu à *décharge* ou *réduction* quand les cotes auront été indûment ou mal établies, et à *remise* ou *modération* quand les redevables se trouveront dans l'impossibilité d'acquitter la totalité ou une partie de leur cotisation. » (Instruction du 24 décembre 1850 aux préfets.)

« Les remises dues au percepteur et les cotes qui deviendraient irrecouvrables sont déclarées charges communales, et, comme telles, placées au nombre des dépenses obligatoires des communes. (Décret du 7 octobre 1850, art. 29.)

« Les remises des receveurs municipaux sont calculées, conformément à l'article 5 de la loi du 20 juillet 1837, sur le total des sommes portées aux rôles généraux et supplémentaires de la rétribution scolaire. (Art. 28.) »

D'après l'article 5 de la loi du 20 juillet 1837, les frais de perception de tous centimes additionnels à recouvrer pour le compte des communes sont ajoutés, à raison de trois centimes par franc, au montant desdites impositions, pour être recouvrés avec elles et versés dans la caisse des communes, à la charge par ces dernières d'en tenir compte aux percepteurs, à titre de dépenses municipales.

§ 2. Dans un certain nombre de communes où l'argent est rare, des habitants préfèrent se libérer en nature : il était donc nécessaire que l'instituteur pût être autorisé à percevoir lui-même la rétribution.

« Lorsque le conseil académique autorise un instituteur à percevoir lui-même le montant de la rétribution scolaire, en exécution du deuxième paragraphe de l'article 41 de la loi organique, le recteur en informe immédiatement le receveur particulier de l'arrondissement, qui en donne avis au receveur municipal. — Dans ce cas, le rôle de la rétribution est dressé et arrêté ainsi qu'il a été dit à l'article 22 du décret du 7 octobre (p. 131). » (Décret du 7 octobre 1850, art. 31.)

« Le deuxième paragraphe de l'article 41 de la loi permet au conseil académique d'autoriser, sur l'avis conforme du conseil général, l'instituteur à percevoir lui-même la rétribution scolaire. Cette disposition, introduite dans la loi afin de ménager la transition d'un régime à l'autre, par égard pour d'anciennes habitudes, a été, cette année, l'objet d'une recommandation spéciale aux conseils généraux. Ces conseils n'ont pas cru devoir user de cette faculté ; quelques-uns ont formellement demandé l'exécution du premier paragraphe de l'article 41 de la loi ; d'autres, en petit nombre, ont donné des avis favorables à quelques demandes d'instituteurs qui croient avoir intérêt à percevoir directement cette rétribution. Il en résulte que, cette année, la rétribution scolaire devra être perçue à peu près partout dans la même forme que les contributions publiques directes. Je considère ce résultat comme heureux, puisqu'en donnant à la participation de l'État dans les dépenses de l'enseignement primaire une base plus certaine, il tend en même temps à relever, aux yeux des populations, la considération des instituteurs.

« Lorsque le conseil académique autorisera un instituteur à percevoir lui-même le montant de la rétribution scolaire, le rôle primitif et les rôles supplémentaires de la rétribution ne donneront droit à aucune répétition contre les communes pour cotes irrecouvrables, ni à aucune remise au profit du receveur municipal, qui n'en fera recette et dépense que pour ordre dans son compte de gestion, d'après un certificat du maire constatant le produit net des rôles.

« Le décompte de fin d'année sera dressé par l'instituteur. Il joindra à l'appui les ordonnances de dégrèvements et les états mensuels des sorties d'élèves.

« L'instituteur délivrera aux redevables qui acquitteront la rétribution scolaire une quittance détachée d'un livre à souche. » (Instruction du 24 décembre 1850 aux préfets.)

## CHAPITRE IV.

### DES DÉLÉGUÉS CANTONAUX, ET DES AUTRES AUTORITÉS PRÉPOSÉES A L'ENSEIGNEMENT PRIMAIRE.

### Article 42.

§ 1. Le conseil académique du département désigne un ou plusieurs délégués résidant dans chaque canton, pour surveiller les écoles publiques et libres du canton, et détermine les écoles particulièrement soumises à la surveillance de chacun.

2. Les délégués sont nommés pour trois ans; ils sont rééligibles et révocables. Chaque délégué correspond, tant avec le conseil académique, auquel il doit adresser ses rapports, qu'avec les autorités locales, pour tout ce qui regarde l'État et les besoins de l'enseignement primaire dans sa circonscription.

3. Il peut, lorsqu'il n'est pas membre du conseil académique, assister à ses séances, avec voix consultative pour les affaires intéressant les écoles de sa circonscription.

4. Les délégués se réunissent au moins une fois tous les trois mois au chef-lieu de canton, sous la présidence de celui d'entre eux qu'ils désignent, pour convenir des avis à transmettre au conseil académique.

### Commentaire.

§ 1er. « Délégués du conseil académique avec lequel ils peuvent correspondre directement, c'est de ce conseil surtout qu'ils (les délégués) doivent recevoir l'impulsion, c'est de ses pensées qu'ils doivent surtout s'inspirer. Leur mission, qui est toute de confiance, s'étend à tout; mais elle n'est qu'une mission de surveillance, et s'il est à désirer qu'ils multiplient les avis et les remontrances paternelles partout où besoin sera, il est à désirer aussi qu'ils ne compromettent jamais leur autorité en s'efforçant d'introduire directement dans les écoles, soit des livres, soit des principes d'éducation et d'enseignement dont ils apprécieraient les avantages, mais qui y seraient jusqu'alors inusités. C'est par le conseil académique et par le recteur que les réformes à introduire dans l'enseignement doivent être provoquées : c'est donc au conseil académique qu'ils doivent naturellement faire part de leurs vues à ce sujet. Le danger de leur situation, qu'ils ne se le dissimulent pas, c'est l'influence des passions locales; tous leurs efforts doivent donc tendre à s'en affranchir et à conserver, avec leur indépendance, cette haute réputation d'impartialité qui doit honorer leur mission. Il est, en outre, important qu'ils s'entendent, sous tous les rapports, avec M. l'inspecteur de l'arrondissement. Placés plus près que lui des écoles, plus à portée que lui de recueillir journellement les faits isolés dont l'ensemble doit servir à constituer une opinion quelconque sur les écoles et sur les instituteurs, qu'ils ne négligent pas, ainsi que le leur recommande l'article 45 du règlement du 29 juillet (p. 158), de lui faire part de toutes leurs craintes, de tous leurs doutes; en un mot, qu'ils éveillent son attention sur tous les faits qui intéressent la direction de l'enseignement dans leur canton. M. l'inspecteur, de son côté, devra leur faire toutes les communications utiles à l'accomplissement de leur mission. En se prêtant ainsi un mutuel appui, les délégués cantonaux et les inspecteurs d'arrondissement parviendront à constituer un bon système de surveillance dont les esprits éclairés comprennent l'importance et dont ils apprécieront les bienfaits. » (Instruction du 24 décembre 1850 aux recteurs.)

« Vous donnerez tous vos efforts à ce que les fonctions honorables et désintéressées de délégué cantonal soient toujours accordées à des vocations sincères, et surtout, quand il sera possible, à des vocations déjà éprouvées dans les comités d'arrondissement. Il ne faut pas qu'elles puissent jamais être données à ceux qui les rechercheraient uniquement comme des moyens d'influence. Elles doivent être considérées seulement comme des occasions de service public et de dévouement. » (Instruction du 27 août 1850 aux recteurs.)

« Nul chef ou professeur dans un établissement d'instruction primaire public ou libre ne peut être délégué du conseil académique. » (Décret du 29 juillet 1850, art. 44.)

On doit sous-entendre « en exercice. » Rien ne s'oppose, dans la loi, à ce qu'un ancien instituteur public ou libre soit nommé délégué.

« L'inspection des établissements d'instruction publique ou libre est exercée.... par les délégués cantonaux, le maire et le curé, le pasteur ou le délégué du consistoire israélite, en ce qui concerne l'enseignement primaire. (Art. 18 de la présente loi, §§ 1 et 5.)

« L'inspection des écoles publiques s'exerce conformément aux règlements délibérés par le conseil supérieur. — Celle des écoles libres porte sur la moralité, l'hygiène et la salubrité. — Elle ne peut porter sur l'enseignement que pour vérifier s'il n'est pas contraire à la morale, à la Constitution et aux lois. (Art. 21.) »

« Les délégués ont entrée dans toutes les écoles libres ou publiques de leur circonscription; ils les visitent au moins une fois par mois. (Décret du 29 juillet 1850, art. 45, § 1.)

« Les personnes chargées de l'inspection, en vertu de l'article 18 de la loi organique, dressent procès-verbal de toutes les contraventions qu'elles reconnaissent. (Art. 42.) »

D'après une décision du 31 mars 1851, chaque délégué n'a pas le droit de visiter toutes les écoles du canton ; il ne doit visiter que celles qui lui sont désignées par le conseil académique.

Une instruction ministérielle du 10 mai 1851 indique la manière dont l'inspection doit se faire dans les écoles libres [voyez p. 66].

† D'autres attributions ont encore été conférées aux délégués cantonaux par les articles 15 et 29 de la présente loi, les articles 7, 12, 19 et 30 du décret du 7 octobre 1850, et les articles 4, 6 et 11 du décret du 30 décembre 1850.

D'après l'article 15 de la présente loi, les délégués cantonaux doivent donner leur avis sur le taux de la rétribution scolaire des écoles primaires publiques.

D'après l'article 29, ils ont le droit d'autoriser des personnes charitables à enseigner la lecture et l'écriture aux enfants.

D'après l'article 7 du décret du 7 octobre 1850 [p. 118], ils doivent visiter les locaux destinés aux écoles communales avant leur ouverture, et en faire leur rapport au conseil académique.

D'après l'article 12 [p. 144], ils doivent, en visitant les écoles publiques affectées aux enfants d'un culte, se faire représenter le registre des déclarations des parents de cultes différents.

D'après l'article 19 [p. 121], ils donnent leur avis sur les délibérations des conseils municipaux relatives aux écoles.

D'après l'article 30 [p. 132], ils doivent donner leur avis sur les réclamations auxquelles la confection des rôles peut donner lieu.

D'après l'article 4 du décret du 30 décembre 1850 [p. 164], ils ont le droit, en visitant les pensionnats primaires libres, de se faire représenter le plan du local approuvé par le conseil académique, et sur lequel mention a été faite du nombre d'élèves admissibles et du nombre des maîtres et employés nécessaire.

D'après l'article 6 [p. 166], ils ont le droit, en visitant les pensionnats primaires publics, de se faire représenter le plan du local visé par le recteur et l'autorisation délivrée par le conseil académique, mentionnant le nombre des élèves admissibles et des maîtres et surveillants nécessaires.

D'après l'article 11 [p. 167], ils doivent, en visitant les pensionnats publics et libres, se faire représenter le registre des élèves pensionnaires et celui des maîtres et surveillants.

L'article 39 du décret du 29 juillet 1850 [p. 58] porte que les délégués du conseil académique ont le droit de se présenter, après deux années d'exercice, aux examens de capacité pour les fonctions d'inspecteur de l'instruction primaire.

Un arrêt de la cour de cassation, en date du 16 avril 1851, reconnaît aux délégués cantonaux le caractère de fonctionnaires publics.

Lors de la discussion, M. de Castillon proposa d'ajouter : « Les fonctions des délégués cantonaux sont gratuites. » M. Beugnot, rapporteur de la commission, répondit : « Il a été entendu de tout le monde, et je crois que la chose n'avait pas besoin d'explication, que les fonctions des délégués cantonaux, et je dirai plus, toutes les fonctions des personnes qui n'appartiennent pas au personnel administratif de l'instruction publique, sont des fonctions gratuites. Pour tous ceux qui entrent dans le conseil académique, les fonctions sont gratuites. Nous n'avons pas cru devoir en parler; ce serait presque leur faire injure que de le dire dans la loi. Il en est de même des délégués cantonaux.»

§ 2. «Les délégués communiquent aux inspecteurs de l'instruction primaire tous les renseignements utiles qu'ils ont pu recueillir.» (Décret du 29 juillet 1850, art. 45.)

« Il est important que MM. les délégués s'entendent, sous tous les rapports, avec M. l'inspecteur de l'arrondissement. Placés plus près que lui des écoles, plus à portée que lui de recueillir journellement les faits isolés dont l'ensemble doit servir à constituer une opinion quelconque sur les écoles et sur les instituteurs, qu'ils ne négligent pas, ainsi que le leur recommande l'article 45 du règlement du 29 juillet, de lui faire part de toutes leurs craintes, de tous leurs doutes; en un mot, qu'ils éveillent son attention sur tous les faits qui intéressent la direction de l'enseignement dans leur canton. M. l'inspecteur, de son côté, devra leur faire toutes les communications utiles à l'accomplissement de leur mission.» (Instruction du 24 décembre 1850 aux recteurs.)

Les délégués et les inspecteurs sont des autorités distinctes, qui ne sont pas subordonnées l'une à l'autre, mais qui doivent marcher d'accord dans l'intérêt de l'enseignement. Les délégués ont mission pour surveiller et non pour ordonner; c'est par le conseil académique et par les inspecteurs que les abus doivent se réprimer, que les améliorations doivent se produire. Si la loi n'impose pas aux délégués l'obligation de correspondre avec les inspecteurs, la nature même de leurs fonctions les conduit à le faire d'une manière officieuse, sinon obligée. L'article 45 du décret du 29 juillet 1850 ne fait que rappeler cette nécessité administrative; il n'aurait pas été publié, que les relations entre les délégués et les inspecteurs n'en existeraient pas moins forcément. Aussi sommes-nous surpris de quelques critiques adressées à l'article 45 du décret du 29 juillet.

§ 3. Lorsque le conseil académique doit s'occuper des affaires intéressant les écoles de la circonscription d'un délégué cantonal, ce délégué *peut assister* à la séance du conseil et y avoir voix consultative.

« L'expression employée par le législateur ne crée pas, selon nous, un droit absolu et indépendant de l'appréciation du conseil académique. Il serait contraire à toute règle d'administration qu'un individu, quel qu'il fût, du moment qu'il n'a pas la qualité de membre d'un conseil, pût prendre part de plein droit à telle ou telle délibération du conseil. La loi n'a voulu qu'une chose : déclarer qu'un délégué, lorsqu'il s'agirait d'affaires intéressant les écoles de sa circonscription, pourrait être appelé régulièrement à assister aux séances du conseil académique.» (M. E. Rendu, Commentaire de la loi.)

§ 4. « Le règlement d'administration publique du 29 juillet 1850, en complétant l'organisation des délégués et en permettant de les réunir au chef-lieu d'arrondissement, a eu pour but de donner à leur surveillance une direction d'autant plus utile qu'elle sera plus uniforme, et de permettre au conseil académique de recueillir avec plus de précision tous les faits dont la connaissance parfaite lui importe à un si haut point. » (Instruction du 24 décembre 1850 aux recteurs.)

Indépendamment des réunions trimestrielles qui doivent avoir lieu au chef-lieu de canton conformément aux termes du présent paragraphe, l'article 46 du décret du 29 juillet 1850 porte que, d'après la demande du recteur, d'autres réunions pourront avoir lieu sur la convocation et sous la présidence du sous-préfet.

« Sur la convocation et sous la présidence du sous-préfet, les délégués des cantons d'un arrondissement peuvent être réunis au chef-lieu de l'arrondissement, pour délibérer sur les objets qui leur sont soumis par le recteur ou par le conseil académique. (Décret du 29 juillet 1850, art. 46.)

« Les inspecteurs de l'instruction primaire assistent, avec voix délibérative, aux réunions des délégués cantonaux prescrites par le quatrième paragraphe de l'article 42 de la loi organique, et à celles dont il est fait mention en l'article 46 du présent règlement. (Art. 43, § 3.) »

Ces deux articles 46 et 43 du décret du 29 juillet ont donné lieu à quelques observations. On a dit que la réunion des délégués au chef-lieu d'arrondissement sous la présidence du sous-préfet s'écartait de la lettre et de l'esprit de la loi du 15 mars 1850, qui a supprimé les comités d'arrondissement; que les délégués ne devaient aucun renseignement au sous préfet, hormis dans les circonstances d'ordre public; qu'enfin, dans leurs réunions, les délégués pouvaient avoir à formuler des plaintes contre les actes de l'inspecteur.

Remarquons d'abord que ces réunions éventuelles ne doivent avoir lieu que sur la demande du recteur; ajoutons ensuite que la nature même des fonctions des délégués les mettra fréquemment en rapport avec le sous-préfet pour mille détails concernant les écoles communales, et que des réunions à époques indéterminées seront nécessaires à la sous-préfecture, dans l'intérêt même des écoles. Ces réunions auraient eu lieu même sans la mention qui en est faite dans l'article 46 du décret du 29 juillet, parce qu'elles seront, dans certains cas, une nécessité de service public.

En admettant qu'un délégué ait des plaintes à formuler contre un inspecteur, est-il nécessaire qu'il les exprime dans ces réunions? Ne peut-il les transmettre directement au recteur ou au conseil académique? Au reste, les articles 46 et 43 ne parlent de la présence des inspecteurs qu'aux réunions trimestrielles des délégués cantonaux et aux réunions éventuelles provoquées par le sous-préfet, sur l'invitation du recteur. Mais rien dans la loi ne s'oppose à ce que les délégués se réunissent plus souvent entre eux. Dans ces réunions particulières, ils traiteront des questions personnelles qu'ils n'auront pas voulu soulever en présence de l'inspecteur.

« Ces réunions entraînent nécessairement quelques frais qui peuvent, par analogie, être assimilés à ceux qu'exigeaient les réunions des comités supérieurs. Le conseil général doit allouer une somme pour y pourvoir. » (Instruction du 15 août 1850 aux préfets.)

## Article 43.

1. A Paris, les délégués nommés pour chaque arrondissement par le conseil académique se réunissent au moins une fois tous les mois, avec le maire, un adjoint, le juge de paix, un curé de l'arrondissement et un ecclésiastique, ces deux derniers désignés par l'archevêque, pour s'entendre au sujet de la surveillance locale et pour convenir des avis à transmettre au conseil académique. Les ministres des cultes non catholiques reconnus, s'il y a dans l'arrondissement des écoles suivies par des enfants appartenant à ces cultes, assistent à ces réunions avec voix délibérative.
2. La réunion est présidée par le maire.

## Commentaire.

§ 1er. « A Paris, le conseil académique désigne, dans chaque arrondissement, un délégué au moins par quartier. Il peut désigner en outre, dans chaque arrondissement, des délégués spéciaux pour les écoles des cultes protestant et israélite. — L'inspecteur de l'instruction primaire assiste aux réunions mensuelles des délégués de l'arrondissement avec voix consultative. » (Décret du 29 juillet 1850, art. 47.)

Il est compris que la désignation de délégués spéciaux pour les écoles des cultes protestant et israélite n'aura lieu que dans les arrondissements où il existera des écoles de ces cultes.

## Article 44.

§1. Les autorités locales préposées à la surveillance et à la direction morale de l'enseignement primaire sont, pour chaque école, le maire, le curé, le pasteur ou délégué du culte israélite, et, dans les communes de deux mille âmes et au-dessus, un ou plusieurs habitants de la commune, délégués par le conseil académique.
2. Les ministres des différents cultes sont spécialement chargés de surveiller l'enseignement religieux de l'école.
3. L'entrée de l'école leur est toujours ouverte.
4. Dans les communes où il existe des écoles mixtes, un ministre de chaque culte aura toujours l'entrée de l'école

pour veiller à l'éducation religieuse des enfants de son culte.

5. Lorsqu'il y a pour chaque culte des écoles séparées, les enfants d'un culte ne doivent être admis dans l'école d'un autre culte que sur la volonté formellement exprimée par les parents.

## Commentaire.

§ 1er. « L'inspection des écoles publiques s'exerce conformément aux règlements délibérés par le conseil supérieur. — Celle des écoles libres porte sur la moralité, l'hygiène et la salubrité. — Elle ne peut porter sur l'enseignement que pour vérifier s'il n'est pas contraire à la morale, à la Constitution et aux lois. » (Art. 21 de la présente loi.)

« Les personnes chargées de l'inspection, en vertu de l'article 18 de la loi organique, dressent procès-verbal de toutes les contraventions qu'elles reconnaissent. » (Décret du 29 juillet 1850, art. 42, § 1.)

« Le procès-verbal des inspecteurs constatant le refus du chef d'établissement fera foi jusqu'à inscription de faux. » (Art. 22 de la présente loi, § 3.)

« Les autorités préposées par l'article 44 de la loi organique à la surveillance des écoles peuvent se réunir, sous la présidence du maire, pour convenir des avis à transmettre à l'inspecteur de l'instruction primaire et aux délégués cantonaux. » (Décret du 29 juillet 1850, art. 49.)

« L'article 44 [de la loi organique] confie la surveillance locale, non pas à un comité, comme le voudrait le règlement du 29 juillet (art. 49), qui le mettrait comme autrefois sous la présidence du maire, mais au maire et au curé agissant séparément et personnellement. Ce n'est pas que ces deux autorités ne puissent se réunir pour se concerter et s'entendre, et qu'il ne soit même désirable qu'elles le fassent souvent; mais le maire et le curé ont chacun un pouvoir de surveillance et de direction individuel.

« Seulement, puisque le ministre du culte est spécialement chargé de surveiller l'enseignement religieux de l'école, il est évident qu'il touche plus immédiatement et plus nécessairement à la direction morale; et puisque le maire, comme pouvoir exécutif du conseil municipal, fournit le local, le mobilier et le traitement, il est naturel qu'il s'occupe plus principalement de la tenue matérielle et de l'hygiène. » (Mgr Parisis, Instruction aux curés de son diocèse.)

Le maire et le curé sont les principales autorités chargées de la surveillance locale. Comme l'a dit Mgr Parisis, ils ont chacun un pouvoir de surveillance et de direction individuel.

Les attributions du maire sont spécialement définies par les articles 18, 27, 28, 33, 44, 45, 50, 53 et 55 de la présente loi, l'article 49 du décret du 29 juillet 1850, les articles 3, 14, 22 et 30 du décret du 7 octobre 1850, et l'article 3 du décret du 30 décembre 1850.

D'après les articles 18 et 44 de la présente loi, le maire est chargé de l'inspection de l'enseignement primaire public et libre de sa localité.

D'après l'article 27, il doit recevoir la déclaration de l'instituteur qui veut ouvrir une école libre, et la faire afficher à la porte de la mairie.

D'après l'article 28, il doit approuver le local désigné par l'instituteur libre, et il a le droit de s'y refuser s'il ne le trouve pas convenable.

D'après l'article 33, il peut suspendre provisoirement l'instituteur communal, en cas d'urgence.

D'après l'article 45, il dresse chaque année, avec les ministres des cultes, la liste des enfants qui doivent être admis gratuitement dans les écoles publiques

D'après l'article 50, il exerce à l'égard des écoles de filles les mêmes attributions qu'envers les écoles de garçons.

D'après l'article 53, il doit recevoir la déclaration de l'instituteur libre ou de l'institutrice libre qui veut tenir un pensionnat.

D'après l'article 55, il exerce à l'égard des écoles d'adultes les mêmes attributions qu'envers les écoles primaires.

D'après l'article 49 du décret du 29 juillet 1850 [p. 141], il doit présider la réunion des autorités locales préposées par l'article 44 de la loi organique à la surveillance des écoles.

D'après l'article 3 du décret du 7 octobre 1850 [p. 89], le maire informe le recteur s'il a été fait des observations sur les déclarations faites par les instituteurs libres pour ouvrir une école.

D'après l'article 14 [p. 97], il donne communication au recteur de la nomination de l'instituteur par le conseil municipal.

D'après l'article 22 [p. 131], il est chargé de viser le rôle de la rétribution scolaire établi par l'instituteur et d'en faire l'envoi au sous-préfet.

D'après l'article 30 [p. 132], il est consulté sur les remises ou réductions de cotes indûment imposées pour la rétribution scolaire.

D'après l'article 3 du décret du 30 décembre 1850 [p. 164], il approuve le local désigné par l'instituteur libre pour tenir un pensionnat primaire, et il a le droit de s'y refuser s'il ne le trouve pas convenable.

Enfin le maire est chargé de la correspondance administrative concernant les affaires de l'école, et des détails particuliers relatifs à la tenue de l'école et à l'ouverture et la fermeture des classes.

Les adjoints partagent avec le maire ces diverses attributions au même titre que les autres attributions municipales.

Les attributions du curé sont définies par les articles 18, 44, 45 et 50 de la présente loi, et l'article 11 du décret du 7 octobre 1850.

D'après les articles 18 et 44 de la présente loi, le curé est chargé de l'inspection de l'enseignement primaire public et libre de sa localité.

D'après l'article 45, il dresse chaque année, avec le maire, la liste des enfants qui doivent être admis gratuitement dans les écoles publiques.

D'après l'article 50, il exerce à l'égard des écoles de filles les mêmes attributions qu'envers les écoles de garçons.

D'après l'article 11 du décret du 7 octobre 1850 [p. 143], il procède séparément à l'examen des élèves de son culte, dans les écoles où des enfants de divers cultes sont réunis.

Lors de la discussion de l'article 18, il a été entendu que, dans le cas où il existerait plusieurs paroisses dans une ville, l'inspection serait exercée par chacun des curés ou desservants sur le territoire et dans la juridiction desquels se trouveraient les écoles à inspecter. M. Baze a ajouté que la loi devait être ainsi entendue pour chaque ministre des cultes en ce qui concerne ses coreligionnaires.

Les ministres des cultes non catholiques jouissent des mêmes droits et attribution que les curés.

· Les délégués désignés en vertu du présent paragraphe ont le titre de *délégués communaux.* Ils n'ont d'autorité que dans la commune pour laquelle ils sont nommés. Leurs devoirs et leurs droits sont les mêmes que ceux des délégués cantonaux en ce qui concerne la surveillance et l'inspection des écoles de leur commune [voyez p. 135].

§ 3. « Les ministres des différents cultes n'inspecteront que les écoles spéciales à leur culte, ou les écoles mixtes pour leurs coreligionnaires seulement. » (Art. 18 de la présente loi, § 6.)

« Lorsqu'il y a dans une commune une école spécialement affectée aux enfants d'un culte, et qu'il ne s'y trouve en résidence aucun ministre de ce culte, l'évêque ou le consistoire désigne, pour l'exécution de l'article 44 de la loi organique, le curé, le pasteur ou le délégué d'une commune voisine. » (Décret du 29 juillet 1850, art. 48.)

« Cette surveillance spéciale de l'enseignement religieux, donnée par l'article 44 aux ministres du culte, restreint certainement les pouvoirs des inspecteurs et délégués. On s'est demandé si un inspecteur pouvait interroger les élèves d'une école publique sur l'enseignement religieux. Lorsque le curé est présent, c'est lui qui doit interroger les enfants devant l inspecteur. Lorsqu'il est absent, l'inspecteur doit se borner à interroger sur la lettre du catéchisme diocésain. Telle a été la réponse faite par Mgr l'évêque de Langres, en ce qui concerne les écoles catholiques. » (Commentaire du Comité de l'enseignement libre.)

§ 4. « Dans les écoles où des enfants de divers cultes sont réunis, chaque ministre procède séparément à l'examen des élèves de son culte, en ce qui concerne l'enseignement religieux. » (Décret du 7 octobre 1850, art. 11.)

Les enfants d'un même culte doivent être interrogés séparément, c'est-à-dire hors de la présence des élèves appartenant à un autre culte.

« L'instituteur ne doit donner, pour ce qui le concerne, l'enseignement religieux que selon le culte qu'il professe lui-même. Toute autre conduite supposerait de sa part un défaut de foi, et serait un scandale. Aussi, c'est un point qui a été discuté profondément, et résolu absolument, dans la commission aussi bien que dans l'Assemblée. Si donc la loi tolère que les écoles soient mixtes, elle ne permet pas que l'enseignement le soit. » (Mgr Parisis, Instruction aux curés de son diocèse.)

Le catéchisme est nécessairement la partie essentielle de l'enseignement religieux. Les instituteurs doivent le faire apprendre par cœur. Mais ont-ils le droit d'enseigner à leurs élèves la lettre du catéchisme? Il résulterait d'une instruction synodale de Mgr l'évêque de Luçon, appuyée sur un bref de N. S. P. le pape, que les instituteurs ne peuvent le faire qu'autant qu'ils y ont été autorisés expressément et nominativement par leur évêque [voyez p. 73].

§ 5. Aux termes de l'article 36, dans les communes où les différents cultes reconnus sont professés publiquement, des écoles séparées doivent être établies pour les enfants appartenant à chacun de ces cultes. Toutefois, en vertu du paragraphe 3 de l'article 15, le conseil académique peut autoriser provisoirement les communes à conserver des écoles primaires dans lesquelles seront admis des enfants appartenant aux différents cultes reconnus.

« Lorsque, dans une école spécialement affectée aux enfants d'un culte, sont admis les enfants d'un autre culte, il est tenu par l'instituteur un registre sur lequel est inscrite la déclaration du père, ou, à son défaut, de la mère ou du tuteur, attestant que leur enfant ou pupille a été admis dans l'école sur leur demande. — Ladite déclaration est signée par les père, mère ou tuteur; s'ils ne savent signer, l'instituteur fait mention de cette circonstance et certifie leur déclaration. — Ce registre doit être représenté à toute personne préposée à la surveillance de l'école. » (Décret du 7 octobre 1850, art. 12.)

« Lorsque le conseil académique ne croira pas devoir autoriser une commune à entretenir une seule école pour les enfants de cultes différents, et lorsque, par conséquent, aux termes du cinquième paragraphe de l'article 36 de la loi organique, une commune devra avoir des écoles spéciales à chaque culte, il devra veiller avec soin à l'exécution du cinquième paragraphe de l'article 44 de la loi, lequel ordonne que les enfants d'un culte ne soient admis dans l'école d'un autre culte que sur la volonté formellement exprimée par les parents. A cet effet, vous aurez soin de veiller à ce que le registre prescrit par l'article 12 du décret du 7 octobre soit régulièrement tenu dans toutes les écoles spécialement affectées à un culte. Si rien ne doit gêner la liberté des familles en ce qui concerne l'enseignement religieux de leurs enfants, rien ne doit être négligé non plus pour qu'elles soient complétement éclairées sous ce rapport. Il faut donc non-seulement, comme le veut la loi, qu'elles s'expriment à cet égard d'une manière formelle, mais encore que cette volonté laisse des traces, et que les familles soient mises en demeure de déclarer en quelque sorte d'avance, par leur signature sur le registre, qu'elles connaissent les conséquences auxquelles elles exposent leurs enfants, en les plaçant dans une école où un culte étranger au leur est professé et suivi. Il faut enfin que ce registre, contrairement à quelques prétentions qui se sont manifestées, soit constamment tenu à la disposition de l'autorité. C'est là une garantie que toutes les familles religieuses, à quelque culte qu'elles appartiennent, ne manqueront pas d'apprécier. » (Instruction du 24 décembre 1850 aux recteurs.)

## Article 45.

**Le maire dresse chaque année, de concert avec les ministres des différents cultes, la liste des enfants qui doivent être admis gratuitement dans les écoles publiques. Cette liste est approuvée par le conseil municipal, et définitivement arrêtée par le préfet.**

### Commentaire.

« L'enseignement primaire est donné gratuitement à tous les enfants dont les familles sont hors d'état de le payer. » (Art. 24 de la présente loi.)

« Chaque année, à l'époque fixée par le recteur, la liste des enfants admis gratuitement dans les écoles publiques est dressée conformément à ce qui est prescrit par l'article 45 de la loi organique; les modifications apportées à cette liste dans le cours de l'année sont soumises aux mêmes formalités. » (Décret du 7 octobre 1850, art. 10.)

Il est fait trois expéditions de cette liste : une pour la mairie, une pour l'instituteur, une pour le recteur.

« L'article 45 de la loi charge les préfets d'arrêter définitivement la liste des élèves gratuits approuvée par le conseil municipal et dressée chaque année par le maire et les ministres des différents cultes. Il importe que vous vous armiez, à cet égard, d'une juste fermeté. Les combinaisons adoptées par la loi du 15 mars, en chargeant l'État de combler le déficit des ressources communales, désintéressent peut-être trop un grand nombre de conseils municipaux dans la question, et peuvent les déterminer à se montrer très-faciles quant à l'admission gratuite des élèves dans les écoles. MM. les délégués pourront vous éclairer sous ce rapport dans beaucoup de circonstances et vous aider ainsi à repousser de ces listes tous les enfants des familles qui ne sont pas absolument dans l'impossibilité de subvenir à cette faible dépense. C'est devant cette impossibilité seule que vous devez vous arrêter. » (Instruction du 24 décembre 1850 aux préfets.)

Les conseils municipaux ont pour usage de voter chaque année une somme suffisante pour donner gratuitement les fournitures de classes aux enfants pauvres exempts de la rétribution scolaire.

## Article 46.

§ 1. Chaque année le conseil académique nomme une commission d'examen chargée de juger publiquement, et à des époques déterminées par le recteur, l'aptitude des aspirants au brevet de capacité, quel que soit le lieu de leur domicile.

2. Cette commission se compose de sept membres, et choisit son président.

3. Un inspecteur d'arrondissement pour l'instruction primaire, un ministre du culte professé par le candidat, et deux membres de l'enseignement public ou libre, en font nécessairement partie.

4. L'examen ne portera que sur les matières comprises dans la première partie de l'article 23.

5. Les candidats qui voudront être examinés sur tout ou partie des autres matières spécifiées dans le même article, en feront la demande à la commission. Les brevets délivrés feront mention des matières spéciales sur lesquelles les candidats auront répondu d'une manière satisfaisante.

### Commentaire.

§ 1er. « Les commissions d'examen pour le brevet de capacité pour l'enseignement primaire tiennent au moins deux sessions par an. — La commission ne peut délibérer régulièrement qu'autant que cinq au moins de ses membres sont présents. — Les délibérations sont prises à la majorité des suffrages. — En cas de partage, la voix du président est prépondérante. — La forme des brevets est réglée par le ministre de l'instruction publique. — Nul ne peut se présenter devant une commission d'examen, s'il n'est âgé de dix-huit ans au moins. » (Décret du 29 juillet 1850, art. 50.)

La présente loi et le règlement du 29 juillet 1850 n'ont rien spécifié au sujet du délai exigible pour se présenter à un second examen lorsqu'on a échoué à un premier. L'intervalle de six mois, qui sépare ordinairement les deux sessions annuelles, aura sans doute paru suffisant.

Les aspirants au brevet de capacité sont admis à l'examen devant les jurys départementaux, quel que soit le lieu de leur domicile. Ils ne sont plus obligés de se présenter au chef-lieu de l'académie où ils résident. Les brevets délivrés sont valables pour toute la France.

D'après l'article 14 du décret du 29 juillet 1850 [p. 40], les examens doivent avoir lieu dans une des salles de l'académie.

Aux termes d'un arrêté du 28 décembre 1838, l'identité des candidats doit être certifiée au moment de l'examen par deux notables pris parmi les fonctionnaires publics ou les membres de l'enseignement.

§ 3. « Une des conditions les plus essentielles de cette commission d'examen, c'est qu'il s'y trouvera toujours un ministre du culte professé par le candidat. Le vœu de la loi, c'est que ce ministre soit, autant que possible, un des membres du conseil académique, et que conséquemment, en ce qui concerne la religion catholique, ce soit l'ecclésiastique désigné par l'évêque pour faire partie de ce conseil. Il est bien entendu aussi que les ministres des cultes différents, non seulement n'interrogeront pas, non-seulement ne délibèreront pas, mais ne seront pas présents à l'examen d'un candidat qui n'est pas leur coreligionnaire. C'est dans ce sens qu'on l'a formellement compris dans la commission parlementaire et dans l'Assemblée. » (Mgr Parisis, Instruction aux curés de son diocèse.)

Le curé du lieu où se réunit la commission d'examen sera, sans doute, ordinairement choisi pour faire partie de cette commission ; mais l'article ne dit point que ce sera lui nécessairement.

Les membres de l'enseignement public ou libre peuvent être pris indistinctement dans l'instruction supérieure, secondaire ou primaire, puisque la loi ne spécifie rien à cet égard.

§ 4. Les matières comprises dans la première partie de l'article 23 sont : l'instruction morale et religieuse, la lecture, l'écriture, les éléments de la langue française, le calcul, et le système légal des poids et mesures.

Aux termes d'une décision du 20 juin 1837, l'instruction morale et religieuse doit être entendue ici dans le sens de la loi, qui ne reconnaît que les trois cultes catholique, protestant et israélite. Le candidat, qui déclarerait n'appartenir à aucun de ces cultes, ne pourrait être admis à l'examen.

Jusqu'à la publication d'un nouveau règlement pour les examens au brevet de capacité, la forme des examens a lieu conformément à l'arrêté du 16 juillet 1833. Mais le programme des connaissances exigées est limité aux matières comprises dans la première partie de l'article 23.

§ 5. Les autres matières spécifiées à l'article 23, sont : l'arithmétique appliquée aux opérations pratiques; les éléments de l'histoire et de la géographie; des notions des sciences physiques et de l'histoire naturelle, applicables aux usages de la vie; des instructions élémentaires sur l'agriculture, l'industrie et l'hygiène; l'arpentage, le nivellement, le dessin linéaire; le chant et la gymnastique.

Les candidats qui désirent être interrogés sur les matières spécifiées dans la seconde partie de l'article 23 doivent en faire la demande avant l'ouverture de la session d'examen.

D'après une décision du 9 juin 1851, on doit se borner pour l'histoire et la géographie aux notions élémentaires de l'histoire et de la géographie, sans les restreindre cependant à ce qui regarde la France.

« Le brevet de capacité sera délivré aux impétrants, dans chaque académie, non par la commission elle-même, comme cela se pratiquait sous l'empire de l'ancienne législation, mais par le recteur, sur le vu d'un certificat d'aptitude émané de la commission. » (Instruction du 14 mars 1851 aux recteurs.)

## Article 47.

§ 1. Le conseil académique délivre, s'il y a lieu, des certificats de stage aux personnes qui justifient avoir enseigné pendant trois ans au moins les matières comprises dans la première partie de l'article 23, dans les écoles publiques ou libres autorisées à recevoir des stagiaires.

2. Les élèves-maîtres sont, pendant la durée de leur stage, spécialement surveillés par les inspecteurs de l'enseignement primaire.

### Commentaire.

§ 1er. Ces certificats de stage sont destinés à suppléer le brevet de capacité ou le titre équivalent exigé par l'article 25, afin de pouvoir exercer les fonctions d'instituteur primaire. Pour que ce stage soit valable, il faut, aux termes précis du présent article, qu'il ait été fait dans une école publique ou libre autorisée à recevoir des stagiaires et qu'il ait eu lieu sous la surveillance des inspecteurs de l'enseignement primaire.

Il n'y a pas obligation pour les élèves de faire leurs trois années de stage dans la même école; il suffit qu'ils aient passé ces trois années dans des écoles stagiaires régulièrement autorisées.

« Il faut, pour obtenir le certificat de stage, justifier avoir enseigné pendant trois ans au moins les matières comprises dans la première partie de l'article 23. On en a conclu que le certificat de stage ne donne le droit d'enseigner que ces matières composant l'enseignement le plus élémentaire, et qu'il faudra passer un examen pour élever plus haut son enseignement. Tel n'est pas l'esprit, tel n'est pas le texte de la loi. L'article 25 place le stage au même niveau absolument que l'examen; le stage comme l'examen, en règle générale (art. 46), ne porte que sur l'enseignement élémentaire; et cependant le certificat obtenu à l'issue du stage, comme le brevet obtenu après l'examen, permet d'enseigner le programme entier de l'article 23. C'est au candidat à demander qu'on indique dans son certificat de stage qu'il a enseigné telles ou telles matières en dehors du programme élémentaire, par analogie avec la mention qui peut être dans ce but jointe aux brevets de capacité (art. 46). C'est à la commune qui veut que l'enseignement de ses écoles soit développé (art. 36), à s'assurer que le maître auquel elle le confie en est capable. Mais la loi donne au certificat de stage absolument la même valeur qu'au brevet de capacité. » (Commentaire du Comité de l'enseignement libre.)

Les écoles autorisées à recevoir des stagiaires étant une création nouvelle de la loi du 15 mars 1850, il en résulte que les certificats de stage ne pourront être délivrés qu'en septembre 1853. On a prétendu que ces certificats pouvaient être délivrés avant cette époque, en vertu du paragraphe 3 de l'article 83 de la présente loi, qui porte que le temps passé par les professeurs et les surveillants dans les établissements primaires libres leur sera compté pour l'accomplissement du stage prescrit. Il suffit de dire que, dans ledit article, il ne s'agit pas de ce stage. Il résulte en effet de l'ensemble de l'article 83 que le stage dont il est parlé dans cet article n'est pas le stage suppléant le brevet de capacité, mais bien le stage ou exercice de cinq ans exigé par l'article 53 pour pouvoir ouvrir un pensionnat primaire. Telle est du reste la jurisprudence de l'administration.

Le conseil académique délivre, *s'il y a lieu*, des certificats de stage. D'où il résulte que le conseil académique n'est pas obligé de délivrer des certificats à tous ceux qui justifieront du fait matériel d'un stage de trois ans; mais qu'il a encore le droit d'apprécier si le stage a été accompli avec une vocation déterminée, et si le stagiaire a rempli tous les devoirs d'un homme qui se prépare à une profession difficile. Telle a été l'explication donnée par M. Baze, au nom de la commission. « C'est, a-t-il dit, sur le rapport des inspecteurs et sur une attestation délivrée par le chef de l'institution autorisée à recevoir des stagiaires, que le conseil académique, dans une appréciation souveraine qui lui appartient et qui n'est soumise à aucun recours, délivrera, s'il y a lieu, le certificat de stage qui doit remplacer le brevet de capacité. »

Comme on le voit, la décision du conseil académique au sujet de ce certificat est sans aucun recours. Si le conseil le refuse, le postulant n'a pas droit d'appel. Il en est de même pour le recteur, si le certificat est accordé. Mais encore faut-il pour cela que la décision du conseil soit conforme à la loi. Ainsi, il s'est déjà présenté le cas d'un conseil académique accordant dès maintenant ce certificat de stage, contrairement à la prescription de la loi, qui exige trois ans de stage dans une nouvelle école stagiaire. Cet acte ayant paru au recteur violer la loi, il a déféré la décision du conseil académique au conseil supérieur. Et en cela il s'est parfaitement tenu dans les termes de la loi.

Les conseils académiques sont juges de la convenance d'autoriser ou de ne pas autoriser des écoles stagiaires dans le ressort de l'académie, suivant les besoins de l'instruction primaire.

§ 2. « Les inspecteurs de l'instruction primaire inspectent les écoles normales primaires et surveillent particulièrement les élèves-maîtres entretenus par le département dans les établissements d'instruction primaire. » (Décret du 29 juillet 1850, art. 43, § 5.)

# CHAPITRE V.

## DES ÉCOLES DE FILLES.

### Article 48.

L'enseignement primaire dans les écoles de filles comprend, outre les matières de l'enseignement primaire énoncées dans l'article 23, les travaux à l'aiguille.

### Commentaire.

« Il est inutile de rappeler ici que l'un des plus grands intérêts de la société est d'aider à la sécurité du foyer domestique par une religieuse et saine instruction donnée aux jeunes filles, comme il lui importe aussi particulièrement de veiller à la première éducation physique, morale et intellectuelle des enfants qui formeront bientôt la partie la plus active de la population de notre pays. Ce double but, dont l'utilité est incontestable, ne peut être atteint que par la propagation rapide des écoles de filles et des salles d'asile.

« L'Assemblée nationale a consacré deux titres spéciaux de la loi du 15 mars 1850 à ces établissements, qui, jusqu'à cette époque, n'avaient été mentionnés dans aucun acte législatif. Elle a témoigné ainsi publiquement de l'intérêt qu'elle leur porte. » (Instruction du 19 août 1850 aux préfets.)

Les matières de l'enseignement primaire énoncées en l'article 23 sont : l'instruction morale et religieuse, la lecture, l'écriture, les éléments de la langue française, le calcul, et le système légal des poids et mesures.

Aux termes du même article, l'enseignement primaire peut comprendre en outre : l'arithmétique appliquée aux opérations pratiques, les éléments de l'histoire et de la géographie, des notions des sciences physiques et de l'histoire naturelle, applicables aux usages de la vie; des instructions élémentaires sur l'agriculture, l'industrie et l'hygiène; l'arpentage, le nivellement, le dessin linéaire; le chant et la gymnastique.

« Il est bien entendu que, pour le plus grand nombre des écoles de filles, on devra toujours se borner à la première partie de cet article; toutefois, comme la loi s'étend aussi à ce qu'on appelait autrefois les écoles supérieures, qui n'existent plus, et comme l'état de nos mœurs exige que certaines jeunes personnes possèdent au delà des premiers éléments, on a dû, en faveur des pensionnats de ville, laisser un peu de vague dans cet article. » (Mgr Parisis, Instruction aux curés de son diocèse.)

## Article 49.

§ 1. Les lettres d'obédience tiendront lieu de brevet de capacité aux institutrices appartenant à des congrégations religieuses vouées à l'enseignement et reconnues par l'État.

2. L'examen des institutrices n'aura pas lieu publiquement.

### Commentaire.

§ 1er. « Le principe de l'égalité républicaine prescrivait, selon nous, de ne pas exiger deux brevets de capacité d'une institutrice religieuse, quand on n'en exige qu'un d'une institutrice laïque. Les lettres d'obédience sont de véritables brevets de capacité délivrés par les supérieures après trois ou quatre ans de postulat et de noviciat, et à la suite d'épreuves bien autrement sérieuses qu'un simple examen passé devant une commission choisie au hasard. » (Premier rapport de M. Beugnot.)

« L'article 49 de la loi du 15 mars 1850 a disposé que les lettres d'obédience tiendraient lieu du brevet de capacité aux institutrices appartenant à des congrégations religieuses vouées à l'enseignement et reconnues par l'État.

« Avant de délivrer aux religieuses choisies par les conseils municipaux comme directrices d'écoles communales, les autorisations provisoires d'exercer, qui, conformément à l'article 14 du décret du 7 octobre 1850, précèdent l'institution ministérielle, vous devez donc vous assurer que la religieuse qui produit une lettre d'obédience appartient en effet à une congrégation enseignante reconnue par l'État et autorisée par ses statuts à exercer dans la localité où est située l'école qu'elle doit diriger.

« La nécessité de réunir ces divers renseignements avant toute décision oblige à une correspondance avec les supérieures générales des congrégations, et cette correspondance entraîne des retards préjudiciables pour tout le monde, qu'il importe d'abréger le plus qu'il est possible.

« En conséquence, j'ai décidé, en section permanente du conseil supérieur de l'instruction publique, que toute lettre d'obédience présentée au lieu et place du brevet de capacité devra contenir à l'avenir, outre les mentions ordinaires, les indications suivantes : 1° le nom de la congrégation ; 2° la date de l'ordonnance qui autorise la congrégation à se vouer à l'enseignement ; 3° la circonscription territoriale dans laquelle la congrégation est autorisée à exercer. » (Instruction du 28 février 1851 aux recteurs.)

Il est utile de définir ici ce qu'on entend par les mots *congrégation*, *communauté*, *établissement religieux*. Lorsqu'une association religieuse est gouvernée par une supérieure générale et reconnue par la loi, elle prend le nom de *congrégation*. Si elle n'est gouvernée que par une supérieure locale, qui dépend d'une supérieure générale, c'est une *communauté*. Si c'est une simple maison dépendante, soit d'une supérieure générale, soit d'une supérieure locale, elle prend le nom d'*établissement religieux*.

Les congrégations religieuses de femmes ne peuvent, aux termes de l'article 2 de la loi du 24 mai 1825, être autorisées que par une loi. Mais, dans la pratique, on considère comme simple formation d'une communauté la fondation d'une nouvelle association religieuse, lorsqu'elle se rattache à une congrégation déjà reconnue par la loi, dont elle a l'aveu et sous l'autorité de laquelle elle déclare se placer. C'est dans ce sens que plusieurs nouvelles communautés religieuses se sont formées depuis la loi du 24 mai 1825. Aux termes de l'article 31 de la présente loi, il suffit maintenant que ces associations religieuses soient reconnues comme établissements d'utilité publique, pour jouir des avantages de la présente loi.

« Les associations religieuses de femmes sont évidemment désignées, ainsi que les associations religieuses d'hommes, par les termes de l'article 31, paragraphe premier. Aussi n'est-il pas nécessaire qu'elles aient été autorisées par une loi, ainsi que le prescrivait la législation de 1825; il suffit qu'elles aient été reconnues, par un décret, comme établissements d'utilité publique. » (M. E. Rendu, Commentaire de la loi.)

Les congrégations religieuses vouées à l'enseignement et légalement reconnues sont en trop grand nombre pour que nous puissions les citer toutes. Voici la liste des plus importantes : les sœurs de Charité, dites de Saint-Vincent de Paul, dont le siége est à Paris; — les sœurs de Saint-André, dites filles de la Croix, dont la maison mère est à la Puye (Vienne); — les sœurs de Charité, dites d'Évron, dont la maison mère est à Évron (Mayenne); — les sœurs de Saint-Joseph, dont le siége principal est à Paris; — les sœurs du Saint-Enfant-Jésus, dites de Saint-Maur, dont le noviciat est à Paris; — les dames du Sacré-Cœur, dont la maison mère est à Paris; — les sœurs de la Charité de Nevers, dont le siége est à Nevers; — les sœurs de Notre-Dame de Saint-Augustin; — les dames de la Visitation; — les dames Ursulines de Jésus; — les dames de Saint-Thomas de Villeneuve, dont la maison mère est à Paris; — les sœurs de Notre-Dame de la Présentation; — les sœurs de la Providence; — les sœurs de Saint-Charles, dont le siége principal est à Lyon.

On a soulevé la question de savoir si la présente loi a eu pour effet d'annuler les prescriptions des statuts des congrégations enseignantes, limitant leur action à un certain nombre de départements. Pour la solution de cette question, voyez le commentaire de l'article 25 [p. 75].

2. « Les institutrices laïques ont également des droits à la bienveillance du législateur. Longtemps elles vécurent sous le régime d'une liberté qui n'enfanta aucun abus. Les préfets, en vertu des attributions

générales qui leur avaient été conférées sur l'instruction publique par le décret de 1808, s'assuraient de la moralité des aspirantes et surveillaient les écoles de filles. Ces simples précautions paraissaient suffisantes et l'étaient en effet. Mais l'ordonnance du 21 avril 1828 fit passer ces écoles sous le régime universitaire, et dès lors les aspirantes au brevet de capacité furent assujetties à l'examen public. Peut-être aurait-on dû réfléchir qu'un examen de ce genre se concilie difficilement avec la modestie et la timidité de jeunes filles qu'il est dangereux d'exposer aux regards et à la malignité du public. Nous ne proposons pas de supprimer le brevet de capacité pour les institutrices laïques, parce que l'usage s'en est établi, et que d'ailleurs les conseils académiques pourront leur accorder des dispenses; mais nous demandons que l'examen, quand on jugera convenable de l'exiger, ait lieu avec de justes ménagements pour des personnes qui ne doivent pas placer l'assurance au nombre des vertus de leur profession. » (Premier rapport de M. Beugnot.)

La rédaction adoptée lors de la seconde délibération portait : « des institutrices laïques ». Le mot « laïques » a été supprimé par la commission. « Par la suppression de ce mot, a dit M. le président de l'Assemblée, la mesure devient générale. »

Le mot « institutrices » signifie ici les aspirantes au brevet de capacité.

## Article 50.

Tout ce qui se rapporte à l'examen des institutrices, à la surveillance et à l'inspection des écoles de filles, sera l'objet d'un règlement délibéré en conseil supérieur. Les autres dispositions de la présente loi, relatives aux écoles et aux instituteurs, sont applicables aux écoles de filles et aux institutrices, à l'exception des articles 38, 39, 40 et 41.

## Commentaire.

Un règlement délibéré en conseil supérieur de l'instruction publique doit fixer tout ce qui concerne les conditions d'examen des aspirantes au brevet d'institutrice, et tout ce qui est relatif à la surveillance et à l'inspection des écoles de filles. En attendant ce règlement, le ministre de l'instruction publique, dans une circulaire du 10 mars 1851, a donné des instructions provisoires pour les règles à suivre dans les examens et les inspections :

« Le règlement général sur les écoles de filles, soumis aux délibérations du conseil supérieur de l'instruction publique, ne peut être publié avant la prochaine session des commissions chargées d'examiner les aspirantes au brevet de capacité. Il importe cependant de ne pas ajourner ces examens; l'intérêt de l'instruction primaire et l'intérêt des jeunes personnes qui se destinent à l'enseignement exigent qu'en attendant le règlement, il ne soit apporté aucune interruption dans le service.

« Je crois, en conséquence, devoir vous inviter à faire procéder, comme par le passé, aux examens dont il s'agit par les anciennes commissions, conformément aux prescriptions de l'ordonnance du 23 juin 1836, laquelle ordonnance doit être exécutée jusqu'à la promulgation du nouveau règlement dans toutes les dispositions qui ne sont pas contraires à la loi. Vous remarquerez, notamment qu'aux termes de l'article 49, les examens ne doivent pas avoir lieu publiquement, et que les aspirantes ne peuvent être interrogées que sur les matières énoncées dans les articles 23 et 48 de la loi. Vous n'oublierez pas, enfin, qu'en vertu des paragraphes 4 et 5 de l'article 46, les aspirantes ne doivent être examinées sur les matières énoncées en la deuxième partie de l'article 23 que si elles en font la demande.

« Le principe ci-dessus posé en ce qui concerne les examens doit être suivi en ce qui concerne la surveillance et l'inspection. En décidant qu'un nouveau règlement déterminera les limites et la forme de cette inspection, la loi n'a pas entendu soustraire immédiatement des établissements si intéressants à la surveillance de l'autorité. Tant qu'un nouveau mode ne sera pas adopté, les anciennes règles devront donc être suivies toutes les fois qu'elles ne seront pas contraires aux dispositions de la nouvelle loi. Je dois ajouter que cette surveillance et cette inspection doivent s'exercer avec les précautions, les ménagements et les réserves qui étaient prescrits par les instructions ministérielles. En vous conformant au principe posé au commencement de cette lettre, et que je viens de rappeler, et en rapprochant avec soin les dispositions de l'ordonnance du 23 juin 1836 des prescriptions de la loi du 15 mars 1850 immédiatement applicables aux écoles de filles, vous ne risquerez de vous tromper ni sur l'étendue des pouvoirs du conseil académique, ni sur les vôtres, ni sur les droits d'inspection et de surveillance de MM. les inspecteurs d'arrondissement et délégués cantonaux. » (Instruction du 10 mars 1851 aux recteurs.)

Aux termes d'une instruction ministérielle du 14 février 1851, les personnes qui désirent subir l'examen pour le brevet de capacité doivent être âgées de vingt ans.

La forme des examens continue provisoirement d'avoir lieu conformément aux dispositions de l'arrêté du 28 juin 1836. Mais, d'après les articles 23 et 48 de la présente loi, l'examen ne doit porter que sur les matières suivantes : l'instruction morale et religieuse, la lecture, l'écriture, les éléments de la langue française, le calcul, le système légal des poids et mesures, et les travaux d'aiguille.

Un arrêté du 28 décembre 1838 porte que l'identité des aspirantes doit être certifiée, au moment de l'examen, par deux notables pris parmi les fonctionnaires publics ou les membres de l'enseignement.

D'après l'ordonnance du 23 juin 1836, la surveillance des écoles de filles était confiée aux autorités préposées à l'instruction primaire par la loi du 28 juin 1833. Les anciens comités faisaient visiter ces écoles par des délégués pris parmi leurs membres ou par des dames inspectrices.

Le présent article 50 porte que les dispositions de la loi relatives aux écoles et aux instituteurs sont applicables aux écoles de filles et aux institutrices, à l'exception des articles 38, 39, 40 et 41, et des dispositions relatives aux examens et à l'inspection, qui seront fixées par un règlement délibéré en conseil supérieur. Les articles 38, 39, 40 et 41 sont relatifs au traitement des instituteurs communaux, à leur pension de retraite, aux voies et moyens autorisés pour pourvoir aux dépenses scolaires, enfin au recouvrement de la rétribution scolaire. Le taux du traitement des institutrices communales n'est point ainsi fixé, et la loi ne leur garantit pas comme aux instituteurs un minimum de 600 fr. Dans tous les cas, leur traitement doit se composer nécessairement d'une subvention communale votée par le conseil municipal et de la rétribution scolaire. L'article 41, relatif au recouvrement de la rétribution scolaire, n'étant pas applicable aux écoles de filles, il en résulte que le percepteur ne devra point recouvrer la rétribution scolaire des filles, et que ce soin est laissé aux institutrices elles-mêmes. La loi de finances du 29 juillet 1850 porte l'ouverture d'un crédit sur l'exercice 1851 pour assurer un secours aux institutrices dont le traitement total ne s'élèvera pas à 400 fr. Il peut ressortir de cette disposition législative que le minimum du traitement total des institutrices communales doit être au moins de 400 fr.

† Il résulte des termes du présent article que les institutrices primaires libres ou communales sont soumises à toutes les autres conditions de la loi auxquelles il n'a pas été dérogé par les exceptions que nous avons mentionnées ci-dessus. Voici le résumé des obligations et formalités qui leur sont imposées :

*Institutrices libres.* — Toute institutrice qui veut tenir une école libre doit être française et âgée de vingt-et-un ans accomplis (art. 25 de la présente loi).

Elle doit être munie d'un brevet de capacité (art. 25), ou d'une lettre d'obédience, si elle appartient à une congrégation religieuse vouée à l'enseignement et reconnue par l'État (art. 49).

Le brevet de capacité peut être suppléé par un certificat de trois années de stage, passées dans une école autorisée à recevoir des stagiaires; ce certificat est délivré par le conseil académique (art. 25 et 47).

Pour pouvoir ouvrir une école libre, toute institutrice doit préalablement déclarer son intention au maire de la commune où elle veut s'établir, lui désigner le local, et lui donner l'indication des lieux où elle a résidé et des professions qu'elle a exercées pendant les dix années précédentes. Cette déclaration doit être, en outre, adressée par la postulante au recteur de l'académie, au procureur de la république et au sous-préfet. Elle demeure affichée, par les soins du maire, à la porte de la mairie, pendant un mois (art. 27).

Le recteur, soit d'office, soit sur la plainte du procureur de la république ou du sous-préfet, peut former opposition à l'ouverture de l'école, dans l'intérêt des mœurs publiques, dans le mois qui suit la déclaration à lui faite. Cette opposition est jugée dans un bref délai, contradictoirement et sans recours, par le conseil académique. Si le maire refuse d'approuver le local, il est statué à cet égard par ce conseil. A défaut d'opposition, l'école peut être ouverte à l'expiration du mois, sans autre formalité (art. 28).

En faisant sa déclaration à la mairie, l'institutrice doit déposer son acte de naissance et son brevet de capacité ou sa lettre d'obédience.

*Institutrices communales.* — Toute institutrice qui veut tenir une école communale doit être française et âgée de vingt-et-un ans accomplis (art. 25).

Elle doit être munie d'un brevet de capacité (art. 25) ou d'une lettre d'obédience (art. 49).

La nomination des institutrices communales a lieu par le conseil municipal de chaque commune, soit sur une liste d'admissibilité et d'avancement dressée par le conseil académique du département pour les institutrices laïques, soit sur la présentation qui est faite par les supérieures pour les membres des associations religieuses vouées à l'enseignement et autorisées par la loi ou reconnues comme établissements d'utilité publique. Les consistoires jouissent du droit de présentation pour les institutrices appartenant aux cultes non catholiques (art. 31).

Il est interdit aux institutrices communales d'exercer aucune fonction administrative sans l'autorisation du conseil académique. Toute profession commerciale ou industrielle leur est absolument interdite (art. 32).

L'article 26 de la présente loi est également applicable aux institutrices libres et communales :

« Sont incapables de tenir une école publique ou libre, ou d'y être employés, les individus qui ont subi une condamnation pour crime ou pour un délit contraire à la probité ou aux mœurs, les individus privés par jugement de tout ou partie des droits mentionnés en l'article 42 du Code pénal, et ceux qui ont été interdits en vertu des articles 30 et 33 de la présente loi. »

Les institutrices libres sont passibles des peines portées aux articles 22 et 30.

Les institutrices communales sont passibles des peines portées à l'article 33.

Indépendamment des conditions imposées aux institutrices libres ou communales pour ouvrir une école, les institutrices appartenant à une congrégation religieuse qui désirent former un établissement *perpétuel* ou *durable* dans une commune, soit avec les fonds de leur communauté, soit à l'aide de legs et dons, doivent remplir les formalités prescrites par la loi du 24 mai 1825, relative aux congrégations religieuses de femmes, à l'effet d'obtenir une autorisation spéciale. Le *Bulletin des lois* publie fréquemment des autorisations de ce genre.

« Il ne sera formé aucun établissement d'une congrégation religieuse de femmes déjà autorisée, s'il n'a été préalablement informé sur la convenance et les inconvénients de l'établissement, et si l'on ne produit à l'appui de la demande le consentement de l'évêque diocésain, et l'avis du conseil municipal de la commune où l'établissement devra être formé. — L'autorisation spéciale de former l'établissement, accordée par ordonnance du roi, sera insérée dans quinzaine au *Bulletin des lois.* » (Loi du 24 mai 1825, art. 3.)

Voici quelques principes de jurisprudence consacrés dans l'application de la loi du 24 mai 1825 :

« Les sœurs d'école et de charité, placées dans un local fourni par une commune ou dans un hospice, ne seront censées former un établissement susceptible d'être autorisé par le roi, qu'autant que l'engagement de la congrégation avec la commune ou l'hospice serait à perpétuité. » (Instruction du 17 juillet 1825.)

« Il n'y a pas lieu d'autoriser un établissement qui ne présente aucune des conditions propres à garantir sa durée et à lui mériter d'obtenir le titre et les avantages d'un établissement public. » (Avis du conseil d'État.)

« Il n'y a pas lieu d'autoriser une congrégation à former un établissement, lorsqu'elle n'est pas au moins propriétaire, ou cessionnaire à perpétuité, de la maison que l'établissement doit occuper. » (Décision ministérielle.)

† Par analogie, les prescriptions de l'article 34, dispensant les instituteurs adjoints de toute justification de brevet ou titre équivalent, sont applicables aux sous-maîtresses ou institutrices adjointes. Il suffit, aux termes de cet article, qu'elles soient âgées de dix-huit ans.

L'article 26 est également applicable aux institutrices adjointes, pour les cas d'incapacité.

Les institutrices étrangères, qui veulent ouvrir une école ou professer dans une école, sont-elles soumises aux conditions imposées aux étrangers par l'article 78 de la présente loi et le décret du 5 décembre 1850? Le doute ne paraît pas permis [voyez l'art. 78].

## Article 51.

§ 1. Toute commune de huit cents âmes de population et au-dessus est tenue, si ses propres ressources lui en fournissent les moyens, d'avoir au moins une école de filles, sauf ce qui est dit à l'article 15.

2. Le conseil académique peut, en outre, obliger les communes d'une population inférieure à entretenir, si leurs ressources ordinaires le leur permettent, une école de filles; et, en cas de réunion de plusieurs communes pour l'enseignement primaire, il pourra, se-

lon les circonstances, décider que l'école de garçons et l'école de filles seront dans deux communes différentes. Il prend l'avis du conseil municipal.

## Commentaire.

§ 1er. « La séparation des garçons et des filles dans les écoles primaires est un but vers lequel tend le projet de loi, mais que la pauvreté d'un grand nombre de communes empêchera d'atteindre complétement. La rédaction de l'article 15 a été modifiée, afin d'établir clairement que les écoles mixtes, sources de désordres souvent irréparables sur lesquels nous ne devons pas nous étendre, mais que chacun devine, ne doivent exister que par exception et quand la pénurie constatée des localités en excuse la tolérance. Cependant les communes possédant une population agglomérée de 800 âmes au moins peuvent, dans le plus grand nombre des cas, entretenir deux écoles, l'une de garçons, l'autre de filles. Nous demandons, au nom des bonnes mœurs, que l'obligation leur en soit imposée, et, en même temps, nous faisons appel aux citoyens éclairés, aux personnes charitables, aux habitants riches de la campagne, afin qu'à l'aide de dons et de souscriptions, ils viennent en aide à celles pour qui cette obligation nouvelle serait une charge trop pesante. » (Premier rapport de M. Beugnot.)

Le projet de la commission portait : « de population agglomérée ». La commission a retranché le mot « agglomérée », lors de la seconde délibération.

« Cette incise « si ses propres ressources lui en fournissent les moyens » a été ajoutée par la commission après la seconde lecture, ainsi que plus bas, les mots « sauf ce qui est dit à l'article 15 ». En présence de ces additions, il n'y a pas une grande différence entre la position des communes ayant 800 âmes de population au plus, et celle des communes dont la population est inférieure à 800 âmes, et qui, d'après le paragraphe suivant, peuvent être obligées, par le conseil académique, d'entretenir une école de filles, si leurs ressources ordinaires le leur permettent. » (M. Duvergier, Collection des lois.)

L'article 15 de la présente loi autorise le conseil académique à déterminer les cas où les communes peuvent, à raison des circonstances, et provisoirement, établir ou conserver des écoles primaires dans lesquelles seront admis des enfants de l'un et de l'autre sexe.

Les formalités que les communes ont à remplir pour l'ouverture d'une école communale de garçons, sont également obligatoires pour les écoles de filles (voyez p. 115).

Il résulte des termes de l'article 50 que le taux du traitement des institutrices communales n'est pas fixé par la loi, et que ce sont les conseils municipaux qui doivent l'arrêter. Une instruction ministérielle du 19 août 1850 recommande aux préfets d'engager les conseils généraux à aider les communes dans ces dépenses par des allocations prises sur les fonds départementaux.

§ 2. Le conseil académique doit prendre l'avis du conseil municipal de chaque commune, mais seulement pour le mettre en demeure de faire ses observations. Si le conseil municipal s'y refuse, l'école n'en est pas moins obligatoire, du moment où le conseil académique a constaté que les ressources ordinaires de la commune le permettent. Le préfet doit en imposer d'office la dépense à la commune.

Le conseil académique usera bien rarement de la faculté qui lui est donnée par la seconde partie de ce paragraphe, de décider que l'école de garçons et l'école de filles seront dans deux communes distinctes. En effet, la réunion des communes n'aura lieu que dans le cas où leurs ressources seraient insuffisantes. Du moment où elles pourront entretenir une école, le conseil académique trouvera moins d'inconvénients à l'admission des deux sexes dans la même école qu'au déplacement journalier des jeunes filles pour se rendre dans une commune voisine.

† Ce qui ressort de la combinaison des deux paragraphes de cet article, c'est que toutes les communes auxquelles leurs propres ressources le permettent doivent entretenir une école communale de filles, et que les communes de huit cents âmes et au-dessus sont réputées en avoir le moyen.

« Plusieurs questions naissent sur cet article. Le conseil académique doit-il prendre l'initiative au sujet des communes qui n'ont pas 800 âmes? ou bien faudra-t-il que ces communes, qui voudront une institutrice communale, en fassent la demande? Quand l'avis du conseil municipal ne sera pas favorable à la mesure et qu'il refusera tout sacrifice à cet effet, le conseil académique pourra-t-il passer outre? L'obligation d'avoir une école de filles est imposée aux communes qui n'ont point 800 habitants comme à celles qui ont cette population, toutes les fois qu'elles ont les ressources suffisantes pour subvenir aux frais nécessités par cette école. Lors donc qu'elles se trouvent dans ce cas, elles doivent s'empresser de satisfaire à la loi. Le conseil municipal vote l'allocation jugée nécessaire et nomme l'institutrice conformément à l'article 31 de la présente loi. Mais si, par négligence ou par mauvais vouloir, il ne manifestait aucune intention à cet égard, ce serait au conseil académique à prendre l'initiative, et l'avis contraire du conseil municipal ne devrait point l'arrêter, car le préfet serait alors autorisé à inscrire d'office au budget de la commune la dépense que le conseil municipal aurait à tort refusé d'y porter. » (M. de Champeaux, Commentaire de la loi.)

† La loi n'a pas déclaré applicable à l'enseignement des filles l'article 35, qui oblige les départements à entretenir, pour le recrutement des instituteurs, des écoles normales primaires ou des écoles stagiaires. Mais un certain nombre de départements ont reconnu l'utilité de semblables établissements pour les filles, et ont voté des fonds pour l'entretien soit d'écoles normales, soit de cours préparatoires.

Une instruction ministérielle adressée aux préfets, en date du 19 août 1850, leur a rappelé l'utilité de ces établissements et l'opportunité d'en maintenir l'existence. « Les écoles normales et les cours normaux, y est-il dit, ont rendu des services trop réels pour qu'il y ait lieu de douter que les fonds nécessaires à l'entretien de ces écoles soient votés sans difficultés. »

Les élèves-maîtresses ne sont admises dans les écoles normales et les cours préparatoires qu'à l'âge de dix-sept ans accomplis, conformément à une instruction ministérielle du 8 octobre 1850.

## Article 52.

Aucune école primaire, publique ou libre, ne peut, sans l'autorisation du conseil académique, recevoir d'enfants des deux sexes, s'il existe dans la commune une école publique ou libre de filles.

## Commentaire.

« Il est des communes où existent à la fois une école communale mixte et une école libre de filles; car l'usage, que nous ne saurions trop blâmer, a prévalu, de n'interdire aux filles l'école de garçons que quand l'institutrice est déclarée communale, ou, en d'autres termes, lorsqu'elle reçoit une subvention de la commune. Notre article réprimera un abus qui n'aurait jamais dû exister. » (Premier rapport de M. Beugnot.)

« L'article 52 de la loi dit qu'aucune école publique ou libre ne peut, sans l'autorisation du conseil académique, recevoir les enfants des deux sexes, s'il existe dans la commune une école publique ou libre de filles. Il semblerait au premier aperçu que, dans toutes les villes où il n'existerait aucune école publique ou libre de filles, les instituteurs libres pourraient recevoir les enfants des deux sexes. Il n'en est rien cependant. Cette disposition de la loi n'est qu'une conséquence du quatrième paragraphe de l'article 36 de la loi organique, laquelle permet au conseil académique de dispenser une commune d'entretenir une école publique, à condition qu'elle pourvoira à l'enseignement primaire gratuit, dans *une école libre*, de tous les enfants dont les familles sont hors d'état d'y subvenir. L'article 52 ne s'applique donc qu'aux écoles libres destinées à tenir lieu d'écoles publiques. S'il en était autrement, la loi irait contre son propre esprit et admettrait une situation qui n'était pas tolérée par l'ancienne législation. Elle étendrait les inconvénients qu'elle a voulu prévenir. Aucun instituteur libre ne doit donc recevoir des enfants des deux sexes et ne peut être autorisé à en recevoir par le conseil académique, hors le cas prévu par l'article 36 de la loi. » (Instruction du 24 décembre 1850 aux recteurs.)

« Sous l'empire de la loi de 1833, il fallait que l'école de filles fût universitaire pour que l'instituteur de la même commune n'eût plus le droit de recevoir les enfants des deux sexes. La présence d'une école libre de filles, quelque florissante qu'elle pût être, ne lui ôtait pas ce droit. Il y avait quelque chose tout à la fois d'inique et d'immoral dans cette disposition, qui est formellement détruite par l'article 52. » (Mgr Parisis, Instruction aux curés de son diocèse.)

« Une difficulté que le législateur paraît n'avoir point prévue peut se présenter dans le cas où l'école libre de filles que posséderait la commune refuserait de recevoir gratuitement les filles indigentes. En un cas pareil, que vous vous efforceriez de prévenir par tous les moyens d'action en votre pouvoir, l'instituteur communal ne serait pas déchargé de son devoir d'instruire les filles pauvres. » (Instruction du 24 décembre 1850 aux recteurs.)

Aux termes de l'article 36, le conseil académique peut dispenser une commune d'entretenir une école publique, à condition qu'elle pourvoira à l'enseignement primaire gratuit, dans une école libre, de tous les enfants dont les familles sont hors d'état d'y subvenir. Aux termes de l'article 15, le conseil académique peut autoriser l'admission dans la même école des enfants de l'un et de l'autre sexe, ou des enfants appartenant aux différents cultes reconnus.

« On a fait observer que, si la loi voulait que les enfants des deux sexes fussent recueillis dans des écoles séparées, elle voulait aussi que la liberté religieuse fût respectée, et que l'enseignement ne fût pas donné, autant que possible, à des enfants catholiques par un instituteur protestant, à des enfants protestants par un instituteur catholique; que, dès lors, il devenait indispensable d'autoriser, selon les circonstances, la réunion des enfants des deux sexes de même culte sous une direction commune. Cette intention de la loi ressort, en effet, des termes mêmes des articles 15, 31 et 44, accordant aux communes où les différents cultes reconnus sont professés publiquement, la faculté d'avoir des écoles distinctes pour les enfants appartenant à chacun de ces cultes; chargeant les conseils académiques d'apprécier les circonstances où des enfants des deux sexes peuvent être admis dans ces écoles; et prescrivant que, dans le cas d'écoles spéciales quant aux cultes, les enfants d'un culte ne doivent être admis dans l'école d'un autre culte que sur la volonté exprimée par les parents.... Il me paraît que les conseils académiques peuvent, selon les circonstances, autoriser l'admission des enfants des deux sexes dans une école libre, toutes les fois que cette école est spécialement consacrée à un culte différent de celui auquel appartiennent les autres écoles libres ou publiques existant dans la commune. » (Instruction du 10 mai 1851 aux recteurs.)

« Des institutrices, dans quelques départements, ont été chargées de la direction de l'école communale réunissant les enfants des deux sexes. Cette situation pourra être tolérée si d'ailleurs l'institutrice est pourvue du titre de capacité exigé par la loi, et si elle est reconnue apte à diriger avec assez de fermeté une semblable école. » (Instruction du 24 décembre 1850 aux recteurs.)

« Il a été bien convenu et arrêté, au sein de la commission et avec le gouvernement, qu'une école réunissant les enfants des deux sexes peut être tenue aussi bien par une institutrice que par un instituteur.

Nous avions demandé que la loi en fît dans son texte une déclaration expresse : on nous a répondu qu'il était absolument inutile de le mentionner; qu'aucune loi, qu'aucun règlement ne l'avait jamais défendu; et que d'ailleurs c'est ce qui existe déjà dans un certain nombre de localités. » (Mgr Parisis, Instruction aux curés de son diocèse.)

A l'occasion de cet article, on a demandé si l'instituteur pouvait faire suivre les classes de son école par ses filles. Ce sont des cas spéciaux pour lesquels des règlements ne peuvent intervenir. C'est aux délégués cantonaux, ce nous semble, à résoudre ces questions selon qu'il peut y avoir ou non inconvénient d'après l'âge des enfants.

D'après l'article 13 du décret du 7 octobre 1850 [p. 166], aucun pensionnat ne peut être annexé à une école primaire qui reçoit des enfants des deux sexes.

Lors de la discussion de cet article 52, M. Peupin a proposé un amendement portant que dans les écoles libres les enfants pourront être reçus au-dessous de six ans, même dans les communes où il existerait des salles d'asile. M. Baze a répondu, au nom de la commission, qu'on ne pouvait faire pour une pareille matière, dans une loi, ce qui est de la nature exceptionnelle des règlements; qu'il fallait s'en rapporter à cet égard à la sagesse et à la prudence des autorités nouvelles préposées à la direction de l'enseignement public.

# CHAPITRE VI.

## INSTITUTIONS COMPLÉMENTAIRES.

### SECTION Ire. — DES PENSIONNATS PRIMAIRES.

### Article 53.

§ 1. Tout Français âgé de vingt-cinq ans, ayant au moins cinq années d'exercice comme instituteur, ou comme maître dans un pensionnat primaire, et remplissant les conditions énumérées en l'article 25, peut ouvrir un pensionnat primaire, après avoir déclaré son intention au recteur de l'académie et au maire de la commune. Toutefois, les instituteurs communaux ne pourront ouvrir de pensionnat qu'avec l'autorisation du conseil académique, sur l'avis du conseil municipal.

2. Le programme de l'enseignement et le plan du local doivent être adressés au maire et au recteur.

3. Le conseil académique prescrira, dans l'intérêt de la moralité et de la santé des élèves, toutes les mesures qui seront indiquées dans un règlement délibéré par le conseil supérieur.

4. Les pensionnats primaires sont soumis aux prescriptions des articles 26, 27, 28, 29 et 30 de la présente loi, et à la surveillance des autorités qu'elle institue.

5. Ces dispositions sont applicables aux pensionnats de filles en tout ce qui n'est pas contraire aux conditions prescrites par le chapitre v de la présente loi.

### Commentaire.

§ 1er. « Les pensionnats de cette sorte préparent à l'éducation professionnelle, qui s'est développée dans ces derniers temps sous l'influence des progrès de l'industrie. Il est à souhaiter que ce genre nouveau d'éducation prenne son point d'appui dans la religion et la morale, car ceux auxquels il s'adresse sont appelés à une vie pénible, où de bons et sages principes sont le premier élément de succès et de bonheur. » (Premier rapport de M. Beugnot.)

Les instituteurs qui veulent tenir un pensionnat primaire ont des obligations différentes à remplir, selon qu'ils sont instituteurs libres ou publics. Les conditions exigées des uns et des autres ont été résumées dans un décret du 30 décembre 1850, combiné avec les paragraphes 1 et 2 du présent article.

*Instituteurs libres.* — Tout instituteur libre qui veut ouvrir un pensionnat primaire doit, aux termes du présent paragraphe, être âgé de vingt-cinq ans et avoir cinq années d'exercice comme instituteur ou comme maître dans un pensionnat primaire. Il doit de plus : 1° aux termes de l'article 25, être Français et être muni d'un brevet de capacité ou d'un titre équivalent; 2° aux termes de l'article 26, n'être frappé d'aucun des cas d'incapacité mentionnés audit article; 3° aux termes des articles 27 et 28, déclarer préalablement son intention au maire de la commune où il veut s'établir, lui désigner le local, et lui donner l'indication des lieux où il a résidé et des professions qu'il a exercées pendant les dix années précédentes, et adresser la même déclaration au recteur de l'académie, au procureur de la république et au sous-préfet.

« Tout instituteur libre qui veut ouvrir un pensionnat primaire devra justifier qu'il s'est soumis aux prescriptions des articles 27 et 28 de la loi du 15 mars 1850. Il devra, en outre, déposer entre les mains du maire la déclaration exigée par le paragraphe 1er de l'article 53 de ladite loi. — Cette déclaration doit être accompagnée : — 1° De l'acte de naissance de l'instituteur, et, s'il est marié, de son acte de mariage; — 2° D'un certificat dûment légalisé, attestant que le postulant a exercé pendant cinq ans au moins, soit comme instituteur, soit comme maître dans un pensionnat primaire; — 3° Du programme de son enseignement; — 4° Du plan du local dans lequel le pensionnat doit être établi; — 5° De l'indication du nombre maximum des pensionnaires qu'il se propose de recevoir; — 6° De l'indication des noms, prénoms, date et lieu de naissance des maîtres et employés qu'il s'est adjoints pour la surveillance du pensionnat. (Décret du 30 décembre 1850, art. 1.)

« Tout Français qui, après avoir exercé pendant cinq ans comme maître dans un pensionnat primaire, voudra ouvrir à la fois une école libre et un pensionnat primaire, pourra accomplir simultanément les formalités prescrites par les articles 27 et 28 de la loi du 15 mars et par l'article 1er ci-dessus. (Art. 2.)

« Le maire inscrit sur un registre spécial la déclaration de l'instituteur. — Dans les trois jours qui suivent la déclaration, le maire, après avoir visité ou fait visiter le local destiné au pensionnat, vise en triple expédition la déclaration de l'instituteur et la lui remet avec son visa. — S'il refuse d'approuver le local, il fait mention de son opposition et des motifs sur lesquels elle est fondée, en marge de la déclaration. — Cette déclaration, accompagnée des pièces prescrites par l'article 1er du présent règlement [du 30 décembre 1850], est transmise au recteur de l'académie, au procureur de la république et au sous-préfet par le postulant. (Art. 3.)

« Si le recteur fait opposition à l'ouverture du pensionnat, soit dans l'intérêt de la moralité ou de la santé des élèves, soit pour inobservation des formes et conditions prescrites par la loi, il signifie son opposition à la partie par un arrêté motivé. — Trois jours au moins avant la séance fixée pour le jugement de l'opposition, l'instituteur est appelé devant le conseil académique. — Cette opposition est jugée par le conseil académique, suivant les formes prescrites au chapitre II du règlement d'administration publique en date du 29 juillet 1850 (articles 25, 27 et 28, p. 36).—Copie de la décision du conseil académique est transmise par le recteur au maire de la commune, qui fait transcrire cette décision, en marge de la déclaration de l'instituteur, sur le registre spécial. — A défaut d'opposition à l'ouverture du pensionnat et dans le cas où il est donné main-levée de l'opposition qui aurait été formée, le conseil académique détermine le nombre d'élèves qui peuvent être admis sans inconvénient dans le local affecté au pensionnat et le nombre des maîtres et employés nécessaire pour la surveillance des élèves. Mention en est faite par le recteur sur le plan du local. L'instituteur est tenu de représenter ledit plan aux autorités préposées à la surveillance des écoles, chaque fois qu'il en est requis. (Art. 4.) »

On remarquera que l'exigence des cinq années d'exercice ou de stage pour ouvrir un pensionnat primaire, n'est pas entourée des formalités imposées pour le certificat de stage de l'instruction secondaire [voyez l'art. 61]. L'article 1er du décret du 30 décembre 1850 porte simplement que le postulant produira un certificat dûment légalisé, attestant qu'il a exercé pendant cinq ans au moins, soit comme instituteur, soit comme maître, dans un pensionnat primaire. Pour ouvrir un pensionnat à vingt-cinq ans, il faudra nécessairement avoir rempli les fonctions de maître-adjoint avant vingt-et-un ans, âge fixé pour pouvoir être instituteur.

Aux termes de l'article 83, le temps passé avant la promulgation de la loi par les professeurs ou surveillants dans un établissement leur sera compté pour l'accomplissement du stage exigé par le présent article 53.

« Le plan qui devra accompagner la déclaration [faite par un instituteur pour ouvrir un pensionnat] devra être certifié conforme au local par le maire ou par un agent-voyer ; il devra indiquer avec précision la destination de chacune des pièces affectées au pensionnat, ainsi que les dimensions desdites pièces, en élévation comme en superficie. Vous vous assurerez surtout que, dans les pièces consacrées aux dortoirs, les lits des élèves pourront être espacés en tout sens d'un mètre au moins, que ces pièces contiendront au moins quinze mètres cubes d'air par élève, et qu'elles seront surveillées pendant la nuit, soit par l'instituteur lui-même, soit par un maître adjoint. Vous vous assurerez, enfin, qu'aucun voisinage dangereux ne pourra compromettre, soit la santé, soit les mœurs des élèves. Dans le cas où ces conditions ne se trouveraient pas réunies, vous auriez à faire opposition à l'ouverture du pensionnat, conformément aux dispositions de l'article 28 de la loi, rendues, par l'article 53, applicables aux pensionnats primaires. Votre opposition sera signifiée, comme il a été dit ci-dessus, par un arrêté motivé, à la partie intéressée. » (Instruction du 31 août 1850 aux recteurs.)

Les étrangers qui veulent ouvrir un pensionnat primaire ou y enseigner doivent se soumettre aux conditions imposées par l'article 78 et par un décret du 5 décembre 1850 [voyez l'art. 78].

*instituteurs communaux.* — Tout instituteur communal qui veut tenir un pensionnat doit préalablement obtenir l'autorisation du conseil académique. Cette autorisation est accordée sur l'avis du conseil municipal.

« Les dispositions des articles 1 et 3 du présent règlement [du 30 décembre 1850, p. 164] sont applicables à l'instituteur public qui veut établir un pensionnat primaire. — La déclaration de l'instituteur est soumise par le maire au conseil municipal dans sa plus prochaine réunion. — Le conseil municipal, avant de donner son avis sur la demande, s'assure que le local est approprié à sa destination et que la tenue de l'école communale n'aura pas à souffrir de l'établissement projeté. (Décret du 30 décembre 1850, art. 5.)

« L'autorisation donnée par le conseil académique mentionne le nombre des élèves pensionnaires que l'instituteur [public] peut recevoir. Cette autorisation mentionne également le nombre des maîtres et employés qui devront partager avec l'instituteur la surveillance du pensionnat. — Le plan du local visé par le recteur et l'autorisation délivrée par le conseil académique doivent être représentés par l'instituteur aux autorités préposées à la surveillance des écoles. (Art. 6.) »

« Les inspecteurs de l'instruction primaire donnent leur avis au recteur sur les demandes formées par les instituteurs communaux et sur les déclarations faites par les instituteurs libres à l'effet d'ouvrir un pensionnat primaire. » (Décret du 29 juillet 1850, art. 43, § 4.)

Quoique les pensionnats annexés aux écoles communales aient un caractère mixte, ils n'en doivent pas moins se soumettre à l'inspection autorisée pour les établissements publics.

« Tout instituteur [libre ou public] dirigeant un pensionnat, qui change de commune ou qui, sans changer de commune, change de local ou apporte au local affecté à son pensionnat des modifications graves, doit en faire la déclaration au recteur et au maire de la commune, et se pourvoir de nouveau devant le conseil académique. — La nouvelle déclaration devra être accompagnée du plan du local et devra mentionner les indications énoncées au paragraphe 5 de l'article 4 du présent règlement [voyez p. 165]. » (Décret du 30 décembre 1850, art. 10.)

§ 2. Le programme de l'enseignement qui doit être présenté ne consiste pas dans l'exposé de la méthode d'enseignement, qui est du domaine de la liberté, mais dans la simple indication des objets de l'enseignement.

Il ne s'agit, en effet, que d'une simple indication, utile pour empêcher qu'on ne forme un pensionnat secondaire sous le titre de pensionnat primaire.

§ 3. « Aucun pensionnat [libre ou public] ne peut être annexé à une école primaire qui reçoit des enfants des deux sexes. (Décret du 30 décembre 1850, art. 13.)

« Aucun pensionnat primaire [libre ou public] ne pourra être établi dans des locaux dont le voisinage serait reconnu dangereux sous le rapport de la moralité et de la santé des élèves. ( Art. 12. )

« Les dortoirs doivent être spacieux, aérés et dans des dimensions qui soient en rapport avec le nombre des pensionnaires. — Ils doivent être surveillés et éclairés pendant la nuit. — Une pièce spéciale doit être affectée au réfectoire. (Art. 14.)

« Tout instituteur [libre ou public] qui reçoit des pensionnaires doit tenir un registre sur lequel il inscrit les noms, prénoms et l'âge de ses élèves pensionnaires, la date de leur entrée et celle de leur sortie.—Chaque année il transmet, avant le 1er novembre, au recteur de l'académie, un rapport sur la situation et le personnel de son établissement. (Art. 9.)

« Il est ouvert, dans chaque pensionnat [libre ou public], un registre spécial destiné à recevoir les noms, prénoms, date et lieu de naissance des maîtres et employés, et l'indication des emplois qu'ils occupaient précédemment et des lieux où ils ont résidé, ainsi que la date des brevets, diplômes ou certificats de stage dont ils seraient pourvus.— Les autorités préposées à la surveillance de l'instruction primaire devront toujours se faire présenter ces registres quand elles inspecteront les écoles. (Art. 11.)

« Si l'instituteur [libre ou public] ne s'est pas conformé aux mesures prescrites par le conseil académique, dans l'intérêt des mœurs et de la santé des élèves, il pourra être traduit devant ledit conseil pour subir l'application des dispositions de l'article 30 de la loi organique du 15 mars 1850, s'il appartient à l'enseignement libre; s'il est instituteur communal, il lui sera fait application des peines énoncées en l'article 33 de ladite loi. ( Art. 8. )

« Le régime intérieur des pensionnats primaires [publics] sera réglé par le recteur en conseil académique, sauf révision par le ministre en conseil supérieur de l'instruction publique. (Art. 7.) »

§ 4. Aux termes de ce paragraphe, les pensionnats primaires sont soumis aux prescriptions des articles 26, 27, 28, 29 et 30 de la présente loi; ils doivent aussi se soumettre à la surveillance des autorités qu'elle institue.

D'après l'article 26, l'instituteur ne doit être frappé d'aucun des cas d'incapacité mentionnés audit article.

L'article 27 est relatif aux formalités exigées de l'instituteur qui veut ouvrir une école primaire.

L'article 28 concerne le droit d'opposition du recteur à l'ouverture de l'établissement.

Les articles 29 et 30 énumèrent les peines auxquelles sont soumis les instituteurs qui manquent aux prescriptions de la loi ou se sont rendus coupables de faute grave dans l'exercice de leurs fonctions.

Les instituteurs tenant un pensionnat doivent se soumettre à la surveillance des autorités instituées par la loi, et en conséquence se conformer aux prescriptions des articles 18 et 21. En cas de refus, ils sont passibles des peines portées en l'article 22.

« Lorsque, par application des articles 29, 30 et 53 de la loi organique, un pensionnat primaire se trouve dans le cas d'être fermé, le recteur et le procureur de la république doivent se concerter pour que les parents ou tuteurs des élèves soient avertis, et pour que les élèves pensionnaires dont les parents ne résident pas dans la localité soient recueillis dans une maison convenable.—S'il se présente une personne digne de confiance qui offre de se charger des élèves pensionnaires ou externes, le recteur peut l'y autoriser provisoirement. Cette autorisation n'est valable que pour trois mois au plus. » (Décret du 7 octobre 1850, art. 6.)

§ 3. « M. le ministre de l'instruction publique a présenté sur ce paragraphe l'observation suivante : « Je crois qu'il est bien compris que l'article s'applique à tous les pensionnats de filles, nonobstant l'ordonnance de 1820, qui attribue aux préfets la surveillance des pensionnats de demoiselles. En effet, la distinction de l'enseignement primaire et de l'enseignement secondaire n'existe pas dans cette nature d'enseignement. » M. le rapporteur a répondu : « La commission adhère à l'observation qui lui est faite. En effet, elle reconnaît qu'il n'y a pas dans l'enseignement des filles la même division à faire que dans l'enseignement des garçons. Il n'y a pas d'instruction primaire et d'instruction secondaire. »

Aux termes de ce paragraphe, et par suite des explications ci-dessus, les directrices de pensionnats de jeunes demoiselles et de communautés religieuses enseignantes sont soumises à toutes les conditions exigées des institutrices primaires publiques et libres, indépendamment des conditions spéciales exigées par le premier paragraphe du présent article pour l'ouverture d'un pensionnat primaire. Par suite de cette prescription de la loi, les directrices de pensionnats de filles sont soumises aux obligations suivantes :

Toute institutrice qui veut ouvrir un pensionnat de filles doit : 1° être Française; 2° être âgée de vingt-cinq ans; 3° être munie d'un brevet de capacité ou d'une lettre d'obédience, ou d'un certificat spécial de stage remplaçant le brevet de capacité; 4° d'un certificat dûment légalisé, attestant qu'elle a exercé pendant cinq ans au moins, soit comme institutrice, soit comme maîtresse dans une école de filles (art. 25, 49 et 53 de la présente loi).

Elle doit déclarer son intention d'ouvrir un pensionnat au maire de la commune où elle veut s'établir, lui désigner le local, et lui donner l'indication des lieux où elle a résidé et des professions qu'elle a exercées pendant les dix années précédentes. Cette déclaration doit être, en outre, adressée par la postulante au recteur de l'académie, au procureur de la république et au sous-préfet. Elle demeurera affichée, par les soins du maire, à la porte de la mairie, pendant un mois (art. 27).

Le recteur, soit d'office, soit sur la plainte du procureur de la république ou du sous-préfet, peut former opposition à l'ouverture de l'école, dans l'intérêt des mœurs publiques, dans le mois qui suit la déclaration à lui faite. Cette opposition est jugée dans un bref délai, contradictoirement et sans recours, par le conseil académique. Si le maire refuse d'approuver le local, il est statué à cet égard par ce conseil. A défaut d'opposition, l'école peut être ouverte à l'expiration du mois, sans autre formalité (art. 28).

La postulante ne doit être frappée d'aucune des incapacités mentionnées en l'article 26.

Les directrices laïques ou religieuses de pensionnats de jeunes demoiselles sont passibles des peines portées à l'article 29 en cas d'ouverture de leur établissement sans avoir rempli les formalités prescrites, et de celles portées à l'article 30 en cas de faute grave dans l'exercice de leurs fonctions.

Un règlement délibéré en conseil supérieur de l'instruction publique doit fixer ce qui concerne les conditions des examens pour le brevet de capacité et pour la surveillance de ces établissements. Une instruction ministérielle du 10 mars 1851, adressée aux recteurs, porte que les examens et la surveillance doivent se faire comme précédemment jusqu'à la publication du nouveau règlement. Les pensionnats de jeunes demoiselles restent donc provisoirement soumis aux autorités dont ils dépendaient avant la nouvelle loi. Dans quelques départements ils dépendaient de la préfecture ; dans d'autres ils étaient sous l'autorité de l'académie. Les directrices sont passibles des peines portées en l'article 22, en cas de refus d'inspection par les autorités dont elles dépendent [voyez p. 153].

Lorsqu'un pensionnat est ouvert par une institutrice appartenant à une congrégation religieuse vouée à l'enseignement et reconnue par l'État, et qu'elle veut en faire un établissement durable, susceptible de recevoir des dons et legs, elle doit remplir les formalités prescrites par l'article 2 de la loi du 24 mai 1825 [voyez p. 157].

* L'article 48, qui détermine les objets d'enseignement dans les écoles primaires de filles, n'est pas un obstacle à ce que les directrices de pensionnats de jeunes filles comprennent dans leur enseignement des objets non portés dans cet article, par exemple, des langues étrangères, la musique vocale et instrumentale. Le second paragraphe du présent article 53 leur donne, du reste, le droit de formuler le plan de leur enseignement.

Des obligations particulières sont imposées aux institutrices étrangères, qui veulent tenir un pensionnat primaire ou y exercer une fonction d'enseignement ou de surveillance [voyez p. 157].

† Les maîtresses et sous-maîtresses des pensionnats de jeunes demoiselles sont, par analogie, soumises aux mêmes obligations que les institutrices adjointes [voyez p. 157].

## SECTION II. — DES ÉCOLES D'ADULTES ET D'APPRENTIS.

### Article 54.

§ 1. Il peut être créé des écoles primaires communales pour les adultes au-dessus de dix-huit ans, pour les apprentis au-dessus de douze ans.

2. Le conseil académique désigne les instituteurs chargés de diriger les écoles communales d'adultes et d'apprentis.

3. Il ne peut être reçu dans ces écoles d'élèves des deux sexes.

### Commentaire.

§ 1er. Les écoles d'apprentis sont destinées aux enfants âgés de douze ans, qui passent la majeure partie de la journée à l'atelier et ne sont libres qu'à certaines heures, notamment le soir.

Une loi du 22 février 1851 a réglé les conditions particulières auxquelles sont soumis les apprentis dans les ateliers et manufactures :

« La durée du travail effectif des apprentis âgés de moins de quatorze ans ne pourra dépasser dix heures par jour. — Pour les apprentis âgés de quatorze à seize ans, elle ne pourra dépasser douze heures. — Aucun travail de nuit ne peut être imposé aux apprentis âgés de moins de seize ans. — Est considéré comme travail de nuit tout travail fait entre neuf heures du soir et cinq heures du matin. — Les dimanches et jours de fêtes reconnues ou légales, les apprentis, dans aucun cas, ne peuvent être tenus, vis-à-vis de leur maître, à aucun travail de leur profession. — Dans le cas où l'apprenti serait obligé, par suite des conventions ou conformément à l'usage, de ranger l'atelier aux jours ci-dessus marqués, ce travail ne pourra se prolonger au delà de dix heures du matin. — Il ne pourra être dérogé aux dispositions contenues dans les trois premiers paragraphes du présent article, que par un arrêté rendu par le préfet sur l'avis du maire. (Loi du 22 février 1851, art. 9.)

« Si l'apprenti âgé de moins de seize ans ne sait pas lire, écrire et compter, ou s'il n'a pas encore terminé sa première éducation religieuse, le maître est tenu de lui laisser prendre, sur la journée du travail, le temps et la liberté nécessaires pour son instruction. — Néanmoins, ce temps ne pourra pas excéder deux heures par jour. (Art. 10.) »

§ 2. Pour obtenir la direction d'une classe communale d'adultes, les instituteurs déjà ou non en exercice ont simplement à justifier auprès du conseil académique de l'âge de vingt-et-un ans et du brevet de capacité ou titre équivalent, exigés par l'article 25. La nomination est faite par le conseil académique.

Les mêmes règles et formalités sont applicables pour la nomination aux écoles communales d'apprentis.

Le conseil académique peut-il désigner un instituteur autre que l'instituteur communal pour la direction des écoles communales d'adultes ou d'apprentis? Rien ne s'y oppose, puisque l'article lui laisse complétement le choix de cet instituteur.

De son côté, l'instituteur communal peut ouvrir une classe d'adultes libre en se conformant aux prescriptions de l'article 55.

§ 3. L'article 77 autorise une exception à cette prescription. Aux termes de cet article, les conseils académiques peuvent, selon les degrés de l'enseignement, dispenser les cours publics de l'obligation de ne pas recevoir d'élèves des deux sexes.

† Les règles posées dans cet article pour les écoles d'adultes et d'apprentis de garçons paraissent également applicables aux écoles d'adultes et d'apprentias de filles.

## Article 55.

**Les articles 27, 28, 29 et 30 sont applicables aux instituteurs libres qui veulent ouvrir des écoles d'adultes ou d'apprentis.**

### Commentaire.

Dans le cours de la troisième délibération, M. de Cuverville a proposé un article additionnel ainsi conçu : « Toutefois, dans les écoles primaires déjà existantes, les délégués cantonaux pourront autoriser provisoirement, sauf l'approbation du conseil académique, l'ouverture de classes d'adultes et d'apprentis. » M. le rapporteur a dit : « La commission n'a pu adopter l'amendement; il lui a paru complétement superflu. M. de Cuverville veut établir, en faveur des instituteurs primaires, la faculté d'ouvrir des classes d'adultes et d'apprentis; cette faculté étant accordée à tout le monde, et tout le monde pouvant en user en se conformant aux lois, l'instituteur pourra en profiter comme les autres. Ainsi il n'y aura pas pour lui une bien grande difficulté, après les classes du jour, à faire une classe du soir pour les adultes; et il pourra le faire en se conformant à la loi.» Sur ces observations, M. de Cuverville a retiré son amendement.

Il résulte de ces explications, et du texte du présent article, que les instituteurs libres ou communaux déjà en exercice, qui veulent ouvrir une classe libre d'adultes ou d'apprentis, doivent remplir les formalités suivantes :

Tout instituteur déjà en exercice, qui veut tenir une classe libre d'adultes ou d'apprentis, doit déclarer préalablement son intention au maire de la commune où il veut la tenir, et lui désigner le local. Cette déclaration doit, en outre, être adressée par le postulant au recteur de l'académie, au procureur de la république et au sous-préfet (art. 27 de la présente loi).

A défaut d'opposition du recteur, l'école peut être ouverte à l'expiration d'un mois, sans autre formalité (art. 28).

Quant aux instituteurs qui ne sont pas encore en exercice, ils doivent remplir les mêmes formalités, donner de plus au recteur l'indication des lieux où ils ont résidé et des professions qu'ils ont exercées pendant les dix années précédentes, et justifier des conditions exigées par l'article 25 relativement à l'âge et au brevet de capacité ou titre équivalent. Le recteur peut, aux termes de l'article 27, former opposition à l'ouverture de l'école, dans l'intérêt des mœurs publiques.

Les cas de pénalité portés aux articles 22 et 30 sont applicables aux directeurs d'écoles libres d'adultes ou d'apprentis.

Par analogie, les prescriptions de la loi relatives aux instituteurs adjoints des écoles primaires sont applicables aux instituteurs adjoints des classes d'adultes ou d'apprentis [voyez l'art. 34].

Les étrangers qui veulent ouvrir une de ces classes sont également soumis aux formalités mentionnées à l'article 78 et fixées par un décret du 5 décembre 1850 [voyez l'art. 78].

† Les institutrices qui veulent ouvrir une école libre d'adultes-femmes, doivent, par analogie, remplir les obligations imposées ci-dessus aux instituteurs.

Quant aux écoles libres d'apprenties-filles qui correspondent aux anciens ouvroirs de filles, elles seraient soumises également aux formalités prescrites pour les classes d'apprentis. Jusqu'à la publication d'un nouveau règlement pour ces établissements, l'arrêté du 30 octobre 1838, relatif aux ouvroirs de jeunes filles, peut leur être appliqué. Aux termes de cet arrêté, les ouvroirs doivent être dirigés par des institutrices munies d'un brevet spécial. Toutefois cette direction peut être confiée provisoirement à des personnes pourvues d'une autorisation particulière.

## Article 56.

§ 1. Il sera ouvert, chaque année, au budget du ministre de l'instruction publique, un crédit pour encourager les auteurs de livres ou de méthodes utiles à l'instruction primaire, et à la fondation d'institutions, telles que

2. Les écoles du dimanche,

3. Les écoles dans les ateliers et les manufactures,

4. Les classes dans les hôpitaux,

5. Les cours publics ouverts conformément à l'article 77,
6. Les bibliothèques de livres utiles,
7. Et autres institutions dont les statuts auront été soumis à l'examen de l'autorité compétente.

## Commentaire.

Les dispositions comprises dans cet article sont plutôt des encouragements donnés à des œuvres réalisables, que des règles imposées à des institutions existantes.

§ 2. Les écoles du dimanche n'ont été l'objet d'aucun règlement. Elles semblent devoir rentrer dans la catégorie des cours publics dont il est parlé à l'article 77. Elles doivent n'avoir lieu que dans l'intervalle des offices religieux.

§ 3. Les écoles dans les ateliers et manufactures peuvent rentrer dans la catégorie des écoles tenues dans un but purement charitable, conformément à l'article 29, à moins qu'elles n'aient les caractères d'une école d'apprentis; dans ce dernier cas, les directeurs de ces écoles seraient soumis aux mêmes conditions que les instituteurs.

Le travail des enfants dans les manufactures et ateliers a été réglé par la loi du 22 mars 1841 :

« Les enfants devront, pour être admis [dans les manufactures, usines et ateliers], avoir au moins huit ans. — De huit à douze ans, ils ne pourront être employés au travail effectif plus de huit heures sur vingt-quatre, divisées par un repos. — De douze à seize ans, ils ne pourront être employés au travail effectif plus de douze heures sur vingt-quatre, divisées par des repos. — Ce travail ne pourra avoir lieu que de cinq heures du matin à neuf heures du soir. (Loi du 22 mars 1841, art. 2.)

« Tout travail entre neuf heures du soir et cinq heures du matin est considéré comme travail de nuit. — Tout travail de nuit est interdit pour les enfants au-dessous de treize ans. — Si la conséquence du chômage d'un moteur hydraulique ou des réparations urgentes l'exigent, les enfants au-dessus de treize ans pourront travailler la nuit, en comptant deux heures pour trois, entre neuf heures du soir et cinq heures du matin. — Un travail de nuit des enfants ayant plus de treize ans, pareillement supputé, sera toléré, s'il est reconnu indispensable, dans les établissements à feu continu dont la marche ne peut pas être suspendue pendant le cours des vingt-quatre heures. (Art. 3.)

« Les enfants au-dessous de seize ans ne pourront être employés les dimanches et jours de fêtes reconnues par la loi. (Art. 4.)

« Nul enfant âgé de moins de douze ans ne pourra être admis qu'autant que ses parents ou tuteur justifieront qu'il fréquente actuellement une des écoles publiques ou privées existant dans la localité. Tout enfant admis devra, jusqu'à l'âge de douze ans, suivre une école. — Les enfants âgés de plus de douze ans seront dispensés de suivre une école, lorsqu'un certificat, donné par le maire de leur résidence, attestera qu'ils ont reçu l'instruction primaire élémentaire. » (Art. 5.)

§ 4. Les classes dans les hôpitaux nous semblent rentrer également dans la catégorie des écoles tenues dans un but purement charitable, conformément à l'article 29, si les enfants qui fréquentent ces classes sont élevés ou soignés à l'hospice. Il n'en saurait être de même, si les enfants venaient de l'extérieur; dans ce cas, le directeur de la classe devrait remplir les conditions imposées aux instituteurs.

§ 5. Les conditions et formalités exigées pour l'ouverture des cours publics sont mentionnées à l'article 77. Elles sont les mêmes que pour ouvrir un établissement libre d'instruction primaire ou secondaire, selon la nature de l'enseignement.

## SECTION III. — DES SALLES D'ASILE.

### Article 57.

§ 1. Les salles d'asile sont publiques ou libres.

2. Un décret du président de la république, rendu sur l'avis du conseil supérieur, déterminera tout ce qui se rapporte à la surveillance et à l'inspection de ces établissements, ainsi qu'aux conditions d'âge, d'aptitude, de moralité, des personnes qui seront chargées de la direction et du service dans les salles d'asile publiques.

3. Les infractions à ce décret seront punies des peines établies par les articles 29, 30 et 33 de la présente loi.

4. Ce décret déterminera également le programme de l'enseignement et des exercices dans les salles d'asile publiques, et tout ce qui se rapporte au traitement des personnes qui y seront chargées de la direction ou du service.

### Commentaire.

Jusqu'à la publication des décrets prescrits par les paragraphes 1 et 4, les salles d'asile sont régies par l'ordonnance du 22 décembre 1837 et l'arrêté du 24 avril 1838 ; les examens ont lieu dans la forme et conformément au programme prescrit par un arrêté du 6 février 1838.

L'ordonnance du 22 décembre 1837 a réglé l'organisation générale des salles d'asile ; en voici les principales dispositions :

« Les salles d'asile sont ou publiques ou privées.

« L'enseignement des salles d'asile comprend les premiers principes de l'instruction religieuse et les notions élémentaires de la lecture, de l'écriture et du calcul. On peut y joindre des chants instructifs et moraux, des travaux d'aiguille et tous les ouvrages de main.

« On ne peut être surveillant ou surveillante de salle d'asile à moins d'être âgé de vingt-quatre ans accomplis. Il faut, de plus, justifier de certificats d'aptitude et de moralité, et obtenir une autorisation du recteur de l'académie.

« Les autorités préposées à la surveillance de l'instruction primaire exercent les mêmes pouvoirs à l'égard des salles d'asile.

« Des dames inspectrices sont chargées de la visite habituelle et de l'inspection journalière des salles d'asile. »

L'arrêté du 24 avril 1838 a fixé tout ce qui est relatif à la tenue et à la direction des salles d'asile. D'après cet arrêté, les enfants de l'âge de deux à six ans sont seuls admis dans les salles d'asile. Au-dessous et au-dessus de cet âge, l'admission ne peut avoir lieu que sur l'autorisation formelle de la dame inspectrice de l'établissement.

Aux termes de l'arrêté du 6 février 1838, l'examen porte sur les matières de l'enseignement des salles d'asile. Les candidats doivent subir, de plus, une épreuve pratique dans une salle d'asile. Pour être admis à l'examen, il faut justifier de vingt-quatre ans d'âge.

D'après un arrêté du 28 décembre 1838, l'identité des candidats doit être certifiée, au moment de l'examen, par deux notables pris parmi les fonctionnaires publics ou les membres de l'enseignement.

On a prétendu que, d'après les termes du paragraphe 2 du présent article, les personnes chargées de la direction ou du service des salles d'asile libres étaient dispensées de toute justification d'âge et d'aptitude. Cette interprétation nous paraît bien rigoureuse. En se reportant à la longue discussion qui a eu lieu sur cet article lors de la seconde délibération, on trouve qu'aucune observation n'a été présentée en ce sens à l'Assemblée, qu'au contraire M. Salmon a observé que la commission laissait au règlement d'administration publique le soin d'établir à quelles conditions on pourrait tenir des asiles. Ajoutons toutefois que, lors de la troisième délibération, la commission, en revoyant la rédaction du projet de loi, a renversé l'ordre des mots de ce paragraphe, et a ajouté, sans doute par erreur, le mot *publiques*, sur lequel est basée l'opinion ci-dessus. Voici, du reste, la rédaction adoptée lors de la seconde délibération : « Un décret du président de la république, rendu sur l'avis du conseil supérieur, déterminera tout ce qui se rapporte aux conditions d'âge, d'aptitude et de moralité des personnes qui y seront chargées de la direction et du service, ainsi qu'à la surveillance et à l'inspection de ces établissements. » Comme l'a dit à la tribune M. Salmon, les salles d'asile sont des maisons d'éducation ; les enfants y apprennent à lire et à écrire. A ce titre, les directrices des salles d'asile publiques et libres doivent justifier de certaines conditions d'âge et d'aptitude. Ajoutons que la Constitution de 1848, d'après laquelle la présente loi a été faite, porte que la liberté d'enseignement doit s'exercer sous certaines garanties de capacité et de moralité. Il conviendrait cependant de faire exception pour les établissements qui pourraient être considérés comme de simples œuvres de bienfaisance, et de leur accorder la faveur faite aux écoles charitables par l'article 29.

La loi n'impose aux départements aucune obligation pour le recrutement si important de bonnes directrices de salles d'asile ; mais le gouvernement a créé à Paris une école normale des salles d'asile, qu'une instruction ministérielle du 19 août 1850 recommande d'une manière spéciale à l'attention de MM. les préfets et des conseils généraux.

« En ce qui concerne le recrutement des directrices de salles d'asile, les renseignements qui me parviennent de tous côtés m'apprennent que, en général, les directrices de ces établissements ne connaissent pas suffisamment ces méthodes spéciales de la salle d'asile, si bien appropriées à tous les besoins de l'enfance ; qu'il suit de là que trop souvent les salles d'asile dégénèrent en *petites écoles* ou en *garderies*, et n'ont dès lors d'autres avantages que de prémunir les enfants contre les dangers matériels de la rue. Cette insuffisance dans la direction de ces établissements avait frappé, il y a déjà plusieurs années, l'un de mes prédécesseurs, qui avait cherché à y remédier en fondant à Paris une maison d'étude où seraient formées des surveillantes appelées ultérieurement à la direction de salles d'asile modèles dans les départements. Cette utile pensée a produit ce qu'on devait en attendre ; et la maison d'étude, devenue école normale, est aujourd'hui disposée pour recevoir les élèves que les conseils généraux ou les conseils municipaux des grandes villes croiraient devoir y envoyer. Il s'y fait deux cours par an ; chaque cours dure quatre mois, de janvier en mai, de juillet en novembre. Le prix de la pension, tous frais compris, est de 60 francs par mois ou 240 francs pour les quatre mois d'un cours. Pour cette somme, le conseil général pourrait donc introduire dans votre département toutes les améliorations que comporte l'administration d'une salle d'asile, et je ne crains pas de vous affirmer que le meilleur, le plus sûr moyen de propagation est la vue d'un établissement bien tenu. Les résultats obtenus pour l'éducation de l'enfance y sont si évidents, que nul ne peut se refuser à les apprécier, et que tous ceux qui ont visité une véritable salle d'asile deviennent bientôt d'ardents propagateurs de l'institution. J'insiste donc particulièrement sur ce point ; et, si le conseil général de votre département ne pouvait voter qu'une partie de la dépense qu'entraînerait la présence d'une boursière à l'école normale, j'accorderais volontiers, de mon côté, sur les fonds de l'État, la somme qui serait nécessaire pour compléter le prix de bourse. » (Instruction du 19 août 1850 aux préfets.)

« Dans toutes les écoles normales d'institutrices, il pourrait être créé une division spéciale pour les aspirantes aux fonctions de directrice ; de même qu'on a joint à ces établissements une école élémentaire, il y serait annexé un asile pratique. » (M. E. Rendu, Commentaire de la loi.)

## Article 58.

Les personnes chargées de la direction des salles d'asile publiques seront nommées par le conseil municipal, sauf l'approbation du conseil académique.

### Commentaire.

La nomination aura lieu directement par le conseil municipal, sans qu'il ait à consulter des listes de présentation. Un droit d'approbation est toutefois maintenu aux conseils académiques.

## Article 59.

Les salles d'asile libres peuvent recevoir des secours sur les budgets des communes, des départements et de l'État.

### Commentaire.

Dans son rapport, M. Beugnot avait dit : « Nous appelons de tous nos vœux le jour où il sera possible d'imposer à chaque commune l'obligation d'avoir une salle d'asile. » En attendant ce moment, la loi a cherché à faciliter la fondation de ces établissements, en mentionnant que les salles d'asile peuvent recevoir des secours sur les budgets des communes, des départements et de l'État. L'article n'impose pas de conditions à l'obtention de ces subventions, comme il a été fait à l'article 69 pour les établissements libres d'instruction secondaire.

# TITRE III.

## DE L'INSTRUCTION SECONDAIRE.

## CHAPITRE Ier.

### DES ÉTABLISSEMENTS PARTICULIERS D'INSTRUCTION SECONDAIRE.

### Article 60.

§ 1. Tout Français âgé de vingt-cinq ans au moins, et n'ayant encouru aucune des incapacités comprises dans l'article 26 de la présente loi, peut former un établissement d'instruction secondaire, sous la condition de faire au recteur de l'académie où il se propose de s'établir les déclarations prescrites par l'article 27, et, en outre, de déposer entre ses mains les pièces suivantes, dont il lui sera donné récépissé :

2. 1° Un certificat de stage constatant qu'il a rempli, pendant cinq ans au moins, les fonctions de professeur ou de surveillant dans un établissement d'instruction secondaire public ou libre ;

3. 2° Soit le diplôme de bachelier, soit un brevet de capacité délivré par un jury d'examen dans la forme déterminée par l'article 62 ;

4. 3° Le plan du local, et l'indication de l'objet de l'enseignement.

5. Le recteur à qui le dépôt des pièces aura été fait, en donnera avis au préfet du département et au procureur de la république de l'arrondissement dans lequel l'établissement devra être fondé.

6. Le ministre, sur la proposition des conseils académiques et l'avis conforme du conseil supérieur, peut accorder des dispenses de stage.

### Commentaire.

C'est sur cet article qui, ainsi que les articles 25 et 53, donne à toute personne, même alors qu'elle appartiendrait à des associations non autorisées, la faculté d'enseigner, que s'est reproduite la grave question des congrégations religieuses, et particulièrement des jésuites, en ce qui touche le droit de former des établissements libres d'enseignement.

La question a été d'abord présentée nettement par la commission dans les termes suivants :

« Le souvenir d'un ancien débat, qui naguère passionnait les esprits et qu'on s'efforce peut-être, mais en vain, de rajeunir, exige que nous nous expliquions en peu de mots sur une question que le projet de loi ne soulève pas, mais qu'il est aisé d'y rattacher. Les membres des congrégations religieuses non reconnues par l'État pourront-ils ouvrir et diriger des établissements d'instruction secondaire ou y professer ? La réponse ne peut être douteuse. Nous réglons l'exercice d'un droit public, à la jouissance duquel sont appelés tous les autres citoyens, sans autre exception que ceux dont l'immoralité a été déclarée par un arrêté de justice. Nous disons avec le rapporteur du projet de loi à l'Assemblée constituante : « La république n'interdit qu'aux ignorants et aux indignes le droit d'enseigner. Elle ne connaît pas les corporations ; elle ne les connaît ni pour les gêner ni pour les protéger ; elle ne voit devant elle que des professeurs. » Ainsi donc nul doute : d'après le projet de loi, les membres des associations religieuses non reconnues, dans lesquels nous ne voyons, nous aussi, que des citoyens auxquels nul n'a le droit de demander ce qu'ils sont devant Dieu et devant leur conscience, jouiront de la faculté d'enseigner, parce que cette faculté est un droit civil et qu'ils possèdent tous les droits de ce genre.

« Plus tard, l'Assemblée déterminera le mode d'exercice et les limites d'un autre droit, du droit d'association : elle fera alors ce que l'intérêt public et le respect de la liberté de conscience et des cultes lui conseilleront; mais devancer l'époque où la discussion sera ouverte sur ce point et introduire dans le projet de loi actuel la clause du serment imposé aux instituteurs de n'appartenir à aucune corporation religieuse non reconnue, que contenaient les anciens projets de loi et qui suscita de si énergiques protestations, ce serait défigurer celui dont nous nous occupons, et transformer une œuvre de justice et d'égalité en un acte empreint de terreurs frivoles ou d'incalculables préjugés. » (Premier rapport de M. Beugnot.)

Lors de la seconde délibération, MM. Bourzat, Savatier-Laroche, Sage et Ceyras ont présenté trois paragraphes additionnels ainsi conçus : « Nul ne pourra tenir une école publique ou libre, primaire ou secondaire, laïque ou ecclésiastique, ni même y être employé, s'il fait partie d'une congrégation religieuse non reconnue par l'État. Aucune congrégation religieuse ne pourra d'ailleurs s'établir que dans les formes et sous les conditions déterminées par une loi spéciale. La discussion de cette loi devra être précédée de la publication des statuts de la congrégation et de leur vérification par le conseil d'État, qui donnera son avis. » Cette proposition était spécialement dirigée contre la congrégation des jésuites. Vivement combattu par Mgr Parisis, et, au nom de la commission, par M. Thiers, qui a invoqué les motifs déjà développés dans le rapport, cet amendement a été rejeté à la majorité de 450 voix contre 148. Un autre amendement, rédigé dans le même esprit que le précédent, et présenté par M. Laurent (de l'Ardèche), a été également rejeté.

« D'après cette discussion, que faut-il conclure sur la question, depuis si longtemps agitée, du rétablissement de la société de Jésus et de sa participation à l'enseignement? Cette société fameuse est-elle relevée des condamnations qu'elle avait anciennement encourues? Aura-t-elle le droit désormais de reconstituer ses anciens établissements et de rouvrir librement ses écoles? C'est ce qui ne paraît pas douteux à quelques-uns des auteurs de la loi, malgré les réserves faites par le ministre de l'instruction publique sur le droit d'association; c'est ce qui ne paraît pas douteux surtout au rapporteur de la loi (M. Beugnot), qui, dans un article de *l'Ami de la Religion*, du mois d'août 1850, écrivait ces lignes: « En proclamant le droit commun d'enseigner, la loi a eu particulièrement en vue la société de Jésus, qui a porté au plus haut degré de perfection l'art de former les jeunes cœurs au culte du vrai et du juste, et qui seule possède le secret de faire rentrer les idées d'ordre et de respect dans l'esprit des classes supérieures de la société. Après une proscription presque séculaire, qui est le plus éclatant succès obtenu par la haine et le mensonge, cette société a enfin trouvé une loi bienveillante, à l'ombre de laquelle elle peut guérir ses anciennes blessures, retremper ses armes et marcher à de plus grands succès. » Quant à nous, nous doutons encore que la loi ait une aussi grande portée, et que l'Assemblée, en établissant le droit d'enseignement dans sa plus large acception pour les individus, ait entendu abroger par le fait tous les anciens principes de notre droit public sur les congrégations ou associations religieuses; nous sommes de l'avis de M. le président Dupin, lorsqu'il disait, à la séance du 14 février 1850, que des questions de cette nature « ne se décident pas par des sous-entendus ». (Recueil des lois, de Sirey.)

Les rédacteurs du *Recueil de Sirey* confondent deux choses distinctes: les membres des congrégations religieuses considérés comme simples citoyens, et les congrégations religieuses prises comme associations. La loi n'avait pas à s'occuper et ne s'est pas occupée de la seconde question, de celle relative à l'existence des congrégations religieuses. Quant à la première, il a été expliqué et entendu que le titre de membre d'une congrégation religieuse non autorisée n'était plus un motif d'exclusion de l'enseignement, que l'État ne connaissait pas les corporations, qu'il ne voyait devant lui que des professeurs.

§ 1er. « Par ces mots « tout Français » pris dans leur sens général et absolu, se trouve détruite l'obligation honteuse pour une nation catholique, imposée malheureusement par les ordonnances du 16 juin 1828, de déclarer qu'on n'appartenait à aucune congrégation non reconnue par la loi: obligation qui, d'une part, tendait à violer ce domaine sacré de la conscience, où l'âme, dans sa souveraine liberté, contracte des engagements avec Dieu, et qui, d'autre part, faisait trouver dans la pratique volontaire et méritoire des conseils évangéliques la même cause d'incapacité légale et d'interdit civil que dans les délits et les crimes qui font la honte de l'humanité. Désormais donc il n'est permis à personne, quel que soit son pouvoir dans le gouvernement ou dans la société, de s'enquérir, ni directement, ni indirectement, au nom de la loi, si celui qui exerce les fonctions de l'enseignement appartient ou n'appartient pas à une congrégation religieuse quelconque. » (Mgr Parisis, Instruction aux curés de son diocèse.)

« Si, aux termes de l'article 17, les écoles secondaires libres peuvent être fondées et entretenues par des particuliers ou des associations, et obtenir, conformément aux dispositions de l'article 69 de la même loi, des communes, des départements ou de l'État, après avis préalable des conseils académiques, un local et une subvention, sans que cette subvention puisse excéder le dixième des dépenses annuelles de l'établissement, lesdites écoles ne peuvent être formées et ouvertes sans qu'au préalable le chef de l'établissement projeté ait accompli les conditions imposées par l'article 60 de ladite loi à tout Français qui veut former un établissement secondaire.

« Les seules exceptions prononcées par les articles 66 et 70 de la loi s'appliquent, soit aux ministres des différents cultes reconnus qui donnent l'instruction secondaire à quatre jeunes gens au plus destinés aux écoles ecclésiastiques actuellement existantes, soit à celles qui pourraient être établies avec l'autorisation du gouvernement.

« Si rien ne s'oppose à ce que les évêques fondent et entretiennent des écoles secondaires libres, et obtiennent un local et des subventions des communes et des départements à ce dûment autorisés, avec ou sans conditions par lesdits évêques d'exercer comme fondateurs, sur ces écoles, une haute surveillance, de choisir, de remplacer et de révoquer le personnel desdites écoles ; cette faculté ne peut s'étendre jusqu'à les investir, par cela seul qu'ils seraient fondateurs, du droit de diriger par eux-mêmes ces écoles, et ne dispense pas le chef désigné par eux, et seul responsable vis-à-vis des autorités préposées à la surveillance de l'enseignement libre, de remplir préalablement à leur formation les conditions imposées par l'article 60 de la loi du 15 mars 1850. » (Considérants du décret du 31 mars 1851.)

La loi n'exige pas ici, comme pour l'instruction primaire (art. 28), que le postulant adresse sa déclaration au procureur de la république et au sous-préfet. C'est le recteur qui devra leur en faire communication, afin que ces fonctionnaires en aient connaissance dans le cas où ils voudraient former opposition à l'ouverture de l'établissement dans les termes de l'article 64. Remarquons aussi que la déclaration doit être faite au recteur et non au maire.

§ 2. « On peut n'avoir encouru aucune condamnation judiciaire, conserver l'intégrité de ses droits civils et politiques, et n'en avoir pas moins perdu cette considération, ce respect de l'opinion, desquels dépend l'ascendant du maître sur les élèves... Après le stage prescrit par la loi, la présomption de la moralité du candidat est établie. Pendant cinq ans, il a été placé sous les yeux, sous la surveillance de l'autorité, soumis à l'inspection comme le chef même dont il dépendait et dont il engageait la responsabilité. On sait d'où il vient, depuis combien d'années il se destine à l'enseignement. Sa persévérance seule est une garantie, car elle prouve qu'il ne se jette pas dans cette noble carrière, comme il arrive trop souvent, par le caprice des circonstances ou par les accidents d'une vie aventureuse. Quand ces gages ont été donnés à la société, ils peuvent tenir lieu de la formalité, presque toujours illusoire, du certificat de moralité. Il suffit de laisser au pouvoir un simple droit d'opposition concurremment aux autorités académiques, administratives et judiciaires. » (M. de Falloux, exposé des motifs du projet de loi.)

« Le stage de cinq ans au moins garantit la vocation. C'est le vœu de la loi. On concevrait difficilement que la noble profession d'instituteur de la jeunesse n'exigeât pas un noviciat, et que le premier venu, sans autre titre que son caprice, même quand ses antécédents seraient irréprochables, fût admis à l'exercer. » (Instruction du 31 décembre 1850 aux recteurs.)

Pour obtenir le certificat de stage, il suffit d'avoir exercé, soit comme professeur, soit comme surveillant.

« Dans les maisons ecclésiastiques et dans tous les bons établissements d'éducation, la surveillance est la fonction la plus importante, confiée aux hommes les plus graves et les plus dignes. N'admettre que les professeurs, ce serait exclure les directeurs, censeurs, préfets de discipline, c'est-à-dire ceux qui possèdent l'expérience de l'éducation proprement dite. » (Premier rapport de M. Beugnot.)

« Le stage, pour être valable, doit avoir été accompli en France. » (Décret du 20 décembre 1850, art. 3.)

« Il est évident que le stage, pour être valable, doit avoir été accompli en France; autrement la sanction pénale établie par l'article 61 de la loi du 15 mars 1850 deviendrait quelquefois illusoire, les tribunaux français n'ayant aucune action sur les chefs d'établissements étrangers qui seraient atteints et convaincus d'avoir délivré de fausses attestations. » (Instruction du 31 décembre 1850 aux recteurs.)

Aux termes de l'article 61 de la présente loi, ce certificat de stage est délivré par le conseil académique, sur l'attestation des chefs des établissements où le stage a été accompli.

§ 3. Il s'agit ici du diplôme de bachelier ès lettres. L'examen pour le brevet de capacité a lieu devant un jury spécial, et porte sur les mêmes matières que celui du baccalauréat [voyez p. 188].

« Le ministre de l'instruction publique pourra, après avoir pris l'avis du conseil supérieur, déclarer équivalents aux brevets ou diplômes nationaux exigés par la loi tous brevets et grades obtenus par l'étranger des autorités scolaires de son pays. (Décret du 5 décembre 1850, art. 9.)

« Pourront être également accordées par le ministre, en conseil supérieur, des dispenses de brevets et de grades aux étrangers qui se seraient fait connaître par des ouvrages dont le mérite aura été reconnu par le conseil de l'instruction publique. (Art. 4.) »

§ 4. L'obligation d'indiquer l'objet de l'enseignement n'implique pas la nécessité d'exposer sa méthode d'enseignement.

Le chef d'institution libre, qui donne dans son établissement l'enseignement primaire comme préparatoire à l'enseignement secondaire, n'est pas soumis aux obligations imposées aux instituteurs primaires. Mais il doit remplir ces conditions, si l'enseignement primaire est donné, comme enseignement annexe, au sein de son établissement. (Décisions des 22 février et 14 mars 1851.)

§ 6. « Les délibérations des conseils académiques portant proposition de dispense de stage doivent être motivées; elles sont accompagnées de la demande du postulant et de toutes les pièces par lui produites.» (Décret du 20 décembre 1850, art. 5.)

« La dispense de stage ne peut être qu'une assez rare exception à une règle fort sage. Mais l'exception est autorisée, et elle sera suffisamment justifiée si elle ne s'applique qu'à des hommes qui, par la moralité de leur vie, la dignité de leur caractère, par leur âge ou par leur expérience, et enfin, surtout, par des antécédents équivalents à un stage proprement dit, peuvent fournir la preuve d'une vocation décidée. Le conseil académique doit sans doute se former une conviction sur ce point; mais il faut que le conseil supérieur, qui est appelé nécessairement à donner son avis, et le ministre, qui prend une décision définitive, partagent la conviction du conseil académique, et, par conséquent, qu'ils connaissent ses motifs et les apprécient. » (Instruction du 31 décembre 1850 aux recteurs.)

« Les demandes en dispense de stage doivent être accompagnées de tous les documents exigés par l'article 5 du décret du 20 décembre 1850, c'est-à-dire de la demande du postulant et des pièces qu'il a produites devant le conseil académique.» (Instruction du 14 mai 1851 aux recteurs.)

† Dans l'instruction secondaire, la loi ne fait pas de différence entre les internats et les externats. Ces deux sortes d'établissements sont soumis aux mêmes conditions et aux mêmes formalités.

Aux termes d'un décret du 31 mars 1851 [p. 203], les évêques qui créent des établissements libres sont censés agir comme fondateurs ou bienfaiteurs de ces institutions. Le directeur choisi par ces évêques est seul responsable envers les autorités préposées à la surveillance de l'enseignement libre et doit remplir les conditions prescrites par la loi.

Il n'y a plus de différence entre les chefs d'institution et les maîtres de pension. Ils sont tous chefs d'établissement libre d'instruction secondaire. Une loi du 1er mai 1802 défend aux établissements particuliers de prendre les noms de *lycée* et d'*institut*. Aucun arrêté ne s'oppose à ce qu'ils prennent le titre de *collége*. Mais il convient dans ce cas d'y ajouter un nom spécial, afin de les distinguer des colléges communaux.

Aux termes d'un arrêté du 24 avril 1848, les institutions libres qui voudraient adopter l'uniforme des lycées ne peuvent le faire qu'à la condition d'ajouter à la tunique un collet de couleur tranchante, en drap; les palmes de la tunique doivent être brodés en argent, et les boutons être argentés et non dorés.

La loi de finance du 18 mai 1850 a substitué au droit annuel imposé aux chefs d'institution et maîtres de pension un droit proportionnel qui est fixé au quinzième de la valeur locative de leur loyer personnel et qui prend le nom de patente; les locaux affectés au logement et à l'instruction des élèves ne sont pas compris dans l'estimation de la valeur locative.

Une instruction ministérielle du 10 février 1851 recommande aux recteurs d'arrêter tous les trimestres l'état des chefs d'établissements libres soumis à cette patente.

Les étrangers qui veulent diriger un établissement libre d'instruction secondaire sont soumis à des obligations spéciales fixées par le décret du 5 décembre 1850 et mentionnées à l'article 78 [voyez l'art. 78].

† Les professeurs et les surveillants des établissements libres d'instruction secondaire ne sont assujettis à aucunes conditions d'âge ou d'aptitude. Aux termes de l'article 65, ils doivent n'être frappés d'aucun cas d'incapacité. Conformément à l'article 68, ils peuvent être traduits, pour cause d'inconduite ou d'immoralité, devant le conseil académique et être interdits de leur profession à temps ou à toujours.

« Chaque chef d'établissement particulier d'instruction secondaire est tenu d'inscrire sur un registre spécial les nom, prénoms, date et lieu de naissance des répétiteurs ou surveillants qu'il emploie, avec l'indication de la fonction qu'ils remplissent. — Ce registre doit être communiqué à toute réquisition des autorités préposées à la surveillance et à l'inspection. » (Décret du 20 décembre 1850, art. 6.)

« Le premier acte de l'inspection [des écoles libres] sera l'examen du registre où doivent être inscrits les nom, prénoms, âge, etc., des professeurs et surveillants, conformément à l'article 6 du décret du 20 décembre 1850. » (Instruction du 10 mai 1851 aux recteurs.)

« C'est dans un but de surveillance et de garantie pour les familles, qu'il est enjoint, par l'article 6 du décret du 20 décembre 1850, à chaque chef d'établissement particulier d'instruction secondaire, d'inscrire sur un registre spécial les nom, prénoms, date et lieu de naissance des répétiteurs ou surveillants qu'il emploie, avec l'indication des fonctions qu'ils remplissent.

« Deux catégories d'individus doivent être absolument écartées des établissements d'instruction publique : ce sont ceux que la loi déclare incapables (art. 65) et ceux qui sont frappés d'interdiction (art. 68). L'incapacité et l'interdiction n'auront de conséquences sérieuses que si les autorités préposées à la surveillance de l'enseignement peuvent toujours s'assurer que les chefs d'établissement se sont conformés à la loi qui leur défend d'employer certaines personnes. Tel est l'objet du registre spécial prescrit par l'article 6 du décret. Les chefs d'établissement n'y inscriront que les répétiteurs ou surveillants dont ils connaîtront avec certitude les antécédents, et ils sauront que leur négligence sur ce point les exposerait aux peines portées en l'article 67 de la loi. » (Instruction du 4 janvier 1851 aux recteurs.)

Les étrangers qui veulent remplir dans un établissement d'instruction secondaire libre une fonction de surveillance ou d'enseignement, sont soumis à des obligations spéciales fixées par le décret du 5 décembre 1850 et mentionnées à l'article 78 [voyez l'art. 78].

« Il résulte du décret du 7 décembre 1850, rendu en exécution de l'article 78 de la loi du 15 mars 1850, que les étrangers ne peuvent être admis à exercer dans les établissements libres des fonctions de surveillance ou d'enseignement, que s'ils en ont obtenu l'autorisation du ministre, après avis du conseil supérieur. C'est encore aux chefs d'établissement qu'il appartient de s'assurer que les étrangers qu'ils emploient ont satisfait aux conditions prescrites, et ils doivent pouvoir justifier, à toute réquisition des autorités, de leur exacte surveillance à cet égard. L'inscription de ces étrangers sur le registre spécial vous fera connaître les particularités relatives à leur nom ou au lieu de leur naissance, propres à déceler leur qualité ou à vous inspirer à cet égard des soupçons que vous approfondiriez, au besoin, avec le concours des parquets. » (Instruction du 4 janvier 1851 aux recteurs.)

## Article 61.

§ 1. Les certificats de stage sont délivrés par le conseil académique, sur l'attestation des chefs des établissements où le stage aura été accompli.

2. Toute attestation fausse sera punie des peines portées en l'article 160 du Code pénal.

### Commentaire.

§ 1er. Les chefs d'établissements libres ont pouvoir pour délivrer des attestations des années de stage accomplies dans leur établissement.

Si le postulant a été professeur ou directeur dans un lycée ou un collége, un certificat délivré par les autorités préposées à la direction de l'instruction publique équivaut à l'attestation ordinaire de stage.

« Lorsque le chef de l'établissement est décédé, absent ou empêché, son attestation peut être suppléée par un acte de notoriété publique. » (Décret du 20 décembre 1850, art. 1er, § 4.)

Ces attestations de stage doivent être écrites sur papier timbré, et les signatures en être légalisées, suivant les prescriptions de l'article 2 du décret du 20 décembre 1850.

« Les certificats de stage délivrés par les conseils académiques en vertu de l'article 61 de la loi du 15 mars 1850, doivent énoncer : — 1° Les nom, prénoms, âge et lieu de naissance du postulant ; — 2° L'époque où le stage a commencé, la nature des fonctions remplies et la durée du stage, attestées par le chef de l'établissement où le stage aura été accompli. (Décret du 20 décembre 1850, art. 1, §§ 1er, 2, 3.)

« Le certificat de stage est délivré par le conseil académique du département où le postulant se propose d'ouvrir un établissement. (Art. 4.)

« Les délibérations des conseils académiques portant proposition de dispense de stage doivent être motivées ; elles sont accompagnées de la demande du postulant et de toutes les pièces par lui produites. (Art. 5.) »

« L'article 1er du décret [du 20 décembre 1850] exige que le certificat de stage atteste la réalité des faits que la loi du 15 mars a eu en vue de constater, et qu'il ne consiste pas simplement en une vague énonciation. Il faut absolument qu'une pièce de ce genre ne puisse s'appliquer qu'à la personne du postulant, et qu'elle ne laisse aucun doute sur la durée et la nature du stage accompli. La loi semble, en effet, avoir spécialement recommandé à l'attention des conseils académiques la rédaction des certificats de stage, puisqu'elle punit des peines portées en l'article 160 du Code pénal toute attestation fausse. C'était leur enjoindre d'apprécier les faits, de vérifier les dates, de peser les témoignages. C'est pour leur faciliter l'accomplissement de ce droit que la forme du certificat de stage a été déterminée avec une rigoureuse précision.

« Quelques doutes se sont élevés sur la question de savoir à quel conseil académique devaient être adressées les demandes en délivrance des certificats. L'article 4 du décret [du 20 décembre 1850] a pour but de résoudre cette question. Le conseil académique du département où le postulant se propose d'ouvrir son établissement a seul intérêt à découvrir et à constater la vérité : c'est donc à lui qu'il appartient de délivrer le certificat de stage. Les moyens d'informations ne lui manquent pas, puisque vous pouvez correspondre avec chacun de vos collègues, avec toutes les autorités locales, et fournir ainsi au conseil académique les renseignements qui peuvent l'éclairer sur la réalité des faits allégués. » (Instruction du 31 décembre 1850 aux recteurs.)

§ 2. « Malgré la régularité matérielle des attestations, si les faits attestés paraissaient au conseil académique douteux ou peu vraisemblables, il serait de son devoir d'en vérifier l'exactitude par la voie administrative, et par l'intermédiaire du recteur, pour être donné à l'affaire telle suite que de droit. » (Instruction du 31 décembre 1850 aux recteurs.)

La peine portée par l'article 160 du Code pénal est un emprisonnement de deux à cinq ans. Si celui qui a fait le certificat faux y a été mû par dons ou promesses, il sera puni du bannissement; les corrupteurs sont, dans ce cas, punis de la même peine. Toutefois, s'il existe des circonstances atténuantes, les peines prononcées par cet article pourront, en vertu de l'article 80 de la présente loi combiné avec l'article 463 du Code pénal [p. 228], être modifiées de la manière suivante : l'emprisonnement pourra être réduit même au-dessous de six jours, ou remplacé par une amende même inférieure à seize francs, sans cependant que la peine prononcée puisse être au-dessous des peines de simple police, c'est-à-dire d'un jour d'emprisonnement ou d'un franc d'amende; le bannissement pourra être remplacé par un emprisonnement d'un an au moins et de cinq ans au plus.

## Article 62.

§ 1. Tous les ans, le ministre nomme, sur la présentation du conseil académique, un jury chargé d'examiner les aspirants au brevet de capacité. Ce jury est composé de sept membres, y compris le recteur, qui le préside.

2. Un ministre du culte professé par le candidat et pris dans le conseil académique, s'il n'y en a déjà un dans le jury, sera appelé avec voix délibérative.

3. Le ministre, sur l'avis du conseil supérieur de l'instruction publique, instituera des jurys spéciaux pour l'enseignement professionnel.

4. Les programmes d'examen seront arrêtés par le conseil supérieur.

5. Nul ne pourra être admis à subir l'examen de capacité avant l'âge de vingt-cinq ans.

## Commentaire.

§ 1er. M. Barthélemy Saint-Hilaire a demandé, lors de la seconde délibération, si la présentation est obligatoire pour le ministre. Le ministre de l'instruction publique a répondu : « Elle n'est nullement obligatoire. » M. Baze, de la commission, a ajouté : « Si le ministre n'admet pas la présentation, il en demande une autre. »

« Les jurys chargés d'examiner les aspirants au brevet de capacité pour l'enseignement secondaire tiennent quatre sessions par an le premier lundi des mois de janvier, d'avril, de juillet et d'octobre. — Les jurys ne peuvent délibérer régulièrement qu'autant que cinq de leurs membres au moins sont présents. — Les délibérations sont prises à la majorité des suffrages. — En cas de partage, la voix du président est prépondérante. — Des registres destinés à recevoir les inscriptions des aspirants aux brevets, sont ouverts, huit jours avant chaque session, au secrétariat de l'académie, et clos la veille de l'ouverture de la session. (Décret du 29 juillet 1850, art. 51.)

« Les brevets délivrés par les jurys spéciaux font mention de l'enseignement pour lequel ils ont été obtenus. — Le brevet n'est remis au candidat que dix jours après la décision du jury. — Pendant ce temps, le recteur peut se pourvoir devant le conseil académique pour violation des formes ou de la loi. En cas de pourvoi, le brevet n'est remis qu'après la décision du conseil académique, et, s'il y a recours, du conseil supérieur. — Les brevets sont signés par le recteur, président du jury. (Art. 52.) »

« Les recteurs voudront bien faire savoir à tous les intéressés, qu'un registre, destiné à recevoir les inscriptions des aspirants, sera ouvert, au secrétariat de l'académie, huit jours avant le premier lundi d'octobre, conformément à l'article 51 du règlement [du 29 juillet 1850]. Les seules pièces à exiger des candidats sont : 1° L'acte de naissance dûment légalisé; 2° Un certificat d'individualité, délivré sur l'attestation de deux témoins domiciliés dans la commune où réside le candidat, par le maire, le juge de paix ou le commissaire de police. Ne peuvent être admis à l'examen les individus qui ont encouru l'une des incapacités comprises dans l'article 26 de la loi du 15 mars 1850. » (Instruction du 31 août 1850 aux recteurs.)

Aux termes de l'article 14 du décret du 29 juillet 1850 [p. 40], les examens ont lieu dans une des salles de l'académie.

§ 2. « Le ministre du culte ne doit assister qu'à l'examen du candidat appartenant à la communion religieuse qu'il personnifie. » (M. E. Rendu, Commentaire de la loi.)

§ 3. Il ne se trouvait rien, ni dans le projet du gouvernement, ni dans celui de la commission, qui eût rapport à l'enseignement professionnel, et M. le ministre de l'instruction publique, dans son exposé des motifs, avait ainsi expliqué ce silence : « Quelques personnes attendent de la présente loi la constitution de ce qu'on nomme l'enseignement professionnel. Nous avons reconnu que ce devait être là un fruit naturel de la liberté, et non l'objet d'une codification spéciale. Il est à présumer, en effet, que l'enseignement industriel et professionnel prendra sa part de l'élan général, et il ne faut pas songer à gêner son libre essor avant même de l'avoir vu se produire. »

Lors de la seconde délibération, MM. Wolowski et Ferdinand de Lasteyrie avaient cependant proposé de placer à la suite du titre 3 un nouveau titre dont les articles avaient pour objet d'organiser l'enseignement professionnel. En retirant cet amendement, ses auteurs déclarèrent qu'ils le reproduiraient lors de la troisième délibération.

A l'occasion de cette déclaration, M. le ministre fit alors les observations suivantes : « Je crois qu'il importe, puisque la question soulevée par l'amendement de M. de Lasteyrie a été portée à la tribune, lors même qu'elle en serait presque immédiatement retirée, de dire dès à présent ce qu'il y a de vrai dans l'amendement qui a été présenté, et ce qui doit rester dans la mémoire de l'Assemblée pour la troisième lecture, puisqu'on parle d'avance de cette troisième lecture.

« L'amendement de M. de Lasteyrie parle d'un enseignement professionnel dont il détermine l'étendue. Si vous vous reportez aux détails de cet enseignement professionnel, vous reconnaîtrez aisément que ce n'est qu'une partie du cadre de l'enseignement secondaire, que ce n'en est qu'un démembrement; car l'instruction morale et religieuse, l'étude des sciences et des arts appliquée à l'industrie et à l'agriculture, peuvent rentrer dans le programme de l'enseignement secondaire; il n'y a guère que les éléments de la législation commerciale qui ne s'y retrouvent pas habituellement.

« Ainsi, les objets de l'enseignement professionnel peuvent être considérés comme compris dans le cadre de l'enseignement secondaire, ils n'en sont exclus par aucun article du projet; ce n'est donc, en quelque sorte, qu'une partie de l'enseignement secondaire qu'on appelle l'enseignement professionnel. Mais il y a une question qui devra se représenter à l'Assemblée, et qui, je crois, se représentera plus naturellement sur l'article 66, à la troisième lecture, qu'elle ne se présenterait sur un article isolé dans la partie du projet actuellement discutée; cette question est celle-ci : « L'enseignement professionnel constituant une partie des matières qui peuvent être enseignées dans les établissements secondaires, il s'agit de savoir s'il n'y aura pas cependant de brevet de capacité spécial.» En effet, s'il n'y avait qu'un seul brevet de capacité, il en résulterait que, même pour ouvrir un établissement d'enseignement professionnel, un établissement dans lequel on n'enseignerait qu'une partie des matières qui peuvent être comprises dans le cadre de l'enseignement secondaire, il faudrait être interrogé cependant sur toutes les matières de l'enseignement secondaire.

« S'il n'y avait qu'un programme, qu'un brevet, il en résulterait que celui qui ouvrirait un établissement d'une destination conforme à celle indiquée par l'honorable M. de Lasteyrie serait interrogé, par exemple, sur le latin et le grec, et devrait faire preuve de capacité sur le latin et sur le grec qu'il ne se propose pas d'enseigner.

« Je crois donc que, quand l'article 66 sera soumis à une troisième lecture, il sera bon de dire expressément ce qui avait été dit dans le projet primitif et qui a disparu dans les votes ultérieurs, à savoir, que le candidat pourra être questionné spécialement sur certaines matières déterminées par avance. Il pourra être bon d'établir deux brevets de capacité, l'un portant sur les éléments de l'instruction générale, et l'autre sur les éléments de l'instruction professionnelle. »

Lors de la troisième délibération, la commission a ajouté à cet article un paragraphe portant : « Le ministre peut, sur l'avis du conseil supérieur, instituer des jurys particuliers pour les enseignements spéciaux. » Sur ce paragraphe, MM. Wolowski et Ferdinand de Lasteyrie ont proposé la rédaction qui a passé dans la loi et qui diffère peu de celle du paragraphe de la commission. Néanmoins, il faut reconnaitre que le mot « instituera », qui a été adopté, est impératif, tandis que le mot « peut », que renfermait la rédaction de la commission, n'obligeait pas le ministre.

« Il est formé près du ministère de l'instruction publique une commission chargée de préparer un plan d'organisation de l'enseignement spécial ou professionnel approprié aux lycées et colléges communaux. Cette commission indiquera le degré d'instruction à exiger des enfants qui se proposeraient de suivre cet enseignement; elle rédigera le programme d'études pour chacune des années qu'il comporte, et recherchera les moyens les plus propres à constater l'instruction des élèves qui auront terminé le cours des études professionnelles. — Ladite commission s'occupera, en outre, de la rédaction du programme de l'examen auquel seront soumis les aspirants au brevet de capacité pour l'enseignement professionnel. » (Arrêté du 4 juin 1850.)

Il résulte de ces diverses explications que l'enseignement professionnel rentre dans l'instruction secondaire, qu'un brevet spécial devra être établi pour ceux qui voudront se livrer exclusivement à cet enseignement.

§ 4. « Le programme d'examen n'ayant pu être arrêté par le conseil supérieur dans sa dernière session, j'ai décidé que, jusqu'au moment où le conseil supérieur serait réuni de nouveau et aurait statué sur ce point, les candidats au brevet de capacité seraient examinés sur les matières qui forment aujourd'hui l'objet de l'examen du baccalauréat ès lettres. » (Instruction du 31 août 1850 aux recteurs.)

## Article 63.

§ 1. Aucun certificat d'études ne sera exigé des aspirants au diplôme de bachelier ou au brevet de capacité.

2. Le candidat peut choisir la faculté ou le jury académique devant lequel il subira son examen.

3. Un candidat refusé ne peut se présenter avant trois mois à un nouvel examen, sous peine de nullité du diplôme ou brevet indûment obtenu.

### Commentaire.

§ 1er. « Lorsque la liberté d'enseigner n'existait pas et que l'Université distribuait seule l'instruction, soit dans ses propres colléges, soit par l'intermédiaire d'instituteurs particuliers qui vivaient sous son bon plaisir, elle avait le pouvoir d'éloigner du baccalauréat les aspirants élevés à l'étranger ou dans des écoles ecclésiastiques qui, à travers des fortunes très-diverses, étaient parvenues à se soustraire à son monopole. Les certificats d'études étaient des certificats d'origine et rien de plus. Mais, lorsque chaque citoyen sera libre d'ouvrir une maison d'éducation secondaire et de préparer à l'examen du baccalauréat, lorsque aucune préoccupation religieuse ou politique ne compliquera plus une question purement littéraire, quel serait le but de ces certificats? N'est-ce pas alors qu'il faudra se contenter de demander à un candidat ce qu'il sait, et non où il a appris ce qu'il sait? » (Premier rapport de M. Beugnot.)

§ 2. Le mot « faculté » s'adresse aux candidats au baccalauréat, et le mot « jury », aux candidats aux brevets de capacité.

« Nous devons déclarer ici, a dit M. Baze au nom de la commission, qu'en employant ce mot « la faculté », en indiquant cette autorité qui existe actuellement, nous n'avons entendu rien préjuger sur l'organisation future des facultés par la loi qui réglera l'enseignement supérieur. Cela est bien compris. »

§ 3. « La première session du baccalauréat ès lettres commencer dans toutes les facultés le 1er juillet, et sera close le 1er août. — La seconde session pourra commencer le 15 octobre, et sera close le 15 novembre. » (Arrêté du 1er avril 1851, art. 3.)

« Vous remarquerez que j'ai modifié (art. 3) l'article 1er du règlement de 1840, en établissant que la première session commencera le 1er juillet et sera close le 1er août, et que la seconde session pourra commencer le 15 octobre et sera close le 15 novembre. Cette disposition était indispensable en présence du paragraphe 3 de l'article 63 de la loi du 15 mars précitée, qui exige, sous peine de nullité du diplôme indûment obtenu, le délai de trois mois entre deux épreuves. Elle était demandée par un grand nombre de recteurs et de doyens dans l'intérêt des facultés et des candidats. De cette façon, les jeunes gens qui échoueront dans la première session de juillet pourront se présenter à la seconde session, et ils seront en mesure, s'ils sont reçus, de prendre leur première inscription de droit, de médecine ou de pharmacie. » (Instruction du 5 avril 1851 aux recteurs.)

« On m'a demandé s'il faut entendre, par « trois mois », le délai d'une session à une autre session, ainsi que l'a prescrit l'article 25 du réglement du 14 juillet 1840, ou si l'on doit entendre par l'expression « avant le délai de trois mois », écrite dans la loi, trois mois révolus sans restriction d'aucune nature.... La rédaction de l'article 63 de la loi du 15 mars 1850 n'offre aucune ambiguïté, et c'est bien le délai de trois mois révolus que le législateur a entendu imposer aux candidats qui ont échoué à un premier examen. Cette disposition ne saurait être modifiée par un simple règlement.

« Il m'a semblé qu'il était convenable de laisser au candidat refusé depuis trois mois la liberté d'user de la faculté que la loi lui ouvre. Je vous autorise, en conséquence, à accorder directement à tout candidat qui se trouverait dans ces conditions, et qui en ferait la demande, la permission de se présenter, hors du temps de session, devant la faculté des lettres de votre ressort, sans cependant que le service des cours puisse souffrir de ces examens extraordinaires. » (Instruction du 17 décembre 1850 aux recteurs.)

« J'ai reçu un assez grand nombre de demandes formées par des candidats au baccalauréat ès lettres ajournés après un premier examen, à l'effet d'obtenir l'autorisation de subir une nouvelle épreuve avant l'expiration du délai de trois mois. Ces demandes sont restées sans réponse. En présence du texte formel de l'article 63 de la loi du 15 mars 1850, il m'était impossible de les accueillir; car je n'ai pas le droit de dispenser les citoyens de l'exécution de la loi. Il importe même que cette prescription ne puisse être éludée, puisque le législateur y a attaché une sanction pénale, à savoir la nullité du diplôme indûment obtenu.

« La facilité accordée aux aspirants de choisir la faculté devant laquelle ils subiront leur examen, et par conséquent le droit qui appartient aux candidats ajournés de se présenter devant une faculté autre que celle qui les a d'abord éliminés, impose à l'administration la nécessité de précautions plus minutieuses, puisqu'elle a le devoir de faire prononcer la nullité du diplôme de tout candidat qui, après un premier échec, n'aurait pas mis, avant de tenter une nouvelle épreuve, un intervalle de trois mois complets.

« Immédiatement après chaque session d'examen ordinaire ou extraordinaire, vous m'adresserez le tableau des candidats ajournés. Ce tableau comprendra les noms, prénoms, date et lieux de naissance des candidats, avec l'indication du jour précis où l'ajournement aura été prononcé.

Les noms des candidats qui auront obtenu les certificats d'aptitude que vous me transmettrez pour la rédaction des diplômes de bachelier ès lettres, seront soigneusement comparés dans mes bureaux aux noms portés sur les différents tableaux académiques des candidats ajournés, et tout certificat d'aptitude délivré avant l'expiration du délai légal, à un candidat qui aurait subi sans succès un premier examen, vous sera renvoyé, afin que vous en poursuiviez la nullité devant le conseil académique.

« MM. les recteurs voudront bien inviter MM. les doyens des facultés des lettres à rappeler aux candidats, au moment où ils se font inscrire, les dispositions de l'article 63, pour que ceux d'entre eux qui se trouveraient sous le coup du troisième paragraphe de cet article n'ignorent pas la peine à laquelle ils s'exposent en essayant d'abréger le délai légal d'ajournement. » (Instruction du 29 novembre 1850 aux recteurs.)

† Le mode d'examen des candidats au baccalauréat ès lettres a été réglé par les articles 53 et 54 du décret du 29 juillet 1850, et les arrêtés des 26 novembre 1849 et 1er avril 1851.

## Article 64.

§ 1. Pendant le mois qui suit le dépôt des pièces requises par l'article 60, le recteur, le préfet et le procureur de la république peuvent se pourvoir devant le conseil académique, et s'opposer à l'ouverture de l'établissement, dans l'intérêt des mœurs publiques ou de la santé des élèves.

2. Après ce délai, s'il n'est intervenu aucune opposition, l'établissement peut être immédiatement ouvert.

3. En cas d'opposition, le conseil académique prononce, la partie entendue ou dûment appelée, sauf appel devant le conseil supérieur de l'instruction publique.

### Commentaire.

§ 1er. « Lorsque le recteur, le préfet ou le procureur de la république croiront devoir user du droit d'opposition qui leur est conféré par l'article 64 de la loi organique de l'instruction publique, l'opposition sera motivée, signée de son auteur et écrite sur papier libre. — Elle sera déposée au secrétariat de l'académie et notifiée à la personne ou au domicile de la partie intéressée, à la diligence du recteur de l'académie, en la forme administrative. » (Décret du 20 décembre 1850, art. 1er.)

« Le droit qui est conféré, par l'article 64 de la loi organique, au recteur, au préfet, et au procureur de la république, de se pourvoir devant le conseil académique et de s'opposer à l'ouverture d'un établissement d'instruction secondaire libre, dans l'intérêt des mœurs publiques ou de la santé des élèves, est aujourd'hui la seule garantie de la société contre l'intrusion d'instituteurs indignes. Comme chef de service, comme président du conseil académique, c'est à vous surtout, monsieur le recteur, qu'il appartient d'exercer ce droit précieux toutes les fois que vous aurez recueilli des renseignements défavorables ou même douteux sur la moralité de la personne qui se propose d'ouvrir une école d'instruction secondaire. Malgré la sollicitude des magistrats qui partagent avec vous le droit d'opposition, vous ne devez pas vous reposer sur eux du soin de mettre l'enfance à l'abri de funestes entreprises : ce soin est au rang de vos plus impérieux devoirs. N'oubliez pas que si, par de vains scrupules ou faute d'activité, vous laissez périmer le droit qui vous appartient, un instituteur dépravé peut être investi légalement du privilége d'élever la jeunesse; et si pareil cas venait par malheur à se réaliser, la responsabilité définitive en retomberait complétement sur le magistrat auquel la société a plus spécialement confié qu'à tout autre la mission de surveiller l'enseignement.

« Il importait de poser à l'égard du droit d'opposition quelques règles qui garantissent à la fois les intérêts de la société et ceux des particuliers. Comme le délai d'opposition est rigoureusement fixé, il ne faut pas qu'on puisse contester la date ou l'authenticité de l'acte par lequel l'opposition est introduite. Aux termes de l'article 1er du décret [du 20 décembre], cet acte sera signé et motivé ; il sera déposé au secrétariat de l'académie et notifié à la partie intéressée, en la forme administrative, *à la diligence du recteur*. Si donc l'opposition vient du préfet ou du procureur de la république, vous veillerez à ce qu'elle soit enregistrée au secrétariat de l'académie. Vous en donnerez récépissé, conformément à l'article 25 du règlement d'administration publique du 29 juillet 1850 (p. 36), et vous vous chargerez, dans tous les cas, d'en faire la notification en temps utile, c'est-à-dire avant l'expiration du mois qui suit le dépôt des pièces requises par l'article 60 de la loi organique. » (Instruction du 4 janvier 1851 aux recteurs.)

§ 3. « Dans la quinzaine qui suivra la notification de l'opposition, il y sera statué par le conseil académique. Trois jours avant la séance fixée pour le jugement de l'opposition, la partie intéressée sera citée à comparaître devant le conseil académique, à la diligence du recteur de l'académie. — Le jugement est notifié dans le délai d'un mois par le recteur à la partie intéressée, et au procureur de la république ou au préfet, s'ils ont formé opposition. — Si, dans la quinzaine à dater du jour de la notification, il n'est interjeté appel ni par le recteur, ni par la partie intéressée, le jugement sera réputé définitif. » (Décret du 20 décembre 1850, art. 2.)

« Le fait seul de l'opposition à l'ouverture d'une école d'instruction secondaire suspendant jusqu'au jugement du conseil académique le droit du postulant, le conseil supérieur a pensé qu'il ne pouvait rester indéfiniment sous le coup de cette opposition. Aussi l'article 2 du décret [du 20 décembre 1850] prescrit-il au conseil académique de statuer dans la quinzaine qui suivra la notification de l'opposition. Le deuxième paragraphe de l'article 25 du règlement d'administration publique du 29 juillet 1850, ainsi conçu : « Les réclamations en matière contentieuse sont examinées dans l'ordre où elles sont parvenues au secrétariat, » est moins précis quant à l'obligation imposée au conseil académique de statuer en matière contentieuse dans un délai déterminé. Mais vous remarquerez que le règlement d'administration publique ne s'est occupé des réclamations en matière contentieuse que d'une manière générale. Dans l'espèce, il s'agit d'un intérêt très-grave ; l'honneur et la fortune des citoyens peuvent être compromis par un long ajournement de la décision définitive. Si le droit d'ouvrir une école existe, il est juste et il est conforme à l'esprit de la loi qu'il soit reconnu et proclamé aussitôt que possible.

« Malgré l'indépendance et les lumières du tribunal qui prononce sur les oppositions, la loi a réservé au postulant, et, par une conséquence nécessaire, à la partie publique, c'est-à-dire au recteur, le droit d'appel devant le conseil supérieur. Ce droit vous est formellement reconnu par l'article 28 du règlement d'administration publique du 29 juillet [p. 36]. Le délai d'appel est déterminé par le dernier paragraphe de l'article 2 du décret du 20 décembre [voyez ci-dessus]. Comme il court à dater de la notification du jugement, et qu'il importe à la sécurité des familles qu'un jugement portant rejet d'une opposition formée par le recteur, le préfet ou le procureur de la république, qui certes ne l'auront jamais introduite légèrement, puisse être mûrement et en temps utile contrôlé par l'autorité supérieure, vous voudrez bien m'adresser des rapports spéciaux relatifs à ces sortes de jugements, avant de les notifier. Il convient que vous ne laissiez point acquérir force de chose jugée à des décisions de cette nature avant que j'aie pu approuver l'acquiescement que vous seriez disposé à y donner, et vous profiterez à cette fin du délai que le décret du 20 décembre 1850 vous laisse.

« Cette marche est la plus sûre ; elle couvrira parfaitement la responsabilité ministérielle, qui est intéressée à s'opposer, devant tous les degrés de juridiction, à l'ouverture d'une école, lorsque l'instituteur qui se présente pour la diriger peut compromettre les mœurs ou la santé des enfants. Si la loi a réservé au recteur le droit d'appel, elle attribue la direction générale à donner, pour l'exercice de ce droit dans les cas difficiles, au ministre de l'instruction publique, dont les recteurs ne sont que les agents, et qui pourrait, de son chef même, interjeter appel dans un cas extrême. » (Instruction du 4 janvier 1851 aux recteurs.)

« Le recours de la partie contre la décision du conseil académique est reçu au secrétariat de l'académie ; il en est donné récépissé. — Le recours du recteur est formé par un arrêté qu'il notifie à la partie intéressée. Ampliation de cet arrêté est adressée, avec les pièces de l'affaire, au ministre de l'instruction publique, qui en saisit le conseil supérieur. » (Décret du 29 juillet 1850, art. 28.)

Le recteur et la partie intéressée ont droit d'appel réciproque sur la décision du conseil académique. Le conseil supérieur prononce en dernier ressort, sans autre recours. Remarquons que ce droit d'appel n'a pas été accordé pour l'ouverture des écoles primaires.

« Toutes les fois qu'il aura été formé opposition à l'ouverture d'un établissement particulier d'instruction secondaire, et que le conseil académique aura admis cette opposition, s'il y a appel de sa décision en conseil supérieur, vous m'adresserez : 1° les pièces déposées par le réclamant, conformément à l'article 60 de la loi, avec la date du dépôt; 2° une expédition de l'opposition formée par le recteur, le préfet ou le procureur de la république, à l'ouverture de l'établissement; 3° l'extrait du procès-verbal de la séance du conseil académique dans laquelle l'opposition aura été admise ; cet extrait contiendra toujours l'indication des membres qui auront pris part au jugement; car le conseil supérieur doit pouvoir s'assurer que la condition prescrite par le dernier paragraphe de l'article 10 de la loi du 15 mars a été remplie; 4° copie de la notification du jugement du conseil académique ; 5° appel interjeté contre le jugement du conseil ; 6° rapport du recteur. » (Instruction du 14 mai 1851 aux recteurs.)

Deux questions ont été soulevées au sujet de la valeur des jugements prononcés par les conseils académiques et le conseil supérieur dans le cas du présent paragraphe. 1° La décision d'un conseil académique s'opposant à l'ouverture d'un établissement libre dans l'intérêt des mœurs publiques est-elle obligatoire pour les autres académies? Non. 2° La décision en appel du conseil supérieur doit-elle être valable pour toutes les académies? Oui. — Les motifs de ces deux réponses sont faciles à comprendre.

## Article 65.

Est incapable de tenir un établissement public ou libre d'instruction secondaire, ou d'y être employé, quiconque est atteint de l'une des incapacités déterminées par l'article 26 de la présente loi, ou qui, ayant appartenu à l'enseignement public, a été révoqué avec interdiction, conformément à l'article 14.

### Commentaire.

Voici les termes de l'article 26 de la présente loi :

« Sont incapables de tenir une école publique ou libre, ou d'y être employés, les individus qui ont subi une condamnation pour crimes ou pour un délit contraire à la probité ou aux mœurs, les individus privés par jugement de tout ou partie des droits mentionnés en l'article 42 du Code pénal (p. 77), et ceux qui ont été interdits en vertu des articles 30 et 33 de la présente loi. » (Art. 26.)

« Deux catégories d'individus doivent être absolument écartées des établissements d'instruction publique : ce sont ceux que la loi déclare incapables (art. 65) et ceux qui sont frappés d'interdiction (art. 68). L'incapacité et l'interdiction n'auront de conséquences sérieuses que si les autorités préposées à la surveillance de l'enseignement peuvent toujours s'assurer que les chefs d'établissements se sont conformés à la loi, qui leur défend d'employer certaines personnes. Tel est l'objet du registre spécial prescrit par l'article 6 du décret [du 20 décembre 1850]. » (Instruction du 4 janvier 1851 aux recteurs.)

## Article 66.

§ 1. Quiconque, sans avoir satisfait aux conditions prescrites par la présente loi, aura ouvert un établissement d'instruction secondaire, sera poursuivi devant le tribunal correctionnel du lieu du délit, et condamné à une amende de cent francs à mille francs. L'établissement sera fermé.

2. En cas de récidive, ou si l'établissement a été ouvert avant qu'il ait été statué sur l'opposition, ou contrairement à la décision du conseil académique qui l'aurait accueillie, le délinquant sera condamné à un emprisonnement de quinze jours à un mois et à une amende de mille à trois mille francs.

3. Les ministres des différents cultes reconnus peuvent donner l'instruction secondaire à quatre jeunes gens au plus, destinés aux écoles ecclésiastiques, sans être soumis aux prescriptions de la présente loi, à la condition d'en faire la déclaration au recteur.

4. Le conseil académique veille à ce que ce nombre ne soit pas dépassé.

## Commentaire.

§ 1er. « Les tribunaux, ayant égard aux circonstances atténuantes, peuvent, en vertu de l'article 80, abaisser l'amende ou la durée de l'emprisonnement par application de l'article 463 du Code pénal. Déjà quelques tribunaux ont eu à faire l'application de la loi du 15 mars 1850, et, en prononçant la condamnation à l'amende encourue par les délinquants, ils se sont abstenus d'ordonner par le même jugement la fermeture des écoles indûment ouvertes. On a pensé, dans quelques localités, que ces jugements contenaient une lacune, et on m'a demandé s'il y avait lieu, soit d'en appeler, soit de faire fermer l'école par mesure administrative. C'est ce dernier parti qu'il faut prendre, c'est le seul que l'on puisse adopter. Les tribunaux ne doivent pas nécessairement ordonner la fermeture des écoles indûment ouvertes. Cette mesure de police n'est pas laissée à leur appréciation; elle est formellement prescrite par la loi. Ainsi donc, lorsqu'une contravention a été constatée et réprimée par un jugement de tribunal, quelque indulgent qu'il se soit montré dans l'application de la peine, le jugement doit être suivi de la fermeture de l'école par mesure administrative, c'est-à-dire sous l'autorité de M. le préfet, par les soins du maire de la commune ou du commissaire de police. » (Instruction du 4 février 1851 aux recteurs.)

Celui qui a ouvert un établissement libre d'instruction secondaire sans avoir rempli les formalités prescrites et qui est cité pour ce fait devant le tribunal correctionnel, n'en est pas moins passible des peines portées au présent paragraphe, lors même qu'il aurait rempli ces formalités dans l'intervalle écoulé entre le procès-verbal constatant le délit et le jour de l'audience. Ainsi jugé le 30 décembre 1851, par le tribunal correctionnel de Paris, dans l'affaire Mondière.

« Lorsque, par application des articles 66 et 68, un établissement particulier d'instruction secondaire se trouve dans le cas d'être fermé, le recteur et le procureur de la république doivent se concerter pour que les parents ou tuteurs des élèves soient avertis, et pour que les élèves pensionnaires dont les parents ne résident pas dans la localité soient recueillis dans une maison convenable. — S'il se présente une personne digne de confiance qui offre de se charger des élèves pensionnaires ou externes, le recteur pourra l'y autoriser provisoirement; il en informera immédiatement le conseil académique, qui examinera s'il y a lieu de maintenir l'autorisation accordée. Cette autorisation ne sera valable que pour trois mois au plus. » (Décret du 20 décembre 1850, art. 4.)

« Dans les différents cas où, d'après la loi organique, un établissement particulier d'instruction secondaire doit être fermé, le sort des enfants qui y sont réunis ne pouvait rester indifférent aux yeux des pouvoirs publics. L'ancienne législation universitaire (articles 59, 60, 61 et 62 du décret du 15 novembre 1811) avait indiqué les précautions à prendre dans des situations pareilles; mais ces articles se rapportent à un ordre de choses qui n'existe plus. Des dispositions analogues qui sont en harmonie avec la législation nouvelle forment l'article 4 du décret du 20 décembre 1850. Elles sont de nature à prévenir les dangers que pourraient courir les enfants placés dans des établissements qu'un jugement priverait inopinément de leur chef. En l'absence de leurs parents, ces enfants sont naturellement confiés aux soins du recteur et du procureur de la république. Vous aurez donc à vous concerter avec ce magistrat et avec le conseil académique pour que les enfants dont il s'agit soient remis sans délai à leurs familles, ou confiés, avec votre autorisation, à une personne qui consentirait à s'en charger temporairement, et qui vous offrirait toutes les garanties nécessaires. » (Instruction du 4 janvier 1851 aux recteurs.)

§ 3. « Nous demandons que le recteur n'intervienne que si les curés, dans les campagnes ou dans les villes, abusaient de la faculté qui leur est accordée de donner l'instruction classique à un certain nombre d'élèves, pour tenir de véritables pensionnats sans s'être conformés aux injonctions de la loi. » (Premier rapport de M. Beugnot.)

« Les ministres des cultes qui auraient été interdits ou révoqués ne peuvent profiter de la faculté accordée par le troisième paragraphe de l'article 66 de la loi organique. » (Décret du 20 décembre 1850, art. 5.)

« L'article 66 de la loi organique stipule une exception en faveur des ministres des différents cultes reconnus qui, sans être soumis aux prescriptions de la loi, peuvent donner l'instruction secondaire à quatre jeunes gens au plus, destinés aux écoles ecclésiastiques, sous la seule condition d'en faire la déclaration au recteur. L'article 5 du décret du 20 décembre 1850 vous impose le devoir, quand vous recevrez une déclaration de ce genre, de vérifier si le ministre qui la dépose entre vos mains n'est ni interdit ni révoqué. L'interdiction ou la révocation lui enlèverait nécessairement la faculté dont il entendrait se prévaloir, la loi n'ayant eu évidemment en vue, pour la préparation des enfants aux écoles ecclésiastiques, que les ministres purs de toute censure. C'est encore là un point qui appelle, de votre part, une surveillance éclairée et sévère, parce qu'il est de notre devoir à tous d'opposer une barrière infranchissable à ces hommes qui, loin d'avoir le droit d'user des libertés reconnues par la loi d'enseignement, se sont mis volontairement en dehors des prévisions bienveillantes de cette loi. » (Instruction du 4 janvier 1851 aux recteurs.)

Les ministres des cultes, qui profitent de la faculté qui leur est accordée par le présent paragraphe 3 ne sont soumis à aucune des prescriptions de la loi. En conséquence, ils ne sont pas obligés de se soumettre à l'inspection de l'État, si ce n'est lorsqu'il s'agit de constater que le nombre des élèves n'est pas dépassé. S'ils viennent à dépasser ce nombre, ils sont considérés comme tenant une école secondaire et sont alors soumis aux obligations de la loi.

## Article 67.

§ 1. En cas de désordre grave dans le régime intérieur d'un établissement libre d'instruction secondaire, le chef de cet établissement peut être appelé devant le conseil académique, et soumis à la réprimande avec ou sans publicité.

2. La réprimande ne donne lieu à aucun recours.

## Commentaire.

§ 1er. « L'intérêt des mœurs et du bon ordre exige que le sens des mots « désordre grave » dans le régime intérieur d'un établissement ne soit pas restreint dans l'application, et que le conseil académique, dont l'équité nous rassure, montre une juste sévérité contre tout acte qui constituerait un cas de désordre grave, dans le sens moral comme dans le sens matériel. » (Premier rapport de M. Beugnot.)

Il s'agit surtout ici de désordres dans le régime des établissements, qu'ils proviennent, soit de l'incapacité ou de la négligence du chef d'établissement, soit de l'inconduite de ses professeurs et employés, soit de la non-exécution des règlements auxquels les chefs d'établissement sont soumis. Les désordres commis par les élèves, si le chef d'établissement a fait tout ce qui dépendait de lui pour les prévenir, ne sauraient être considérés comme un « désordre grave ».

Une instruction adressée aux recteurs, en date du 4 janvier 1851, porte que la négligence d'inscrire les répétiteurs ou surveillants sur le registre spécial prescrit par le décret du 20 décembre 1850 [p. 185], expose les chefs d'établissement d'instruction secondaire aux peines portées en l'article 67 de la loi.

Une instruction adressée aux recteurs, en date du 17 février 1851, concernant les étrangers employés comme professeurs ou surveillants dans les établissements d'instruction secondaire, porte que le fait par le chef d'établissement de négliger d'exiger de ces professeurs ou surveillants une autorisation spéciale du conseil supérieur, doit être considéré comme un désordre grave dans le régime intérieur d'un établissement, et déféré au conseil académique.

« Les jugements des conseils académiques portant réprimande avec publicité, seront insérés par extrait dans le *Recueil des Actes administratifs de la préfecture* et dans un journal du département désigné par le jugement. » (Décret du 20 décembre 1850, art. 3.)

« La réprimande, avec ou sans publicité, est une des peines disciplinaires prévues par la loi organique; elle ne donne lieu à aucun recours. Par ce motif surtout, il était indispensable de définir d'une manière précise les mots « réprimande avec publicité ». La publicité est une aggravation de peine qui n'est pas sans importance, quand on considère qu'il s'agit d'établissements d'instruction publique dont la prospérité est fondée sur la confiance des familles. L'article 3 du décret du 20 décembre 1850 a réglé ce point avec une juste mesure. La publicité de la réprimande résultera de l'insertion dans le *Recueil des Actes administratifs de la préfecture* et dans un journal du département désigné par le jugement. Vous voudrez bien veiller à ce que le dispositif des jugements rendus par le conseil académique contienne cette mention, et à ce qu'il y soit fait droit en tout état de cause. » (Instruction du 4 janvier 1851 aux recteurs.)

### Article 68.

§ 1. Tout chef d'établissement libre d'instruction secondaire, toute personne attachée à l'enseignement ou à la surveillance d'une maison d'éducation, peut, sur la plainte du ministère public ou du recteur, être traduit, pour cause d'inconduite ou d'immoralité, devant le conseil académique, et être interdit de sa profession, à temps ou à toujours, sans préjudice des peines encourues pour crimes ou délits prévus par le Code pénal.

2. Appel de la décision rendue peut toujours avoir lieu, dans les quinze jours de la notification, devant le conseil supérieur.

3. L'appel ne sera pas suspensif.

### Commentaire.

§ 2. Lors de la discussion, le ministre de l'instruction publique a présenté sur ce paragraphe l'observation suivante : « Il doit être bien entendu que, sur cet article comme sur l'article analogue dans l'enseignement primaire, le droit d'appel est réciproque. » L'article ainsi entendu a été mis aux voix et adopté.

§ 3. L'appel n'est pas suspensif. Le chef d'établissement interdit ne pourra exercer, jusqu'à ce que le conseil supérieur ait prononcé sur son appel. De même, le chef d'établissement renvoyé de la plainte continuera d'exercer, jusqu'à décision contraire du conseil supérieur.

### Article 69.

§ 1. Les établissements libres peuvent obtenir des communes, des départements ou de l'État, un local et une subvention, sans que cette subvention puisse excéder le dixième des dépenses annuelles de l'établissement.

2. Les conseils académiques sont appelés à donner leur avis préalable sur l'opportunité de ces subventions.

3. Sur la demande des communes, les bâtiments compris dans l'attribution générale faite à l'Université par le décret du 11 décembre 1808 pourront être affectés à ces établissements par décret du pouvoir exécutif.

## Commentaire.

§ 1er. « Les dispositions combinées de l'article 5, paragraphe 5, et de l'article 69 de la présente loi, concernant les secours et encouragements à accorder aux établissements libres d'instruction secondaire, peuvent donner lieu à plusieurs difficultés qui ont été, à l'occasion d'une question particulière, l'objet d'un examen sérieux de la part du conseil supérieur.

« Il est un principe général qui domine l'attribution quelconque d'une partie de la fortune publique à un établissement particulier d'instruction secondaire, que cette attribution vienne d'une commune ou d'un département. Les concessions, subventions, secours ou autres affectations de cette nature, sous quelque nom qu'elles soient désignées, ne doivent pas être examinées par l'autorité supérieure sous le rapport seulement des conséquences financières qu'elles entraînent, mais aussi sous le rapport de leur influence et de leurs résultats pour l'instruction publique. Si l'autorité administrative ordinaire est nécessairement appelée à approuver les subventions votées par les départements et les communes en faveur des écoles libres, c'est donc également pour le ministre de l'instruction publique une obligation et un droit d'examiner les questions de cette nature à son point de vue particulier. Le conseil supérieur de l'instruction publique, pénétré de cette vérité, a même émis l'avis que, conformément aux paragraphes 4 et 5 de l'article 5 de la loi organique, il devait être nécessairement consulté dans les cas de subventions, secours et encouragements à accorder aux établissements particuliers, soit qu'il s'agît d'un local à concéder ou d'une subvention purement pécuniaire à voter dans les termes de l'article 69 de la loi.

« Vous aurez donc à exiger que tout traité qui pourrait intervenir entre un conseil municipal ou un conseil général et un établissement libre d'instruction secondaire, par lequel une subvention en argent, un secours, une allocation de meubles, une affectation de bâtiments, serait attribué à cet établissement, ne puisse être mis à exécution qu'après m'avoir été adressé, afin qu'il me soit loisible de le soumettre à un examen approfondi. Les motifs de cette condition préalable sont faciles à saisir. Vous comprendrez sans peine combien il est convenable que les fonds des communes et des départements, les propriétés mobilières ou immobilières qui leur appartiennent, ne soient pas engagés dans une œuvre qui touche aux intérêts moraux de la société et de la jeunesse, sans que l'autorité, à laquelle toute surveillance est confiée en cette matière, ait été appelée à donner son avis.

« Sans entrer dans la prévision limitative des diverses dispositions qui peuvent faire l'objet des traités projetés par les autorités locales, je vous ferai remarquer que, si les communes ou les départements traitent avec une association, il faut que cette association ait une existence légale et reconnue. Il faut aussi que le chef du futur établissement intervienne personnellement dans les traités de ce genre.

S'il est seul responsable devant la loi, il est juste qu'il soit également responsable devant les pouvoirs qui le subventionnent des deniers publics. » (Instruction du 12 janvier 1851 aux recteurs.)

« Les traités qui pourront être projetés par les communes, les départements ou l'État, en exécution de l'article 69 de la loi organique, et qui devront avoir pour effet de concéder aux évêques diocésains des bâtiments et des subventions pour l'établissement d'écoles libres, seront passés entre les communes, les départements ou l'État et les évêques, non en leur dite qualité, mais en leur nom personnel, agissant comme fondateurs et bienfaiteurs de l'établissement projeté, intéressés comme tels à sa prospérité et à sa conservation, procédant à ce titre à la désignation du personnel, et notamment du directeur de l'établissement, lequel toutefois demeurera seul responsable vis-à-vis des autorités préposées à la surveillance de l'enseignement libre, et devra remplir les conditions prescrites par la loi. » (Décret du 31 mars 1851.)

Les locaux dont il est question au présent paragraphe sont des locaux qui appartiennent soit aux communes, soit au département, soit à l'État, ou qui sont loués aux frais de leurs budgets. L'État, le département ou les communes sont libres d'accorder ces locaux et subventions après avis préalable du conseil supérieur et du conseil académique, et sans un décret du pouvoir exécutif, comme il est prescrit au paragraphe 3 pour les anciens bâtiments de l'Université.

La question a déjà été soulevée de savoir si les frais de pension des élèves internes doivent être compris dans le chiffre des dépenses annuelles sur lesquelles une subvention d'un dixième peut être accordée. Les avis sont divisés sur la solution de cette question. Il nous semble qu'il est plus convenable de comprendre ces frais dans les dépenses annuelles. Ce sont, en effet, des dépenses réelles, qui forment les éléments principaux du budget de l'établissement, et qui contribuent à lui donner une situation financière plus ou moins prospère.

« Si l'article 69 de la loi a établi des formes nouvelles pour régler les engagements spéciaux que l'État peut contracter avec les établissements libres d'instruction secondaire, ces formes ne sont applicables que pour les contrats faits postérieurement au 1er septembre 1850. » (Considérants d'un arrêté du 29 mars 1851.)

§ 2. « Cette subvention ne peut, aux termes de la loi, excéder le dixième des dépenses annuelles de l'établissement. Le conseil académique, pour donner son avis en parfaite connaissance de cause, doit donc avoir sous les yeux le budget présumé des dépenses de l'établissement projeté : ce sera d'ailleurs pour lui un moyen d'en connaître l'organisation et d'en apprécier approximativement les résultats. Vous pouvez, sous ce rapport, donner aux conseils municipaux qui vous consulteraient les plus utiles indications, car personne n'est mieux placé que vous pour connaître les conditions matérielles indispensables à la tenue d'un établissement d'instruction secondaire mais, dans tous les cas, il importe que vous vous efforciez de prémunir les autorités locales contre les dangers des engagements à trop long terme avec des établissements privés dont le succès peut ne pas répondre aux espérances qui ont accompagné leur début ou aux intentions de leurs fondateurs.

« Vous savez d'ailleurs qu'à l'égard de ces établissements, l'autorité publique n'est pas directement investie par la loi d'un droit de contrôle sérieux en ce qui concerne le mérite scientifique et littéraire de l'enseignement. Il n'est pas douteux, sous ce rapport, qu'il n'y ait pour les communes un grand intérêt à ce que les établissements auxquels, par leurs subventions, elles conféreraient, en réalité, un caractère quasi-public, soient assujettis à une surveillance plus approfondie que celle qui résulte d'une inspection renfermée dans les limites si restreintes de l'hygiène, de la morale et des lois. Vous leur ferez comprendre cet intérêt, et peut-être les trouverez-vous souvent disposées à attacher à leurs subventions la condition d'une surveillance plus étroite de la part de l'Etat, surveillance que votre caractère et les précédents de votre administration éclairée, paternelle et morale, rendraient d'ailleurs plus utile qu'onéreuse aux établissements qui y seraient assujettis.

« Votre intervention pourra souvent se produire avec succès dans ce sens auprès des conseils municipaux et des conseils académiques, et vous seriez ainsi à même de surveiller plus particulièrement les établissements subventionnés, et d'éclairer impartialement plus tard les autorités locales et l'administration supérieure sur les résultats des subventions de cette nature et sur l'opportunité de les étendre ou de les continuer. » (Instruction du 12 janvier 1851 aux recteurs.)

§ 3. « Tous les biens meubles, immeubles et rentes ayant appartenu au ci-devant Prytanée français, aux universités, académies et colléges, tant de l'ancien que du nouveau territoire de l'empire, qui ne sont point aliénés ou qui ne sont point définitivement affectés par un décret spécial à un autre service public, sont donnés à l'Université impériale. » (Décret du 11 décembre 1808, art. 1er.)

« Il faut, pour modifier l'affectation spéciale prescrite par le décret impérial du 11 décembre 1808, et pour la transporter à un établissement particulier, un décret du pouvoir exécutif. Les législateurs de 1850 ne l'ont pas entendu autrement. Pourquoi, en effet, auraient-ils accordé au gouvernement la faculté de disposer temporairement, en faveur d'établissements particuliers, des bâtiments dévolus à l'Université, si son droit de propriété, ou tout au moins son droit de jouissance illimitée sur ces bâtiments, avait été anéanti par le décret postérieur du 9 avril 1811? C'est, du reste, ce qu'a formellement reconnu le conseil supérieur, à l'égard de la concession des bâtiments de l'ancien collége communal de Mende par le conseil municipal de cette ville. Consulté à ce sujet, il a été d'avis que cette concession ne pouvait être régulièrement autorisée que par un décret du pouvoir exécutif, rendu sur le rapport du ministre de l'instruction publique.

« D'après les diverses considérations qui précèdent, vous comprendrez que vous manqueriez à un impérieux devoir si vous permettiez que des communes soutenues même par des conseils académiques, et oubliant les principes qui viennent d'être exposés, disposassent, sans autorisation préalable, des bâtiments des anciens colléges communaux, et cela, soit qu'on considère ces bâtiments comme propriétés municipales ou comme propriétés de l'État.

« Les bâtiments compris dans l'attribution générale faite à l'Université par le décret du 11 décembre 1808 ne peuvent être concédés à des établissements libres que par un décret dont la préparation doit essentiellement appartenir à l'administration de l'instruction publique ; mais, sous ce dernier rapport, des questions délicates peuvent se présenter à votre appréciation et être soulevées dans les conseils municipaux et académiques. Telle commune ayant l'intention de disposer d'un édifice en faveur d'un établissement libre cherchera peut-être à se soustraire à l'application du paragraphe 3 de l'article 69, en soutenant qu'elle est propriétaire de cet édifice et qu'elle peut en disposer sans être obligée d'obtenir un décret du pouvoir exécutif. Vous repousserez ce que des prétentions semblables, en tant qu'elles tendraient à supprimer le contrôle de l'autorité centrale, auraient de prématuré et d'illégal, puisqu'en considérant la même commune comme propriétaire, l'examen de l'administration supérieure, tant du département de l'intérieur que de celui de l'instruction publique, est un préliminaire indispensable à toute concession. » (Instruction du 12 janvier 1851 aux recteurs.)

« Lorsqu'il s'agira d'affecter les bâtiments d'un collége communal à un établissement libre ou de lui accorder une subvention municipale, vous m'adresserez les pièces suivantes : 1° Délibération du conseil municipal ; 2° convention passée entre la commune et le fondateur du futur établissement ; 3° pièces constatant la capacité légale du directeur ; 4° budget présumé de l'établissement projeté ; 5° avis du préfet ; 6° délibération motivée du conseil académique ; 7° pièces constatant l'origine et la propriété des bâtiments ; 8° rapport motivé du recteur. » (Instruction du 14 mai 1851 aux recteurs.)

## Article 70.

§ 1. Les écoles secondaires ecclésiastiques actuellement existantes sont maintenues, sous la seule condition de rester soumises à la surveillance de l'État.

2. Il ne pourra en être établi de nouvelles sans l'autorisation du gouvernement.

### Commentaire.

§ 1er. « La loi du 23 ventôse an 12, rendue en exécution du Concordat, reconnaît le droit des évêques d'entretenir dans leur diocèse, sous le nom de séminaire, une maison d'instruction pour ceux qui se destinent à l'état ecclésiastique. Cette même loi tenta de prescrire l'enseignement qui y serait donné ; mais le décret du 17 mars 1808 déclare que l'instruction, dans les séminaires, dépend des archevêques et évêques, qui nomment et révoquent les professeurs. Lorsqu'il fondait l'Université, Napoléon reconnaissait que les séminaires étaient des écoles spéciales qui ne devaient pas être soumises aux lois générales sur l'instruction publique.

« Pour perfectionner le système d'enseignement pratiqué dans les séminaires, et afin de favoriser les vocations religieuses, les évêques jugèrent utile de diviser ces maisons en deux sections. Dans la première, nommée petit séminaire, est donné un cours généralement complet d'instruction secondaire; les élèves entrent ensuite dans la seconde, appelée grand séminaire, pour y appliquer aux études théologiques les connaissances qu'ils ont acquises, et se préparer à recevoir les ordres.

« La commission trouve de grands inconvénients à enlever aux petits séminaires le caractère qui leur est imprimé par les lois de l'Eglise et que le décret de 1808 leur a reconnu. En principe, l'évêque est et restera toujours le chef véritable de son petit séminaire. Interposer entre lui et l'Etat une sorte de gérant responsable, qui, chef unique de l'établissement aux yeux de la loi, pourrait aspirer à le devenir réellement, ne serait-ce pas placer en regard l'une de l'autre deux volontés qui peut-être ne concorderaient pas toujours ensemble, et créer, contre l'intérêt et certainement contre le vœu de l'Etat, des difficultés à des établissements qui en ont surmonté de très-grandes, parce que la bonne harmonie et la subordination régnaient dans leur sein? Pourquoi exiger un autre chef du petit séminaire, que l'évêque? Est-ce afin que tout établissement qui ressemble plus ou moins à une école d'instruction secondaire ait pour directeur un homme dont la moralité est constatée, qui soit bachelier ès lettres et qui ait fait un stage de cinq ans? Mais un évêque nommé par le gouvernement et revêtu du caractère sacré n'offre-t-il pas mille fois plus de garanties à l'Etat et à la société que la loi n'en exige des instituteurs ordinaires? Le pouvoir de l'évêque sur son petit séminaire est pour nous un gage si assuré de tout ce que nous demandons en faveur de la jeunesse, que nous craindrions de l'affaiblir. Les petits séminaires continueront donc d'exister comme écoles spéciales. Dans chaque département, l'évêque diocésain pourra former et diriger un établissement d'instruction secondaire ecclésiastique en dehors des conditions exigées par l'article 63. Cet établissement sera soumis à la surveillance de l'Etat. La prescription formelle de la Constitution ne laisse plus de place pour aucune exception.

« Quelques membres de la commission ont demandé que cette surveillance fût exercée par le ministre des cultes, et non par le ministre de l'instruction publique, prévoyant le cas où les deux ministères cesseraient d'être réunis dans la même main, comme ils le sont aujourd'hui. Les écoles spéciales, a-t-on dit, ne sont point placées sous la surveillance du ministre de l'instruction publique; pourquoi lui remettre celle d'établissements qui ont un caractère tout particulier?

« La commission n'a pas découvert plus de motifs pour exclure de la surveillance le ministre de l'instruction publique, que pour l'y appeler exclusivement. C'est un point sur lequel le gouvernement se concertera avec les évêques, afin que la Constitution soit fidèlement exécutée, en évitant tout ce qui pourrait froisser des droits légitimes. » ( Premier rapport de M. Beugnot. )

Lors de la troisième lecture, M. Barthélemy Saint-Hilaire a signalé à l'attention de l'Assemblée une lettre de Mgr l'évêque de Châlons, insérée dans les journaux, et par laquelle ce prélat déclarait que, quant à lui, il n'accepterait jamais la surveillance de l'Etat dans son petit séminaire. Puis il a demandé au gouvernement s'il était parfaitement entendu que la surveillance qui serait appliquée aux petits séminaires serait une surveillance efficace ; si, en d'autres termes, ce serait la surveillance générale conférée à l'Etat, indiquée par l'article 9 de la Constitution, qui dispose que tous les établissements d'éducation, quels qu'ils soient, sont soumis, sans aucune exception, à la surveillance de l'Etat. Le ministre de l'instruction publique a répondu : « Il est possible qu'il y ait quelques susceptibilités excitées ; il est possible que des prélats respectables aient pu penser que, sous cette inspection qu'ils n'ont pas subie jusqu'à présent, il pourrait se cacher involontairement quelque atteinte à la foi chrétienne, ou que l'inspection fût faite dans un esprit de partialité qui dénaturât son caractère. Mais nous sommes disposés à croire que, devant l'application ferme, impartiale, et je dois ajouter modérée et bienveillante, de la loi, ces scrupules disparaîtront. On comprendra bientôt, dans les établissements ecclésiastiques comme dans tous les établissements inspectés, que l'inspection ne s'exerce pas pour troubler ni inquiéter les doctrines religieuses, mais pour sauvegarder les intérêts de la société. Nous devons espérer qu'alors ces ombrages disparaîtront, et que le droit commun s'élèvera au-dessus de tous les obstacles. » M. le rapporteur a déclaré que les pensées exprimées par M. le ministre étaient également celles de la commission. Après ces explications, l'article a été adopté.

Une instruction ministérielle adressée aux recteurs, en date du 10 mai 1851, indique la manière dont l'inspection doit se faire dans les écoles secondaires ecclésiastiques :

« En ce qui concerne les écoles secondaires ecclésiastiques, vous reconnaîtrez, monsieur le recteur, combien il importe d'observer les égards et les ménagements qui, sans jamais abaisser vos fonctions, les rendent plus efficaces en les faisant mieux accepter.

« Ce n'est pas que l'Etat n'ait également dans ces établissements un droit de surveillance, puisque, d'après le premier paragraphe de l'article 70 de la loi, cette surveillance est la seule condition à laquelle ils restent soumis; mais vous aurez remarqué que les petits séminaires ne peuvent être complétement assimilés aux écoles libres, puisqu'ils appartiennent aux diocèses et non à des particuliers, et que, comme tels, ils relèvent immédiatement de l'autorité diocésaine.

« Les petits séminaires sont des écoles spéciales, destinées avant tout au recrutement du sacerdoce, et dont le régime intérieur est entiérement réglé par les évêques. Vous comprendrez que, dans ces conditions, ils offrent à l'État des motifs de sécurité qui lui permettent de donner à la surveillance qu'il y exerce un caractère particulier : et cette distinction repose sur les dispositions spéciales de l'article 70 de la loi, qui diffère essentiellement de l'article 21.

« Au-dessus du chef immédiat, avec lequel vous aurez à vous mettre en rapport pour l'accomplissement de votre mission, se trouve l'évêque, que la loi reconnaît comme chef supérieur de la maison, et dont la haute position offre au gouvernement qui l'a nommé les plus sûres garanties.

« Il conviendra qu'avant tout, autant que vous le pourrez, vous vous concertiez avec ce prélat sur l'époque et sur l'ordre de votre visite ; et si, en la faisant, vous aviez remarqué quelque chose qui vous semblât appeler son attention, c'est toujours à lui que vous devriez en référer d'abord, comme c'est à lui que le ministre lui même s'adresserait, si, dans des cas qui seront certainement très-rares, il croyait avoir à intervenir. » (Instruction du 10 mai 1851 aux recteurs.)

Dans le cours de la discussion, M. Barthélemy Saint-Hilaire a demandé au gouvernement s'il était entendu que, lorsqu'on disait : « les écoles actuellement existantes sont maintenues », c'était avec les conditions imposées par les ordonnances du 16 juin 1828. La commission et le ministre ont répondu négativement.

Il résulterait ainsi de ces explications que les deux ordonnances du 16 juin 1828 sont abrogées par la présente loi, et que les écoles secondaires ecclésiastiques n'y sont plus soumises.

Les directeurs et professeurs de ces établissements ne sont plus obligés d'affirmer par écrit qu'ils n'appartiennent à aucune congrégation religieuse non reconnue en France ; les membres des congrégations religieuses non reconnues peuvent se charger de la surveillance et de l'enseignement dans ces établissements.

Le nombre des élèves n'est plus limité ; ils ne sont plus astreints à porter l'habit ecclésiastique. Des externes peuvent suivre les classes de l'établissement.

Les élèves peuvent se présenter à l'examen du baccalauréat ès lettres ; le diplôme qu'ils obtiennent est valable comme les autres diplômes.

Au sujet du diplôme du baccalauréat, une question a été soulevée. On a demandé si le diplôme de bachelier obtenu sous l'empire des ordonnances de 1828, qui n'était alors valable qu'après l'engagement de l'élève dans les ordres sacrés, est actuellement valable comme les autres diplômes, si l'élève reçu n'est pas engagé dans les ordres. Il nous semble que la loi, abrogeant pour l'avenir seulement cette disposition des ordonnances de 1828, ne peut avoir, en principe général, un effet rétroactif à l'égard de faits accomplis ; mais nous ajouterons qu'en présence de la nouvelle loi, le ministre qui a des pouvoirs suffisants ne se refusera pas à valider ce diplôme dans les cas, du reste fort rares, où il y aura lieu d'en faire la demande.

§ 2. A quelles conditions les nouvelles écoles secondaires ecclésiastiques seront-elles autorisées par le gouvernement. La loi ne s'explique pas à cet égard. Comme il résulte de la discussion à l'Assemblée que ces établissements ne sont plus soumis aux ordonnances de 1828, les nouvelles autorisations auront lieu sans doute dans les termes de l'article 3 du décret du 17 mars 1808, qui porte que l'instruction dans les séminaires dépend des archevêques et évêques, qu'ils en nomment et révoquent les directeurs et professeurs, qu'ils sont seulement tenus de se conformer aux règlements approuvés pour les séminaires. Les dispositions relatives aux séminaires ont été particulièrement réglées par les lois des 8 avril 1802 et 14 mars 1804.

Aux termes du présent article, les écoles secondaires ecclésiastiques existantes ne sont soumises qu'à une seule obligation, celle de rester sous la surveillance de l'État, conformément à l'article 9 de la Constitution. Ces établissements sont-ils toutefois obligés de se soumettre aux prescriptions de l'article 78 et à celles du décret du 5 décembre 1850 [p. 220], relatifs aux étrangers qui veulent enseigner en France? Les prescriptions du décret du 5 décembre pouvant être regardées comme des obligations purement civiles, ces écoles doivent y être soumises comme tous les autres établissements. Tel est l'avis émis par le conseil supérieur. Telle a été aussi l'opinion de plusieurs évêques, qui ont demandé au ministre des autorisations pour quelques-uns de leurs professeurs en qualité d'étrangers, et qui les ont obtenues après avis du conseil supérieur.

« Les écoles secondaires sont, comme les séminaires, des établissements publics reconnus par la loi ; elles sont donc aptes à acquérir et à posséder. Leur dotation se compose des biens acquis par elles ou reçus par legs et donations. Aucune affectation ne leur est faite par l'État. » (M. Vuillefroy, Traité de l'administration du culte catholique.)

« Ne sont pas soumises à la contribution les portes et fenêtres des bâtiments employés à un service public civil, militaire ou d'instruction, ou aux hospices. » (Loi du 4 frimaire an 7, art. 5.)

« Les édifices où sont établies les écoles secondaires sont exemptés des contributions foncières et des portes et fenêtres : en effet, elles reçoivent un caractère public de l'ordonnance qui les autorise. » (Ordonnances rendues en matières contentieuses, 23 octobre 1835 et 14 janvier 1839.)

Par suite de ces dispositions, une instruction ministérielle du 10 février 1851 recommande aux recteurs de ne pas comprendre les écoles secondaires ecclésiastiques sur l'état des établissements libres soumis à la patente.

## CHAPITRE II.

### DES ÉTABLISSEMENTS PUBLICS D'INSTRUCTION SECONDAIRE.

### Article 71.

§ 1. Les établissements publics d'instruction secondaire sont les lycées et les colléges communaux.

2. Il peut y être annexé des pensionnats.

### Commentaire.

§ 1er. Les lycées, qui présentent le cours le plus complet d'études secondaires, sont les établissements entretenus au compte de l'État, avec subvention des villes.

Les colléges communaux, qui ont des cours moins étendus, sont les établissements entretenus aux frais des villes.

§ 2. « L'article 71 prévoit le cas où des villes qui auraient établi un pensionnat près d'un lycée viendraient à le supprimer. Dans l'opinion du législateur, le lycée et le pensionnat seront donc, à l'avenir, deux institutions distinctes qui pourront être réunies ou séparées. » (Premier rapport de M. Beugnot.)

† Une instruction ministérielle adressée aux recteurs, en date du 27 août 1850, rappelle les obligations imposées aux fonctionnaires et professeurs de l'instruction secondaire publique à l'égard de la jeunesse qui fréquente les écoles de l'Etat :

« En même temps que la loi du 15 mars fait pénétrer dans l'éducation de la jeunesse l'élément de la liberté, elle a pour objet de garantir le caractère moral et religieux de l'enseignement donné par l'Etat. Les enfants que leurs familles confient aux écoles publiques doivent recevoir non-seulement une instruction forte et élevée, mais encore une éducation qui ouvre leur âme à l'amour du bien et du vrai, et dont les fortes maximes servent à diriger leur vie tout entière. Plus rapproché désormais des établissements soumis à votre surveillance que ne l'étaient les chefs des anciennes académies, vous pourrez, je l'espère, monsieur le recteur, donner un soin particulier et nouveau à la bonne direction morale de l'enseignement de l'Etat : l'honneur du gouvernement et l'avenir du pays sont intéressés à ce progrès. Vous ne devez laisser pénétrer rien, soit dans la discipline intérieure, soit dans l'enseignement des écoles publiques, qui s'écarte du respect dû à l'enfance et qui soit un danger pour les jeunes esprits, toujours faciles à égarer. Les maîtres honorés, sous vos ordres, d'une mission de l'Etat doivent apprendre de vous qu'ils s'appartiennent moins qu'ils n'appartiennent à leurs fonctions mêmes, et qu'ils sont responsables envers la société non-seulement des leçons qu'ils donnent du haut de leurs chaires, mais de leur langage, de leurs écrits et de tous les actes de leur vie constamment offerte en exemple à la jeunesse qui leur est confiée. Si des conseils paternels ou de sérieux avertissements ne rappelaient pas au devoir ceux qui auraient le malheur de s'en écarter, la loi ne nous laisse pas désarmé. Signalez à l'autorité supérieure les fonctionnaires qui, par leur incurie, leur incapacité, ou par quelque scandale que je ne veux pas prévoir, compromettraient l'honneur du corps auquel ils appartiennent : le gouvernement fera prompte justice. » (Instruction du 27 août 1850 aux recteurs.)

Les étrangers qui veulent exercer une fonction d'enseignement ou de surveillance dans un établissement public d'instruction secondaire sont soumis aux obligations spéciales mentionnées à l'article 78 et fixées par décret du 5 décembre 1850 [voyez l'art. 78].

« Les établissements d'instruction publique continueront de pouvoir acquérir et posséder, sous les conditions déterminées par les lois. » (Loi du 7 août 1850.)

## Article 72.

§ 1. Les lycées sont fondés et entretenus par l'État, avec le concours des départements et des villes.

2. Les colléges communaux sont fondés et entretenus par les communes.

3. Ils peuvent être subventionnés par l'État.

### Commentaire.

§ 1er. Les villes fournissent le local et le mobilier aux lycées; les départements y entretiennent des boursiers; l'État leur donne une subvention pour le traitement de leur personnel, et y entretient des boursiers.

Aux termes de l'article 41 de la loi du 1er mai 1802, aucun établissement privé ne peut prendre le nom de *lycée*.

D'après un arrêté du 24 avril 1848, les institutions ne peuvent adopter le même uniforme que celui des élèves des lycées, à moins d'y apporter certaines modifications [voyez p. 184].

§ 2. Les villes donnent aux colléges communaux le local et assurent le traitement fixe du principal et des professeurs.

§ 3. Lorsque les ressources des villes ne leur permettent pas d'entretenir un personnel suffisant dans leur collége, l'État y supplée à l'aide d'une subvention partielle.

† Ne sont pas soumises à la contribution les portes et fenêtres des bâtiments employés à un service public civil, militaire ou d'instruction, ou aux hospices. » (Loi du 4 frimaire an 7, art. 5).

D'après l'article 27 de la loi du 21 avril 1832, les fonctionnaires ont imposés nominativement pour les portes et fenêtres des parties des bâtiments servant à leur habitation personnelle.

### Article 73.

§ 1. Toute ville dont le collége communal sera, sur la demande du conseil municipal, érigé en lycée, devra faire les dépenses de construction et d'appropriation requises à cet effet, fournir le mobilier et les collections nécessaires à l'enseignement, assurer l'entretien et la réparation des bâtiments.

2. Les villes qui voudront établir un pensionnat près du lycée, devront fournir le local et le mobilier nécessaires, et fonder pour dix ans, avec ou sans le concours du département, un nombre de bourses fixé de gré à gré avec le ministre. A l'expiration des dix ans, les villes et départements seront libres de supprimer les bourses, sauf le droit acquis aux boursiers en jouissance de leur bourse.

3. Dans le cas où l'État voudrait conserver le pensionnat, le local et le mobilier resteront à sa disposition, et ne feront retour à la commune que lors de la suppression de cet établissement.

### Commentaire.

§ 1er. Dans le projet du gouvernement, cet article commençait ainsi : « Le nombre des lycées sera augmenté selon les besoins des localités. » Cette disposition a été repoussée par la commission : « Le nombre des lycées, a dit M. Beugnot dans son rapport, n'est déjà que trop grand; il y en a un certain nombre qui coûtent beaucoup plus qu'ils ne valent. La création d'un lycée de troisième classe impose à la ville une dépense de 4 à 600,000 fr., sans compter les fondations de bourses, et à l'État une subvention annuelle de 30 à 35,000 fr. »

§ 2. Les dispositions de la dernière partie de ce paragraphe s'appliquent-elles seulement aux nouveaux lycées? ou bien comprennent-elles également les lycées déjà existants? Il nous semble qu'il ne peut y avoir doute à cet égard, et qu'elles concernent les anciens lycées tout aussi bien que les lycées à venir.

### Article 74.

§ 1. Pour établir un collége communal, toute ville doit satisfaire aux conditions suivantes : fournir un local approprié à cet usage, et en assurer l'entretien; placer et entretenir dans ce local le mobilier nécessaire à la tenue des cours, et à celle du pensionnat, si l'établissement doit recevoir des élèves internes; garantir pour cinq ans au moins le traitement fixe du principal et des professeurs, lequel sera considéré comme dépense obligatoire pour la commune, en cas d'insuffisance des revenus propres du collége, de la rétribution collégiale payée par les externes, et des produits du pensionnat.

2. Dans le délai de deux ans, les villes qui ont fondé des colléges communaux en dehors de ces conditions devront y avoir satisfait.

## Commentaire.

§ 1er. « Cet article reproduit une disposition qui se trouvait dans tous les projets de loi antérieurs et dont l'expérience a suffisamment démontré la nécessité. Sous la législation actuelle, les colléges communaux, tenus au compte du principal, sont de simples établissements privés, dont le local et le mobilier appartiennent généralement au principal, d'où il est résulté que plusieurs villes ont vu périr des colléges florissants, par la mort, la retraite ou la promotion à une place supérieure de ceux qui les dirigeaient. Le conseil royal avait demandé, dès l'année 1814, que les frais de premier établissement, et notamment l'achat du mobilier, fussent toujours faits par les villes pour les colléges communaux comme pour les colléges royaux. Le projet de loi satisfait à ce vœu et impose aux villes l'obligation non moins équitable de garantir, pour cinq ans au moins, le traitement fixe du principal et des professeurs. » (Premier rapport de M. Beugnot.)

L'engagement pris par une ville dans les termes du présent paragraphe constitue une dépense obligatoire. Si le conseil municipal, manquant à ses engagements, ne votait pas les fonds convenus, l'allocation nécessaire serait inscrite d'office par le préfet au budget de la commune.

§ 2. « D'après les anciens projets de loi sur l'instruction publique, les villes devaient satisfaire aux conditions ci-dessus, aussi bien pour conserver que pour établir un collége communal. Le projet du gouvernement ne les leur impose que dans le second cas, afin, sans doute, de ne pas grever immédiatement les budgets d'un grand nombre de villes d'une dépense à laquelle elles pourvoieraient difficilement; car, en 1843, il n'y avait pas moins de 111 colléges communaux sur 312 où le mobilier usuel et le mobilier scientifique appartenaient au principal. Ainsi restreinte, la disposition de la loi, applicable seulement aux futurs colléges communaux, serait à peu près sans effet. Nous proposons de soumettre toutes les villes en possession de colléges à cette disposition de la loi; mais nous accordons des délais pour y satisfaire. La loi ne veut pas que les contrats passés entre les villes et les principaux d'un grand nombre de colléges soient tout à coup brisés. » (Premier rapport de M. Beugnot.)

## Article 75.

L'objet et l'étendue de l'enseignement dans chaque collége communal seront déterminés, eu égard aux besoins de la localité, par le ministre de l'instruction publique, en conseil supérieur, sur la proposition du conseil municipal et l'avis du conseil académique.

### Commentaire.

D'après cet article, l'ancienne distinction des colléges communaux en deux classes a cessé d'exister. Chaque collége communal aura un enseignement plus ou moins étendu, selon le vœu du conseil municipal et l'avis du conseil académique.

« Il importe, monsieur le recteur, que vous vous attachiez dès à présent, si vous ne l'avez pas fait encore, à étudier les besoins des localités, et que vous ne négligiez aucun moyen d'éclairer les administrations municipales sur leurs véritables intérêts, et de les diriger dans l'exercice des droits que leur confère l'article 75 de la loi en ce qui touche au programme de l'enseignement. Une intervention opportune de l'autorité académique et des conseils donnés dans un esprit conciliant ne manqueront pas de prévenir ou de résoudre des difficultés qui seraient de nature à compromettre la prospérité ou l'existence même d'un certain nombre de colléges. » (Instruction du 21 juin 1851 aux recteurs.)

## Article 76.

§ 1. Le ministre prononce disciplinairement contre les membres de l'instruction secondaire publique, suivant la gravité des cas :

2. 1° La réprimande devant le conseil académique;

3. 2° La censure devant le conseil supérieur;

4. 3° La mutation pour un emploi inférieur;

5. 4° La suspension des fonctions, pour une année au plus, avec ou sans privation totale ou partielle du traitement;

6. 5° Le retrait d'emploi, après avoir pris l'avis du conseil supérieur ou de la section permanente.

7. Le ministre peut prononcer les mêmes peines, à l'exception de la mutation pour un emploi inférieur, contre les professeurs de l'enseignement supérieur.

8. Le retrait d'emploi ne peut être prononcé contre eux que sur l'avis conforme du conseil supérieur.

9. La révocation aura lieu dans les formes prévues par l'article 14.

## Commentaire.

§ 1er. Lors de la troisième délibération, M. le ministre de l'instruction publique a expliqué que le mot « disciplinairement » avait été ajouté par la commission, après la seconde lecture, pour bien marquer qu'à côté de ces pouvoirs disciplinaires restent les droits administratifs du ministre, qui peut déplacer, par exemple, un fonctionnaire d'une localité dans une autre, sans qu'il y ait pénalité.

Sous l'ancienne législation, un décret du 15 novembre 1811 avait déterminé les cas dans lesquels les membres de l'enseignement public secondaire ou supérieur pouvaient être frappés de peines disciplinaires. Ainsi, il y avait lieu d'appliquer ces peines lorsqu'un membre de l'Université n'observait point les lois et règlements universitaires; lorsque des plaintes s'élevaient contre lui relativement à l'exercice de ses fonctions; lorsqu'il se rendait coupable d'injures ou de calomnies à l'égard d'un autre membre; lorsqu'il s'écartait des bases d'enseignement prescrites par les règlements universitaires; lorsqu'il manquait à la subordination et au respect dus à ses supérieurs; lorsqu'il était repris pour des faits portant le scandale dans l'établissement ou blessant la délicatesse et l'honnêteté; lorsqu'il abandonnait ses fonctions sans en prévenir ses supérieurs. La présente loi ne spécifie point les cas dans lesquels les peines disciplinaires peuvent être appliquées. C'est sans doute avec intention que le législateur a fait cette omission, afin de laisser toute liberté d'action au ministre, suivant la gravité des cas ou les circonstances atténuantes.

Quoique les cas de pénalité établis par le décret du 15 novembre 1811 aient été abrogés par le présent article, il n'est pas sans intérêt de reproduire ici les motifs d'après lesquels les peines étaient prononcées en vertu dudit décret.

Les fonctionnaires et professeurs qui, sans cause légitime et sans en avoir prévenu leurs supérieurs, se dispensaient de remplir leurs fonctions, subissaient une retenue proportionnelle sur leur traitement. En cas de récidive, ils étaient réprimandés et pouvaient même être suspendus.

Les fonctionnaires qui manquaient à la subordination établie par les règlements universitaires, et au respect dû aux supérieurs, étaient réprimandés, censurés ou suspendus de leurs fonctions, selon la gravité des cas.

Les fonctionnaires repris pour des faits portant scandale dans la maison à laquelle ils appartenaient, ou blessant la délicatesse et l'honnêteté, pouvaient être réprimandés, censurés, et même réformés ou rayés, selon les cas.

Les fonctionnaires qui s'étaient permis des injures verbales ou par écrit envers un collègue étaient punis, sur la plainte de la partie offensée, par la réprimande ou la censure, suivant les cas.

Les fonctionnaires qui se permettaient des voies de fait contre un collègue pouvaient, sur la plainte de l'offensé, être punis par la censure ou par la suspension de leurs fonctions. Si les voies de fait avaient eu lieu de la part d'un inférieur envers un supérieur, la radiation pouvait être prononcée.

Les fonctionnaires qui, sous prétexte de punition, s'étaient permis, à l'égard des élèves, des peines interdites par les règlements, ou de mauvais traitements, étaient punis, selon l'exigence des cas, de la censure, de la suspension ou de la destitution.

Les supérieurs qui avaient abusé de leur autorité envers un inférieur, pouvaient être réprimandés ou censurés, selon les circonstances.

§§ 2 à 5. Aux termes des paragraphes 2, 3, 4 et 5, le ministre prononce seul, sans prendre l'avis des conseils académiques ou du conseil supérieur, les peines de la réprimande, de la censure, de la mutation d'emploi et de la suspension des fonctions contre les membres de l'instruction secondaire publique. Il peut toutefois, aux termes de l'article 14, faire instruire l'affaire par le conseil académique lorsqu'il le juge convenable.

Les peines de la réprimande, de la censure, de la mutation d'emploi et de la suspension des fonctions sont prononcées par le ministre, sans qu'il y ait lieu à appel. Un recueil judiciaire a soulevé la question de savoir si les fonctionnaires frappés de ces peines n'avaient pas le droit d'appel au conseil d'État, attendu, y est-il dit, que le ministre n'est investi en aucune circonstance d'une juridiction souveraine. On a répondu qu'il s'agissait ici de matières administratives et disciplinaires qui ne regardent pas le conseil d'État; que sous l'ancienne législation, aux termes des décrets des 17 mars 1808 et 15 novembre 1811, l'application de ces peines n'était pas susceptible d'appel; que ces dispositions desdits décrets n'ont pas été implicitement abrogées par la nouvelle législation; enfin, que la présente loi a parfaitement spécifié tous les cas d'appel qu'elle autorisait.

§ 6. Pour le retrait d'emploi, à l'égard des membres de l'instruction secondaire publique, le ministre doit prendre l'avis du conseil supérieur ou de la section permanente; mais cet avis n'emporte pas obligation absolue pour lui de s'y conformer. Toutefois, comme l'a dit M. de Parieu lors de la troisième délibération, le ministre ne pourra se séparer de cet avis sans de graves motifs, parce que sa responsabilité morale serait engagée.

L'application de la peine du retrait d'emploi ne donne pas lieu à appel [voyez ci-dessus, §§ 2 à 5].

Le retrait d'emploi remplace l'ancienne peine de la réforme; les conséquences en sont beaucoup plus graves. Le fonctionnaire réformé sous l'ancienne législation pouvait obtenir la liquidation de sa retraite, d'après ses années de service. Le retrait d'emploi n'ôte pas les droits à la retraite, s'ils sont acquis; mais il n'entraîne pas la liquidation de la retraite, si le fonctionnaire n'a pas le nombre d'années requis. Toutefois, lors de la discussion, le ministre de l'instruction publique a dit que le fonctionnaire contre qui aura été prononcé le retrait d'emploi pourra obtenir un traitement de réforme ou de disponibilité, moyennant l'ouverture de crédits spéciaux.

Indépendamment des cinq cas de pénalité mentionnés ci-dessus aux paragraphes 2, 3, 4, 5, 6, à l'égard des membres de l'instruction secondaire publique, la loi rappelle, au paragraphe 9 [voyez p. 218], une sixième peine, celle de la révocation, déjà mentionnée à l'article 14. « La révocation, a dit M. le ministre, est la privation de la qualité de membre du corps enseignant, l'interdiction d'enseigner, même comme professeur libre. »

Aux termes de l'article 14, la révocation avec interdiction de professer dans l'enseignement libre est prononcée en premier ressort par les conseils académiques contre les membres de l'instruction secondaire publique, avec droit d'appel au conseil supérieur.

Conformément aux articles 8 et 26 du décret du 29 juillet 1850 [p. 12 et 36], l'inculpé est entendu dans ses moyens de défense par le conseil académique et par le conseil supérieur.

La peine de la révocation est beaucoup plus grave que celle du retrait d'emploi, en ce sens qu'elle entraîne une sorte d'indignité qui enlève les titres et grades obtenus et fait perdre les droits acquis à la retraite. Cette peine correspond à l'ancienne peine de la radiation, sans en avoir cependant toute la gravité; car, aux termes du décret du 17 mars 1808, tout individu qui avait encouru la radiation était incapable d'être employé dans aucune administration publique.

La question a été soulevée de savoir si la peine de la révocation entraîne celle de l'interdiction, ou si la première de ces peines pourrait être prononcée sans la seconde. Il résulte des articles 14, 26 et 65 de la présente loi, des débats législatifs et d'un avis déjà émis par le conseil supérieur, que la révocation entraîne l'interdiction. L'article 14 ne sépare pas les deux peines. L'article 65 déclare incapables d'enseigner ceux qui ont été révoqués avec interdiction, conformément à l'article 14, et ceux atteints d'une des incapacités déterminées par l'article 26. Lors de la troisième délibération, le ministre a nettement défini la peine de la révocation. Voici de nouveau ses paroles : « La révocation, c'est la privation de la qualité même de membre du corps enseignant, l'interdiction d'enseigner, même comme professeur libre. » Dans l'affaire Jacques, le conseil supérieur a formulé en ces termes le jugement du 14 mars 1851 : « Prononce la peine de la révocation, conformément aux articles 14 et 76 de la loi du 15 mars 1850, avec interdiction d'exercer la profession d'instituteur libre, de chef ou professeur d'établissement libre, conformément aux articles 26 et 65 de la même loi. »

§ 7. Le ministre de l'instruction publique a justifié l'utilité des nouvelles dispositions de ce paragraphe à l'égard des professeurs de l'enseignement supérieur, et a exprimé la pensée qui avait présidé à leur rédaction : « La loi sur l'enseignement supérieur, a-t-il dit, est longue à préparer et à discuter; je ne crois pas que le ministre soit à même de la présenter, ni l'Assemblée désireuse de la discuter de longtem ps

Je pense donc que le provisoire sera assez long, et que, pendant l'intervalle qui doit séparer la discussion de la loi dont nous nous occupons de celle de la loi sur l'enseignement supérieur, il est bon de régler la question disciplinaire relative à cet enseignement. »

D'après les termes du présent paragraphe 7, les peines que le ministre peut prononcer contre les membres de l'enseignement supérieur, sans prendre l'avis du conseil supérieur, sont : 1° la réprimande devant le conseil académique ; 2° la censure devant le conseil supérieur ; 3° la suspension des fonctions, pour une année ou plus, avec ou sans privation totale ou partielle du traitement.

L'application de ces diverses peines n'est pas susceptible d'appel [voyez ci-dessus, §§ 2 à 5, p. 216].

§ 8. La peine du retrait d'emploi contre les membres de l'enseignement supérieur ne peut être prononcée par le ministre que sur l'avis conforme du conseil supérieur, tandis que, pour l'enseignement secondaire, il lui suffit d'avoir pris l'avis du conseil.

L'application de la peine du retrait d'emploi prononcé conformément à l'avis du conseil supérieur ne peut donner lieu à appel [voyez ci-dessus, § 6, p. 216].

Au sujet du traitement de réforme ou de disponibilité auquel pourrait prétendre le professeur frappé du retrait d'emploi, voyez ci-dessus, § 6, p. 216.

§ 9. Ce paragraphe établit une dernière peine plus grave contre les professeurs de l'enseignement supérieur, peine également applicable aux fonctionnaires de l'instruction secondaire publique, la peine de la révocation. Cette peine, aux termes de l'article 14, doit être prononcée par les conseils académiques, avec droit d'appel au conseil supérieur.

L'inculpé doit être entendu dans ses moyens de défense par le conseil académique et le conseil supérieur, conformément aux articles 8 et 26 du décret du 29 juillet 1850 [p. 12 et 36].

La peine de la révocation emporte-t-elle nécessairement avec elle la peine de l'interdiction absolue d'enseigner ? Il résulte des documents législatifs que la révocation entraîne comme conséquence l'interdiction d'enseigner [voyez ci-dessus, § 6, p. 217].

Au sujet des suites de la révocation pour les droits à la pension de retraite, voyez ci-dessus, § 6, p. 217.

Dans le système de la présente loi, les conseils académiques et le conseil supérieur forment, en matière disciplinaire ou contentieuse relative à l'enseignement libre ou public, les deux degrés de juridiction. Il n'y a par conséquent plus de recours au conseil d'État. Ce recours, qui avait été introduit dans les affaires de ce genre par le décret du 15 novembre 1811, n'est plus logiquement possible avec la présente loi, qui n'a constitué nulle part le conseil d'État tribunal d'appel de la juridiction disciplinaire ou pénale.

# TITRE IV.

## DISPOSITIONS GÉNÉRALES.

### Article 77.

§ 1. Les dispositions de la présente loi concernant les écoles primaires ou secondaires sont applicables aux cours publics sur les matières de l'enseignement primaire ou secondaire.

2. Les conseils académiques peuvent, selon les degrés de l'enseignement, dispenser ces cours de l'application des dispositions qui précèdent, et spécialement de l'application du dernier paragraphe de l'article 54.

### Commentaire.

§ 1er. Aux termes de ce paragraphe, tout professeur qui veut ouvrir un cours public sur les matières de l'enseignement primaire ou secondaire, doit remplir les conditions et formalités imposées par les articles 25, 26 et 27 aux instituteurs primaires, ou par les articles 60 et 65 aux chefs d'établissement d'instruction secondaire.

Pour l'instruction primaire, il doit, en conséquence, avoir vingt et un ans accomplis et être muni d'un brevet de capacité ou d'un titre équivalent (art. 25). Il doit n'être atteint d'aucune des incapacités énumérées à l'article 26. Enfin il doit déclarer son intention au maire de la commune où il veut ouvrir un cours public, lui désigner le local et lui donner l'indication des lieux où il a résidé et des professions qu'il a exercées pendant les dix années précédentes (art. 27). Après le délai d'un mois, il peut commencer son cours, s'il n'y a pas été mis opposition par le recteur dans l'intérêt des mœurs publiques (art. 28).

Pour l'instruction secondaire, il doit avoir vingt-cinq ans accomplis, être muni du diplôme de bachelier ou d'un brevet de capacité spécial et posséder un certificat de stage de cinq ans comme professeur ou surveillant (art. 60). Il ne doit être atteint d'aucune des incapacités mentionnées à l'article 65. Il doit enfin déclarer son intention au recteur de l'académie où il veut ouvrir un cours public, lui désigner le local et lui faire connaître l'objet de l'enseignement. Après le délai d'un mois, il peut commencer son cours s'il n'a pas été formé d'opposition (art. 60 et 64).

Sont soumis à toutes les obligations du présent article, les professeurs qui préparent aux examens pour les brevets de capacité de l'instruction primaire, ceux qui préparent aux baccalauréats ès lettres et ès sciences, ou aux écoles spéciales de l'État.

§ 2. « On a voulu, par le deuxième paragraphe de cet article, que, dans le cas où quelque homme célèbre se proposerait de donner accidentellement des cours dans quelque ville, il ne fût pas soumis à des formalités qui, probablement, lui paraîtraient une condition inacceptable. Et comme ces cours recevraient alors des auditeurs de tout âge, on a voulu aussi qu'ils pussent, avec l'agrément du conseil académique, en recevoir de tout sexe. » (Mgr Parisis, évêque de Langres, Instruction aux curés de son diocèse.)

L'article 54, paragraphe 3, porte qu'il ne peut être reçu dans les classes d'adultes des élèves des deux sexes. Les conseils académiques ont le droit, aux termes du présent article, de relever de cette disposition les personnes qui font des cours publics.

« L'autorisation et les dispenses laissées à la discrétion des conseils académiques par l'article 77 de la loi du 15 mars 1850 ne pourront, quand il s'agira d'étrangers admis à jouir des droits civils, être accordées que par le ministre de l'instruction publique, en conseil supérieur; lesdites autorisations et dispenses sont toujours révocables dans les mêmes formes. » (Décret du 5 décembre 1850, art. 6.)

Il résulte des termes de cet article 6 du décret du 5 décembre 1850 que les étrangers qui veulent ouvrir des cours publics doivent avoir été admis à jouir des droits civils, comme les étrangers qui veulent ouvrir une école primaire ou secondaire.

† Les conditions et formalités énumérées ci-dessus nous semblent également obligatoires pour les institutrices qui veulent ouvrir des cours publics. Seraient aussi soumis à ces obligations, les professeurs qui ouvrent des cours pour les jeunes personnes.

## Article 78.

Les étrangers peuvent être autorisés à ouvrir ou diriger des établissements d'instruction primaire ou secondaire, aux conditions déterminées par un règlement délibéré en conseil supérieur.

### Commentaire.

Un décret en date du 5 décembre 1850 a réglé, conformément à cet article, les conditions auxquelles sont soumis les étrangers qui veulent se livrer à l'enseignement. Ces conditions sont différentes selon qu'ils se destinent à l'enseignement libre ou à l'enseignement public, ou qu'ils veulent être chefs d'établissement ou simplement professer.

*Enseignement libre.* — « Pour ouvrir et diriger une école primaire ou secondaire libre, tout étranger admis à jouir des droits civils en France est soumis aux mêmes obligations que les nationaux. Il devra, en outre, avoir préalablement obtenu et produire une autorisation spéciale du ministre de l'instruction publique accordée après avis du conseil supérieur.—Cette dernière condition est imposée à tout étranger appelé à remplir dans un établissement d'instruction primaire ou secondaire libre une fonction de surveillance ou d'enseignement. — L'autorisation accordée par le ministre, après avis du conseil supérieur, pourra toujours être retirée dans les mêmes formes. » (Décret du 5 décembre 1850, art. 1er.)

« Dans le cas particulier d'écoles primaires ou d'établissements secondaires spécialement autorisés, conformément à l'article précédent, et uniquement destinés à des enfants étrangers résidant en France, des dispenses de brevets de capacité ou de grade pourront être accordées par le ministre de l'instruction publique après avis du conseil supérieur. (Art. 2.)

« Le ministre de l'instruction publique pourra, après avoir pris l'avis du conseil supérieur, déclarer équivalents aux brevets ou diplômes nationaux exigés par la loi, tous brevets et grades obtenus par l'étranger des autorités scolaires de son pays. (Art. 3.)

« Pourront être également accordées par le ministre en conseil supérieur, des dispenses de brevets et de grades aux étrangers qui se seraient fait connaître par des ouvrages dont le mérite aura été reconnu par le conseil de l'instruction publique. (Art. 4.)

« Les chefs ou directeurs étrangers d'établissements d'instruction secondaire ou primaire libres, régulièrement autorisés avant le 1er septembre 1850, continueront d'exercer leur profession sans être soumis aux prescriptions de l'article 1er du présent décret. (Art. 5.)

« L'autorisation et les dispenses laissées à la discrétion des conseils académiques par l'article 77 de la loi ne pourront, quand il s'agira d'étrangers admis à jouir des droits civils, être accordées que par le ministre de l'instruction publique en conseil supérieur; lesdites autorisations et dispenses sont toujours révocables dans les mêmes formes. (Art. 6.) »

La première condition imposée aux étrangers pour diriger un établissement libre d'instruction primaire ou secondaire, c'est d'être admis à jouir des droits civils. La formalité exigée des étrangers pour jouir de ce droit est mentionnée à l'article 13 du code civil.

« L'étranger qui aura été admis par l'autorisation du gouvernement à établir son domicile en France, y jouira de tous les droits civils tant qu'il continuera d'y résider. » (Code civil, art. 13.)

Les droits civils sont les droits ou certains avantages dont les citoyens jouissent entre eux, et qui leur sont garantis par la loi civile. Ces droits se trouvent particulièrement énumérés à l'article 25 du code civil. Les principaux sont le droit de posséder des biens, d'en disposer et d'en recevoir par donation et par testament; d'être nommé tuteur, d'être témoin dans un acte solennel ou authentique, etc.

Tout étranger qui veut jouir des droits civils, doit être autorisé conformément à l'article 13 du code civil, à établir son domicile en France. A cet effet, il doit en adresser la demande, sur papier timbré, au préfet du département où il demeure, en y joignant son acte de naissance. Le préfet, après avoir fait une enquête sur l'opportunité de cette autorisation, transmet la demande au ministre de la justice avec ses observations à l'appui. L'autorisation est accordée par décret du président de la république, lorsque l'enquête a été favorable. Les formalités légales sont remplies par un référendaire au sceau de France. Les frais de cette obtention s'élèvent à 172 fr. Ajoutons que les formalités à remplir pour obtenir ce droit sont affaire longue et difficile.

Aux termes de l'article 1er du décret du 5 décembre, l'étranger admis à la jouissance des droits civils doit encore obtenir une autorisation spéciale du ministre, après avis du conseil supérieur, avant de pouvoir ouvrir son établissement.

« L'étranger qui se proposerait de diriger un établissement libre primaire ou secondaire, devra justifier d'abord qu'il est admis à jouir des droits civils, et avoir rempli les conditions énumérées dans l'article 25 ou dans l'article 60 de la loi. J'examinerai ensuite, après avoir pris l'avis du conseil supérieur, et sur le vu des pièces que vous me transmettrez avec vos appréciations personnelles, s'il y a lieu de lui accorder l'autorisation spéciale qui lui est nécessaire.

« L'autorisation spéciale étant toujours révocable, il convient de s'assurer si ceux qui l'ont obtenue continuent de s'en montrer dignes par la bonne direction qu'ils donnent à la jeunesse. Je vous invite, en conséquence, à soumettre à une surveillance particulière les établissements qui ont pour chefs des étrangers. Vous vérifierez, par des inspections fréquentes et complètes, si les prescriptions que vous aurez cru utile d'indiquer, dans l'intérêt de l'éducation et de l'instruction des enfants, ont été suivies; vous ne manquerez pas d'encourager les efforts des instituteurs étrangers qui reconnaîtraient par des succès marqués l'hospitalité que nous leur accordons; mais aussi vous n'hésiterez pas à signaler à la juste sévérité de l'autorité supérieure ceux dont la direction morale ou intellectuelle pourrait compromettre sérieusement l'avenir des enfants. J'userai des pouvoirs que me donne l'article 1er [du décret du 5 décembre 1850], et je statuerai dans les formes voulues par le dernier paragraphe de cet article. Vous devriez même, si l'urgence d'une telle mesure vous était démontrée, suspendre provisoirement le chef de l'établissement où de graves désordres viendraient à éclater, sous la condition de faire ratifier sans délai votre décision par le ministre de l'instruction publique. » (Instruction du 17 février 1851 aux recteurs.)

Aux termes de l'article 1er du décret du 5 décembre 1850, l'étranger qui veut remplir une fonction de surveillance ou d'enseignement doit obtenir une autorisation spéciale du ministre, après avis du conseil supérieur. Doit-il, comme le chef d'établissement, avoir été préalablement admis à la jouissance des droits civils? Des termes dudit article 1er il résulterait que l'étranger exerçant comme professeur ou surveillant n'est pas soumis à cette dernière obligation. La jurisprudence de l'administration a d'abord varié sur cette question; elle s'est ensuite modifiée en ce sens. Les instructions ministérielles des 17 février et 14 mai 1851 portaient que l'étranger devait justifier de l'admission à la jouissance des droits civils pour avoir l'autorisation de professer; mais une instruction ministérielle du 7 juin est revenue sur cette première interprétation et porte que des actes émanés des autorités françaises, comme la concession d'un secours, la permission régulièrement accordée d'exercer le ministère ecclésiastique, ou toute autre délégation authentique, sont suffisants pour accorder à un étranger le droit de professer.

Voici les parties les plus importantes de ces trois instructions ministérielles :

« Les étrangers qui remplissent, dans des établissements libres d'instruction primaire ou secondaire, une fonction de surveillance ou d'enseignement, doivent justifier d'une autorisation spéciale du ministre, après avis du conseil supérieur. Vous voudrez bien prévenir tous les chefs d'établissements particuliers de votre ressort, de cette obligation, afin que les maîtres étrangers qu'ils pourraient employer aient à se conformer immédiatement aux prescriptions du règlement. Il ne leur échappera pas que les précautions qu'il indique n'ont d'autre but que de les prémunir contre les surprises faites à leur bonne foi. En accordant leur confiance à des professeurs ou surveillants étrangers qui ne seraient pas pourvus de l'autorisation spéciale, ils s'exposent aux plus tristes déceptions; ces maîtres n'offrent en effet aucune des garanties que le gouvernement a eu le devoir d'exiger de ceux qui ont obtenu de lui l'autorisation d'enseigner en France, et il peut arriver qu'ils entraînent, pour le chef qui les emploierait imprudemment, une lourde responsabilité.

« A l'appui de la demande d'une autorisation spéciale pour exercer des fonctions de surveillance ou d'enseignement dans un établissement particulier d'instruction publique, l'étranger devra joindre les pièces suivantes : 1° un certificat constatant qu'il est admis à jouir des droits civils; 2° l'indication des lieux où il a résidé et des professions qu'il a exercées pendant les dix dernières années, le tout appuyé d'attestations émanées, soit des autorités de son pays, soit des autorités françaises, et pouvant prouver la sincérité de ses déclarations. Vous soumettrez ces différentes pièces à un contrôle sévère, et vous chercherez, soit par vos investigations personnelles, soit en réclamant le concours de M. le préfet, plus spécialement chargé de la surveillance des étrangers qui habitent le département, à vous éclairer sur la moralité du postulant et sur le degré de confiance qu'il peut inspirer. » (Instruction du 17 février 1851 aux recteurs.)

« Les demandes de ce genre ne seront soumises à l'examen du conseil supérieur que si elles sont accompagnées : 1° d'un certificat constatant que le postulant est admis à jouir des droits civils en France; 2° des pièces exigées par l'article 25 ou par l'article 60 de la loi du 15 mars, s'il se propose de diriger un établissement d'instruction primaire ou secondaire : si le postulant se propose d'exercer des fonctions de surveillance ou d'enseignement dans un établissement particulier d'instruction publique, il devra fournir l'indication des lieux où il a résidé et des professions qu'il a exercées pendant les dix dernières années, le tout appuyé d'attestations émanées, soit des autorités de son pays, soit des autorités françaises, et pouvant prouver la sincérité de ses déclarations; 3° d'un rapport motivé du recteur. » (Instruction du 14 mai 1851 aux recteurs.)

« On m'a fait observer que, dans certains cas, il pourrait paraître excessif d'exiger d'une manière inflexible et absolue des étrangers qui sollicitent l'autorisation d'exercer des fonctions de surveillance ou d'enseignement, la preuve qu'ils sont admis à jouir des droits civils. Éloigné tout à coup de son pays par suite de révolutions politiques ou de circonstances de force majeure, et obligé de chercher dans l'instruction qu'il possède des ressources immédiates, un étranger, sans avoir justifié de l'admission à la jouissance des droits civils, peut offrir, par ses antécédents, par son caractère, par le nom seul qu'il porte, des garanties suffisantes. Des actes émanés des autorités françaises, comme la concession d'un secours, la permission régulièrement accordée d'exercer le ministère ecclésiastique, ou toute autre délégation authentique sembleraient, en effet, pouvoir suppléer au certificat de jouissance des droits civils. C'est, du moins, ce qu'il faut laisser à l'appréciation du ministre et du conseil supérieur, à qui il appartient de résoudre ces questions délicates.

« D'après ces considérations, vous comprendrez qu'il vaut mieux référer de toutes ces affaires à l'autorité supérieure, en lui transmettant les demandes et pièces avec vos observations. Elle prendra telle décision qu'il appartiendra. » (Instruction du 7 juin 1851 aux recteurs.)

*Enseignement public.*— Des conditions plus sévères sont exigées des étrangers qui veulent remplir une fonction dans les établissements publics d'instruction primaire ou secondaire. Il faut qu'ils soient naturalisés.

« Nul étranger ne pourra être nommé instituteur communal ou instituteur adjoint dans une école publique, inspecteur primaire, directeur ou maître adjoint dans une école normale primaire, s'il n'a préalablement obtenu des lettres de naturalisation. — Il en sera de même pour toute fonction à titre définitif dans les établissements publics d'instruction secondaire. » (Décret du 5 décembre 1850, art. 7.)

« Vous remarquerez qu'il peut suffire, dans certains cas, à un étranger, d'être admis à jouir des droits civils pour obtenir l'autorisation de diriger un établissement particulier d'instruction, ou d'y être employé; mais le règlement du 5 décembre (article 7) a été beaucoup plus loin lorsqu'il a eu en vue les établissements publics. Il n'a pas permis que l'étranger non naturalisé pût être nommé instituteur communal ou instituteur adjoint dans une école publique, directeur ou maître adjoint dans une école normale; il lui interdit également la faculté d'obtenir une fonction quelconque à titre définitif, dans les établissements publics d'instruction secondaire. L'État, en effet, ne doit admettre, dans les établissements qui lui appartiennent, que des fonctionnaires ayant le caractère et tous les priviléges du citoyen français. Vous êtes naturellement chargé de l'exécution de cette disposition importante en ce qui concerne les instituteurs communaux et les instituteurs adjoints des écoles publiques. Pour ces derniers, vous n'aurez qu'à refuser votre agrément, conformément à l'article 34 de la loi, à la nomination d'instituteurs adjoints non naturalisés; leur nomination sera dès lors non avenue. L'article 31 de la loi vous donne également, ainsi qu'au conseil académique, les moyens d'empêcher la nomination d'instituteurs communaux qui n'auraient point obtenu des lettres de naturalisation : c'est de ne pas les porter sur la liste d'admissibilité et d'avancement. Quant aux étrangers qui seraient nommés irrégulièrement par les conseils municipaux, en vertu du droit de présentation réservé aux supérieurs des congrégations religieuses et aux consistoires, l'institution ministérielle leur sera nécessairement refusée sur votre proposition. » (Instruction du 17 février 1851 aux recteurs.)

La naturalisation est accordée, aux termes de la loi du 3 décembre 1849, par un décret du président de la république, après une enquête faite sur la moralité de l'étranger et l'avis du conseil d'État. Pour être naturalisé, l'étranger doit, en outre, réunir les conditions suivantes : 1° avoir obtenu, après l'âge de vingt et un ans accomplis, l'autorisation d'établir son domicile en France et de jouir ainsi des droits civils ; 2° avoir résidé pendant dix ans en France depuis cette autorisation. Ce délai de dix ans peut être réduit à une année en faveur des étrangers qui auront rendu à la France des services incontestables, ou qui auront apporté en France soit une industrie, soit des inventions utiles, soit des talents distingués, ou qui auront formé de grands établissements. La demande de naturalisation doit être adressée au ministre de la justice par l'intermédiaire des préfets, avec pièces justificatives. Elle doit être rédigée sur papier timbré. Les formalités légales sont remplies par un référendaire au sceau de France. Les frais de cette obtention s'élèvent à 172 fr.

† Le décret du 5 décembre 1850 ne fait aucune mention des institutrices étrangères. Sont-elles également soumises aux prescriptions de ce décret? Il y a lieu de le penser. La question sera résolue définitivement dans le règlement qui sera publié sur le régime des écoles de filles.

## Article 79.

Les instituteurs adjoints des écoles publiques, les jeunes gens qui se préparent à l'enseignement primaire public dans les écoles désignées à cet effet, les membres ou novices des associations religieuses vouées à l'enseignement et autorisées par la loi, ou reconnues comme établissements d'utilité publique, les élèves de l'école normale supérieure, les maîtres d'étude, régents et professeurs des colléges et lycées, sont dispensés du service militaire, s'ils ont, avant l'époque fixée pour le tirage, contracté devant le recteur l'engagement de se vouer pendant dix ans à l'enseignement public, et s'ils réalisent cet engagement.

## Commentaire.

Dans le cours de la discussion, ces mots « et s'ils réalisent cet engagement » ont été ajoutés sur la demande du ministre de l'instruction publique.

M. Baudin avait proposé un paragraphe ainsi conçu : « En cas de révocation de l'instituteur primaire, le temps de son service dans l'enseignement lui sera compté en déduction de celui qu'il aurait dû passer sous les drapeaux aux termes de la loi. » Cet amendement n'a pas été adopté. Voici les explications que M. le rapporteur de la commission a présentées à ce sujet : « M. Baudin vient de poser le cas d'un instituteur qui serait révoqué avant le délai de dix années qui doit équivaloir pour lui, d'après les dispositions du projet, au service militaire qu'il serait tenu d'accomplir. Il est évident que, si cet instituteur est révoqué, ce sera pour une cause qui lui sera imputable, pour une cause qui sera assurément d'une nature très-grave. Eh bien, il ne peut pas évidemment profiter de la situation qu'il aura créée par son délit ou par sa faute. Autrement, qu'en résulterait-il ? Lorsqu'il aurait accompli sept années dans sa profession d'instituteur, il n'aurait qu'à se faire révoquer pour être à la fois libre de la charge du service militaire et de l'engagement qu'il avait contracté de rester dix ans dans l'instruction publique. C'est pour cela que M. le ministre propose de dire non-seulement s'il s'engage à rester dix ans dans l'instruction publique, mais s'il réalise cet engagement. Il faut évidemment qu'il le réalise. Vous ne pouvez admettre qu'on doive compter à quelqu'un qui a été révoqué le temps qu'il a passé dans ses fonctions. Si vous cherchez des analogies, pour les retraites, par exemple, elles sont accordées aux fonctionnaires publics après un certain temps. Si le fonctionnaire public, par son méfait, est révoqué, il perd tous les avantages de ses services antérieurs. Cela ne peut être douteux. Toute autre disposition serait évidemment immorale ; elle serait contraire au but que vous vous proposez. »

Il n'est pas question des instituteurs primaires, parce que, d'après la loi actuelle, on ne peut plus être nommé instituteur communal en titre qu'après avoir passé l'âge fixé pour le recrutement. Ainsi, le jeune homme qui se destine à l'enseignement primaire public et qui ne sera pas élève-maître soit dans une école normale ou une école de stage, soit dans un noviciat religieux, devra, pour être dispensé du service militaire, remplir une place d'instituteur adjoint dans une école publique et y toucher un traitement.

« C'est désormais devant le recteur que les jeunes gens qui voudront être dispensés du service militaire devront contracter l'engagement de se vouer pendant dix ans à l'enseignement public. Vous remarquerez que la loi fait l'énumération complète des différentes catégories de jeunes gens qu'elle a entendu dispenser du service militaire à la condition d'un engagement de dix ans dans l'enseignement public. Il n'est permis ni d'étendre ni de restreindre cette énumération.

« Vous aurez donc à vérifier d'abord si le jeune homme qui se présente devant vous pour contracter un engagement décennal appartient à une des catégories légales, c'est-à-dire s'il est instituteur adjoint d'une école publique; s'il se prépare à l'enseignement primaire public dans une école désignée à cet effet; s'il est membre ou novice d'une association religieuse vouée à l'enseignement ou autorisée par la loi, ou reconnue comme établissement d'utilité publique; s'il est élève de l'école normale supérieure; s'il est maître d'étude, régent ou professeur d'un collége ou d'un lycée.

« Pour qu'un instituteur adjoint soit légalement revêtu de ce titre, il faut : 1° s'il est laïc, qu'il ait été nommé par l'instituteur communal et agréé par le recteur; s'il appartient à une association religieuse, qu'il ait été nommé par le supérieur de ladite association; 2° qu'il touche un traitement, soit de la commune, soit par toute autre voie certainement connue. Les élèves-maîtres ne peuvent se prévaloir de cette qualité, que s'ils appartiennent à une école normale primaire départementale ou à un établissement d'instruction primaire désigné par le conseil académique. Vous n'admettrez à contracter l'engagement décennal que les membres des associations religieuses autorisées par la loi ou reconnues comme établissements d'utilité publique. Vous aurez donc à vérifier si ces associations ont en effet le caractère que la loi leur attribue, et si elles se renferment dans les conditions de leurs statuts. Les élèves de l'École normale supérieure, les maîtres d'étude, régents et professeurs des colléges et lycées, produiront l'arrêté ministériel qui leur aura conféré ces diverses qualités. Les uns et les autres prouveront par des certificats émanés de leurs chefs ou supérieurs, et dûment légalisés, qu'ils se trouvent réellement dans la position prévue par la loi, au moment où ils demandent à contracter l'engagement décennal.

« Cet engagement devra être, à peine de nullité, rédigé sur papier timbré, et conformément à la formule officielle; il portera la mention expresse de l'autorisation des parents ou tuteurs; les signatures en seront légalisées. Il ne pourra être contracté qu'avant l'époque du tirage. L'engagement décennal n'ayant de valeur légale que s'il a été contracté devant vous, vous aurez à délivrer aux requérants un acte d'acceptation dont ils devront justifier devant le conseil de révision de leur département pour obtenir la dispense du service militaire. L'acte d'acceptation contiendra la mention des pièces produites à l'appui, lesquelles resteront déposées dans les archives de l'académie, pour servir à toutes vérifications ultérieures, les nom, prénoms, date, lieu de naissance, qualité du dispensé.

« Chaque année, dans la première quinzaine de juillet, le préfet du département, auquel j'adresse des instructions à cet effet, vous transmettra la liste des dispensés de votre ressort. Vous vérifierez avec le plus grand soin s'ils continuent à remplir les conditions de leur engagement, et vous ferez connaître au préfet ceux qui l'auraient rompu avant l'expiration des dix années, la loi (art. 79) déclarant en termes formels qu'ils ne sont définitivement libérés du service militaire que s'ils réalisent l'engagement décennal. » (Instruction du 18 décembre 1850 aux recteurs.)

« Les membres de l'instruction publique actuellement en exercice, qui, sans avoir contracté avant le tirage au sort l'engagement prescrit par l'article 79 de la loi précitée du 15 mars 1850, se trouvent liés vis-à-vis de l'Université par un engagement contracté sous l'empire de la loi du 21 mars 1832, mais non accepté par le conseil de l'Université, ou qui ont déjà été pourvus d'un emploi dans l'enseignement, seront maintenus exceptionnellement dans leurs foyers, tant qu'ils persisteront dans leur vocation. » (Décision du ministre de la guerre du 10 septembre 1851.)

« Les membres ou novices des associations religieuses reconnues, pour être admis à contracter l'engagement décennal, doivent-ils nécessairement être attachés à une école *communale ?* Non. — Quand une association vouée à l'enseignement est autorisée, chacun de ses membres ou de ses novices remplit, comme l'association elle-même, une mission publique d'enseignement dont le caractère d'établissement *d'utilité publique* est l'effet avant d'être la cause. Cette mission est, aux yeux de l'Etat qui la consacre, l'équivalent du service militaire. » (M. E. Rendu, Commentaire de la loi.)

On a soulevé cette singulière question, de savoir si celui qui amène un numéro par lequel il est exempté du service militaire, est dégagé de l'engagement décennal qu'il a contracté. Nous nous bornerons à dire d'abord qu'il a pris un engagement d'honneur qu'il ne peut rompre sans manquer à sa parole; ensuite, que s'il venait à y manquer, l'administration ne laisserait pas un fait si grave sans poursuites, et que le moins qu'il pourrait lui arriver ce serait d'être interdit à jamais du droit d'enseigner.

## Article 80.

L'article 463 du Code pénal pourra être appliqué aux délits prévus par la présente loi.

### Commentaire.

Le but de l'article 80 est de diminuer les peines prescrites par les articles 22, 29, 50, 53, 57, 61 et 68 de la présente loi, s'il est reconnu qu'il y a en faveur de l'inculpé des circonstances atténuantes.

Voici le texte de la partie de l'article 463, dont il est question ici :

« Dans tous les cas où la peine de l'emprisonnement et celle de l'amende sont prononcées par le Code pénal, si les circonstances paraissent atténuantes, les tribunaux correctionnels sont autorisés, même en cas de récidive, à réduire l'emprisonnement, même au-dessous de six jours, et l'amende, même au-dessous de 16 fr.; ils peuvent aussi prononcer séparément l'une ou l'autre de ces peines et même substituer l'amende à l'emprisonnement, sans qu'en aucun cas elle puisse être au-dessous des peines de simple police. » (Code pénal, art. 463, § 8.)

## Article 81.

**Un règlement d'administration publique déterminera les dispositions de la présente loi qui seront applicables à l'Algérie.**

### Commentaire.

L'administration de l'instruction publique en Algérie dépendait autrefois du ministère de la guerre. Un décret du 30 mai 1848 l'a fait rentrer dans les attributions du ministère de l'instruction publique. Le règlement prescrit par la loi n'a pas encore été publié. En attendant ce décret, l'instruction publique est régie en Algérie conformément à un décret du 16 août 1848. L'administration académique est composée d'un recteur, d'un inspecteur d'académie, d'un conseil académique et d'un secrétaire.

« La direction de l'instruction dans les écoles françaises et israélites sera du ressort exclusif du ministère de l'instruction publique. — Le service de l'instruction publique pour les écoles des indigènes musulmans reste placé dans les attributions du ministre de la guerre. (Décret du 16 août 1848, art. 1er.)

« La législation relative à l'administration de l'instruction publique en Algérie est celle qui régit la métropole, sauf les modifications qui seront reconnues nécessaires, et qui seront arrêtées de concert entre le ministre de l'instruction publique et celui de la guerre, chargé de l'administration générale du pays. (Art. 2.)

« Le chef du service de l'instruction publique en Algérie correspondra directement et exclusivement avec le ministre de l'instruction publique, pour tout ce qui concerne les écoles françaises et juives, en territoire civil et mixte. (Art. 3.)

« Le chef de l'instruction publique correspondra directement avec tous les chefs des écoles françaises et israélites. (Art. 4.)

« Le ministre de l'instruction publique nommera à tous les emplois dans les écoles françaises et juives. — Dans les territoires mixtes, les nominations seront concertées avec le ministre de la guerre. (Art. 5.)

« En territoire civil, les directeurs des affaires civiles exerceront, en matière d'instruction publique, toutes les attributions déférées en France aux préfets. — Ces fonctionnaires correspondent directement, pour les détails du service, avec le ministre de l'instructiou publique (Art. 6.)

« Les dépenses de l'instruction publique en Algérie, imputables sur les fonds généraux de l'État, seront réglées exclusivement par le ministre de l'instruction publique. — Le même ministre réglera également les dépenses de l'instruction publique, mises par les lois et ordonnances à la charge des communes et départements, en se concertant au préalable avec le ministre de la guerre. (Art 7.) »

Des décrets du président de la république, rendus sur la proposition du ministre de la guerre en date des 14 juillet et 30 septembre 1850, ont réglé l'organisation des écoles arabes françaises et des écoles supérieures musulmanes, conformément à l'article 1 du décret du 16 août 1848.

Un arrêté du ministre de la guerre, en date du 12 août 1846, a réglé les conditions et le programme des examens pour le brevet de capacité d'instituteur et d'institutrice en Algérie.

## Article 82.

Sont abrogées toutes les dispositions des lois, décrets ou ordonnances contraires à la présente loi.

## Commentaire.

Cette formule, qui est d'usage dans toutes les lois, ne précise rien. Toutes dispositions positivement contraires aux prescriptions nouvelles de la loi sont par le fait abrogées. L'usage et la pratique indiqueront quelles sont les autres dispositions des lois, ordonnances et arrêtés actuellement en vigueur, qui sont contraires à la présente loi et par suite abrogées.

## DISPOSITIONS TRANSITOIRES.

### Article 83.

§ 1. Les chefs ou directeurs d'établissements d'instruction secondaire ou primaire libres, maintenant en exercice, continueront d'exercer leur profession sans être soumis aux prescriptions des articles 53 et 60.

2. Ceux qui en ont interrompu l'exercice pourront le reprendre sans être soumis à la condition du stage.

3. Le temps passé par les professeurs et les surveillants dans ces établissements leur sera compté pour l'accomplissement du stage prescrit par ledit article.

### Commentaire.

§ 1er. Les articles 53 et 60 énumèrent les conditions exigées pour l'ouverture d'un pensionnat primaire ou d'un établissement secondaire. Les chefs ou directeurs d'établissements d'instruction secondaire ou primaire libres qui ont été autorisés avant le 1er septembre 1850, peuvent donc continuer d'exercer, quand même ils ne se trouveraient pas dans les conditions nouvelles desdits articles 53 et 60. La loi n'a pas à leur égard d'effet rétroactif.

« Les chefs ou directeurs étrangers d'établissements d'instruction secondaire ou primaire libres, régulièrement autorisés avant le 1er septembre 1850, continueront d'exercer leur profession sans être soumis aux prescriptions de l'article 1er du présent décret [du 5 décembre 1850, p. 220]. » ( Décret du 5 décembre 1850, art. 5.)

Quant aux professeurs ayant ouvert avant le 1er septembre 1850 des cours publics ou des cours préparatoires aux examens, la loi ne paraît pas les dispenser des conditions imposées par l'article 77. Ils doivent se mettre en mesure de s'y soumettre.

§ 2. Il s'agit ici du stage ou temps d'exercice exigé aux articles 53 et 60 pour ouvrir un pensionnat primaire ou un établissement d'instruction secondaire.

§ 3. La rédaction incomplète de ce paragraphe a donné lieu à diverses interprétations. Suivant les uns, ce paragraphe s'appliquerait au stage remplaçant le brevet de capacité de l'instruction primaire et aux deux stages ou temps d'exercice exigés par les articles 53 et 60 pour ouvrir un pensionnat primaire ou un établissement d'instruction secondaire. Suivant d'autres, il ne s'adresserait qu'au stage de l'instruction secondaire. Enfin on a dit, et c'est notre avis, que ce paragraphe s'applique seulement aux deux stages ou temps d'exercice prescrits par les articles 53 et 60. En effet, dans le projet primitif, la condition du paragraphe 1er ne s'appliquait qu'aux prescriptions de l'article 60. Lors de la discussion, l'article 53 fut ajouté, mais on oublia de corriger le paragraphe 3. Il faut lire, par conséquent, *lesdits articles*.

En résumé, il est question dans la présente loi de trois stages, aux articles 25, 53 et 60. Le stage mentionné à l'article 25 est un stage tout spécial, destiné à suppléer le brevet de capacité de l'instruction primaire; il doit avoir été fait pendant trois ans dans une école autorisée à recevoir des stagiaires surveillés par les inspecteurs de l'enseignement primaire. Les stages ou exercices mentionnés aux articles 53 et 60 sont exigés pour être admis à ouvrir un pensionnat primaire ou un établissement d'instruction secondaire. C'est seulement de ces deux derniers stages ou exercices que s'occupe le présent paragraphe. Le premier rapport de M. Beugnot et l'opinion émise par M. Duvergier viennent encore à l'appui de cette opinion.

« Le temps passé par les professeurs ou les surveillants dans les établissements d'instruction secondaire existants ou ayant cessé d'exister leur sera compté pour l'accomplissement du stage. Il serait injuste de soumettre de nouveau à cette épreuve d'anciens instituteurs qui voudraient répondre à l'appel de la liberté. » (Premier rapport de M. Beugnot.)

« Il faut lire « par lesdits articles ». Ce dernier paragraphe se réfère aux articles cités dans le paragraphe 1er. L'article ne s'appliquait primitivement qu'aux chefs ou directeurs d'établissements secondaires. Il faisait partie du premier chapitre du titre précédent. Lors de la troisième lecture, la commission crut devoir l'étendre aux chefs d'établissements d'instruction primaire. Elle a complété en conséquence la rédaction du premier paragraphe; mais elle a oublié de modifier celle du dernier. » (M. Duvergier, Collection des lois.)

## Article 84.

§ 1. La présente loi ne sera exécutoire qu'à dater du 1er septembre 1850.

2. Les autorités actuelles continueront d'exercer leurs fonctions jusqu'à cette époque.

3. Néanmoins, le conseil supérieur pourra être constitué et il pourra être convoqué par le ministre avant le 1er septembre 1850; et, dans ce cas, les articles 1, 2, 3, 4, l'article 5, à l'exception de l'avant-dernier paragraphe, les articles 6 et 76 de la présente loi, deviendront immédiatement applicables.

4. La loi du 11 janvier 1850 est prorogée jusqu'au 1er septembre 1850.

5. **Dans le cas où le conseil supérieur aurait été constitué avant cette époque, l'appel des instituteurs révoqués sera jugé par le ministre de l'instruction publique, en section permanente du conseil supérieur.**

## Commentaire.

§ 2. Lors de la discussion, le ministre de l'instruction publique a dit à la tribune que les fonctionnaires et professeurs de l'enseignement, soit primaire, soit secondaire, n'étaient en rien atteints par la présente loi; qu'ils étaient, de droit, maintenus dans leur position actuelle. Les recteurs et les inspecteurs ont dû seuls recevoir une nouvelle investiture.

## Article 85.

**Jusqu'à la promulgation de la loi sur l'enseignement supérieur, le conseil supérieur de l'instruction publique et sa section permanente, selon leur compétence respective, exerceront, à l'égard de cet enseignement, les attributions qui appartenaient au conseil de l'Université, et les nouveaux conseils académiques, les attributions qui appartenaient aux anciens.**

## Commentaire.

Les nouveaux conseils académiques exercent à l'égard de l'enseignement supérieur les attributions qui appartenaient aux anciens, notamment en vertu du décret du 17 mars 1808. Étaient de la compétence des anciens conseils, la connaissance des abus qui pouvaient s'introduire dans la discipline, l'administration économique ou l'enseignement des facultés, ainsi que des affaires contentieuses relatives à ces établissements; l'examen des budgets et des crédits spéciaux demandés par les facultés; le droit de présentation de candidats pour les chaires des facultés des sciences et des lettres.

Les anciens conseils académiques avaient également la mission de prononcer, en premier ou en dernier ressort, des peines disciplinaires contre les étudiants des facultés, conformément à l'arrêté du 9 avril 1825. Ainsi les nouveaux conseils ont le droit de prononcer les mêmes peines contre les étudiants, lorsqu'ils ont cherché d'une manière coupable à exciter les autres étudiants au trouble ou à l'insubordination dans l'intérieur des écoles; lorsqu'ils ont, hors des écoles, excité des trouble ou pris part à des désordres publics ou à des rassemblements illégaux; lorsqu'ils ont, par leurs discours ou leurs actes, outragé la religion, les mœurs et le gouvernement; lorsqu'ils ont tenu une conduite notoirement scandaleuse; enfin lorsqu'ils ont formé entre eux des associations sans en avoir obtenu la permission des autorités. Ces peines disciplinaires sont la perte de deux ou quatre inscriptions et l'exclusion de la faculté pendant six mois au moins et deux ans au plus, avec droit d'appel au conseil de l'instruction publique.

Le conseil supérieur de l'instruction publique ou sa section permanente exerce les attributions qui appartenaient au conseil de l'Université en ce qui concerne l'enseignement supérieur. Ainsi toutes les questions relatives à la police, à la comptabilité, à l'administration générale et à l'enseignement des facultés, sont examinées par le conseil ou sa section permanente, qui arrête le budget de ces établissements. Une partie de ces attributions lui ont déjà été conférées par l'article 5 de la présente loi. Le conseil ou sa section permanente prononce également en dernier ressort sur les peines disciplinaires infligées aux étudiants des facultés par les conseils académiques. Il a le droit de prononcer contre les mêmes étudiants, en cas de récidive, la peine de l'exclusion de toutes les facultés pendant six mois au moins et deux ans au plus.

Indépendamment des prescriptions du présent article, l'article 76 fixe ce qui est relatif aux peines disciplinaires dont sont passibles les professeurs de l'enseignement supérieur. Aux termes de cet article, le ministre prononce disciplinairement contre les professeurs de l'enseignement supérieur, suivant la gravité des cas : 1° la réprimande devant le conseil académique ; 2° la censure devant le conseil supérieur ; 3° la suspension des fonctions ; 4° le retrait d'emploi, de l'avis conforme du conseil supérieur. Les professeurs sont, de plus, passibles de la peine de la révocation, avec interdiction de professer dans l'enseignement libre ; cette dernière peine est prononcée en premier ressort par les conseils académiques, et en dernier ressort par le conseil supérieur [voyez p. 217].

Délibéré en séance publique, à Paris, les 19 janvier, 20 février et 15 mars 1850.

*Le Président et les Secrétaires,*

Général BEDEAU, vice-président ; ARNAUD (de l'Ariége), CHAPOT, LACAZE, PEUPIN, BÉRARD.

La présente loi sera promulguée et scellée du sceau de l'État.

*Le Président de la République,*

LOUIS-NAPOLÉON BONAPARTE.

*Le garde des sceaux, ministre de la justice,*

E. ROUHER.

# TABLE CHRONOLOGIQUE

**Des décrets, arrêtés et instructions ministérielles publiés pour l'exécution de la loi du 15 mars 1850 et insérés dans cet ouvrage à la suite de chaque article pour les parties qui y correspondent.**

Les chiffres renvoient aux principaux articles de la loi à la suite desquels ces actes et documents officiels sont insérés.

## Année 1850.

8 *mai* 1850. — Décret réglant le mode d'élection des membres du conseil supérieur de l'instruction publique, *L.* 1.

27 *mai.* — Décret relatif à l'établissement des nouvelles académies et à la création des places d'inspecteur d'académie, *L.* 7, 8.

28 *mai.* — Instruction aux archevêques et évêques, relative à l'élection des membres de l'épiscopat appelés à faire partie du conseil supérieur, *L.* 1.

4 *juin.* — Arrêté relatif à la formation d'une commission chargée de préparer un règlement sur l'enseignement professionnel, *L.* 62.

29 *juillet.* — Décret relatif aux autorités préposées à la direction et à la surveillance de l'enseignement, *L.* 5, 8, 10, 20, 42, 46, 62.

5 *août.* — Décret modifiant le décret du 27 mai, concernant les places d'inspecteur d'académie, *L.* 8.

10 *août.* — Instruction aux archevêques et évêques, relative à la nomination des ecclésiastiques appelés à faire partie des conseils académiques, *L.* 10.

10 *août.* — Instruction aux préfets, relative à l'installation des recteurs et à la formation des conseils académiques, *L.* 10, 13.

13 *août.* — Instruction aux préfets, relative au budget des dépenses de l'instruction primaire, *L.* 42.

19 *août.* — Instruction aux préfets, relative aux écoles de filles et aux salles d'asile, *L.* 51, 57.

27 *août.* — Instruction aux recteurs, relative à la mise à exécution de la loi sur l'enseignement, *L.* 8, 71.

30 *août.* — Instruction aux recteurs, relative à la tenue des conseils académiques, *L.* 8, 10.

31 *août.* — Instruction aux recteurs, relative à la délégation des fonctions rectorales, *L.* 8.

31 *août.* — Instruction aux recteurs, relative aux écoles primaires libres et aux pensionnats primaires, *L.* 27, 53.

31 *août.* — Instruction aux recteurs, relative aux listes de pré-

sentation pour la nomination des inspecteurs de l'enseignement primaire, *L.* 20.

31 *août.* — Instruction aux recteurs, relative au programme et aux examens pour le brevet de capacité de l'instruction secondaire, *L.* 62.

23 *septembre.* — Arrêté portant création de commissions de membres de la section permanente du conseil supérieur pour le travail du personnel de l'enseignement public, *L.* 6.

1er *octobre.* — Décret accordant une dispense d'âge aux élèves actuels des écoles normales et des noviciats religieux pour se livrer à l'enseignement primaire, *L.* 31.

7 *octobre.* — Décret relatif aux instituteurs primaires libres et publics, *L.* 18, 27, 28, 31, 33, 36, 37, 38, 41.

7 *octobre.* — Instruction aux préfets, relative aux pièces à produire pour le payement du traitement des instituteurs, des loyers de maisons d'école ou des indemnités de logement, *L.* 38.

5 *novembre.* — Arrêté relatif aux diverses classes d'inspecteurs de l'enseignement primaire, *L.* 20.

9 *novembre.* — Arrêté relatif au mode de payement des frais de pension des élèves des écoles normales primaires, *L.* 35.

29 *novembre.* — Instruction aux recteurs, relative au second examen des candidats au baccalauréat ès lettres refusés à un premier examen, *L.* 63.

5 *décembre.* — Décret relatif aux conditions imposées aux étrangers pour être admis à enseigner, *L.* 78.

9 *décembre.* — Décret relatif aux distinctions honorifiques attribuées aux membres de l'enseignement public et libre, *L.* 15.

16 *décembre.* — Arrêté fixant le programme des examens pour le certificat d'aptitude aux fonctions d'inspecteur de l'enseignement primaire, *L.* 20.

17 *décembre.* — Instruction aux recteurs, relative au délai légal accordé aux candidats au baccalauréat ès lettres refusés à un premier examen, *L.* 63.

18 *décembre.* — Instruction aux recteurs, relative aux engagements décennaux exigés pour l'exemption du service militaire, *L.* 79.

20 *décembre.* — Décret relatif aux établissements libres d'instruction secondaire, *L.* 64, 65, 66, 67.

20 *décembre.* — Décret relatif à la délivrance des certificats de stage pour l'instruction secondaire, *L.* 60, 61.

24 *décembre.* — Instruction aux recteurs, relative à l'exécution du décret du 7 octobre 1850 concernant les instituteurs primaires libres et publics, *L.* 20, 27, 28, 30, 31, 32, 36, 37, 38, 42, 52.

24 *décembre.* — Instruction aux préfets, relative à l'exécution du décret du 7 octobre 1850 concernant les instituteurs primaires libres et publics, *L.* 37, 38, 41.

30 *décembre.* — Décret relatif aux pensionnats primaires, *L.* 53.

31 *décembre.* — Instruction aux recteurs, relative à l'exécution du décret du 20 décembre 1850 concernant la délivrance des certificats de stage pour l'instruction secondaire, *L.* 60, 61.

## Année 1851.

3 *janvier* 1851. — Arrêté relatif à l'inspection des écoles primaires et aux frais de tournées des inspecteurs, *L*. 20.

4 *janvier*. — Instruction aux recteurs, relative à l'exécution du décret du 20 décembre 1850, concernant les établissements libres d'enseignement secondaire, *L*. 64, 65, 66, 67.

8 *janvier*. — Décret relatif aux retenues pour les caisses de retraite des instituteurs publics, *L*. 39.

10 *janvier*.— Instruction aux préfets, relative au payement des compléments de traitement des instituteurs, *L*. 41.

12 *janvier*. — Instruction aux recteurs, relative aux subventions et encouragements accordés aux établissements libres d'instruction secondaire, *L*. 5, 69.

20 *janvier*. — Instruction aux recteurs, relative aux fonctionnaires de l'ordre administratif et judiciaire appelés à faire partie des conseils académiques, *L*. 10.

21 *janvier*. — Instruction aux recteurs, relative à l'exécution de l'arrêté du 3 janvier 1851, concernant les inspecteurs de l'enseignement primaire, *L*. 20.

23 *janvier*.— Instruction aux préfets, relative à l'exécution du décret du 8 janvier 1851, concernant les caisses de retraite, *L*. 39.

4 *février*. — Instruction aux recteurs, relative à la fermeture des écoles indûment ouvertes, *L*. 29, 66.

10 *février*: — Instruction aux recteurs, relative à un état annuel des chefs d'établissements libres d'instruction secondaire soumis à la patente, *L*. 60.

13 *février*. — Décret relatif aux fonctions de secrétaire et d'agent comptable des facultés, *L*. 8.

14 *février*. — Instruction aux recteurs, relative à l'âge d'admission aux examens de capacité pour le brevet d'institutrice primaire, *L*. 50.

17 *février*. — Instruction aux recteurs, relative à l'exécution du décret du 5 décembre 1850, concernant les étrangers admis à enseigner, *L*. 78.

22 *février*. — Loi relative aux apprentis des ateliers et manufactures, *L*. 54.

28 *février*. — Instruction aux recteurs, relative aux lettres d'obédience suppléant le brevet de capacité des institutrices appartenant à une congrégation religieuse, *L*. 49.

5 *mars*. — Instruction aux recteurs, relative à l'établissement de bulletins des condamnations en matière disciplinaire, *L*. 26.

10 *mars*. — Instruction aux recteurs, relative aux examens des institutrices et à l'inspection des écoles de filles, *L*. 50.

14 *mars*. — Instruction aux recteurs, relative au mode de délivrance des brevets de capacité pour l'instruction primaire, *L*. 46.

24 *mars*. — Décret relatif au régime des écoles normales primaires, *L*. 35.

# TABLE ANALYTIQUE

## De la Loi du 15 Mars 1850.

( Les chiffres renvoient aux articles de la loi.)

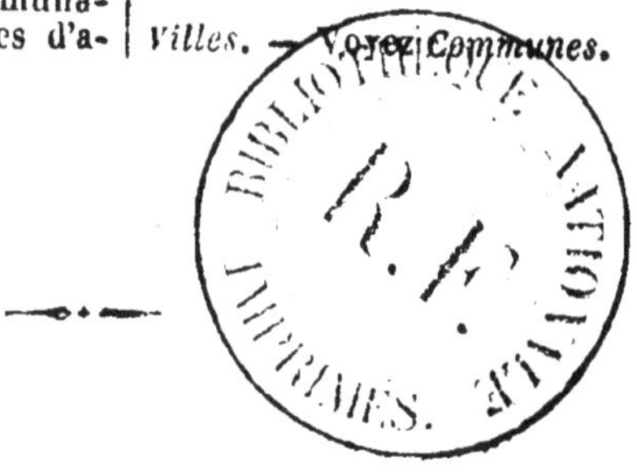
BIBLIOTHÈQUE NATIONALE
R.F.
IMPRIMÉS

www.ingramcontent.com/pod-product-compliance
Ingram Content Group UK Ltd.
Pitfield, Milton Keynes, MK11 3LW, UK
UKHW020546180726
13838UKWH00001B/63